双循环新发展格局与体育产业高质量发展

徐伟宏　沈克印　朱　雄　著

北京师范大学出版集团
BEIJING NORMAL UNIVERSITY PUBLISHING GROUP
北京师范大学出版社

序

　　党的十九届五中全会明确提出 2035 年建成体育强国、健康中国的远景目标。体育产业是新时代"五大幸福产业"之一。在未来体育事业发展中，体育产业的蓬勃发展不仅是创新推动国民经济高质量发展的关键内容，也是实现人民对美好生活向往的重要途径和加快建成体育强国的重要组成部分。《体育强国建设纲要》指出，到 2035 年，体育产业将成为国民经济支柱性产业。支柱性产业的鲜明特征是产业规模大、经济贡献大、吸纳就业能力强、产业结构合理、市场主体活跃。在加快构建以国内大循环为主体、国内国际双循环相互促进的新发展格局下，推动体育产业高质量发展，需要不断丰富体育产业内涵建设，坚持以扩大体育产业内需为战略基点，培育完善市场体系，把实施扩大内需战略同深化供给侧结构性改革有机结合起来，以创新驱动、高质量供给引领和创造新需求，满足人民日益增长的物质需要。同时，在体育场馆设施建设领域，体育赛事领域，体育制造业领域和体育消费服务领域把握新发展阶段特征，贯彻新发展理念，不断优化产业结构布局，构建绿色体育产业供应链的新发展格局。

近年来，我国体育产业地位显著提升，国家扶持政策相续出台，相关方面的理论创新成果不断涌现，引起了学界的高度关注，也较好地引导了体育产业市场的健康发展。《双循环新发展格局与体育产业高质量发展》一书，正是在对已有研究成果进行总结、梳理，充分认识国内国际两个市场环境变化，站在体育产业高质量发展的时代风口，正确把握我国体育产业健康发展面临的主要矛盾，深刻分析世界政治、经济、产业变革形势等对我国体育产业高质量发展产生的深刻影响的基础上，提出的关于我国体育产业高质量发展的内生动力机制和具体略径方略。该书顺应新时代我国体育产业发展的市场浪潮，对体育产业"双循环"新发展格局构建具有较强的理论指引和现实参照意义。谨此希望本书能为推动我国体有产业高质量发展提供理论参考。

原国家体委一、二司司长，计划财务司司长：韩济发

目　录

第一章 ｜ 导　论

第一节　双循环新发展格局下体育产业高质量发展研究的缘起与意义

一、研究缘起

　　构建双循环新发展格局是党中央根据国内国际形势发展变化而做出的战略决策，对推动体育产业高质量发展具有重要的理论意义与指导价值。体育产业是现代化产业体系的重要组成部分，推动体育产业高质量发展，必须进行产业转型与升级，以扩大体育内需为基点，畅通国民经济循环，助力形成双循环新发展格局。面对国际疫情形势仍然严峻、国内需求市场持续扩大等多重因素的影响，体育产业在构建双循环新发展格局中面临着诸多挑战和风险，如何融入双循环新发展格局和实现高质量发展成为当下体育理论界关注的重要议题。

(一)双循环新发展格局的宏观背景

自 2008 年金融危机以来，世界经济持续低迷。中国经济在贸易保护主义的夹缝中生存，单边主义的盛行以及国际政治经济形势不确定性和不稳定性的不断增加，无形中增加了中国经济发展的难度，加之 2020 年年初暴发的新冠肺炎疫情，更是使本就不乐观的全球经济状况雪上加霜。

从国际层面来看，由于受到新冠肺炎疫情冲击，2020 年世界经济衰退明显，供应链、产业链循环受阻，金融市场大幅度动荡，国际投资贸易严重萎缩，经济全球化遭遇波折，多边主义受到冲击。在这样一种国际经济背景下，我国坚持深化供给侧结构性改革，充分发挥自身超大规模市场优势，加快构建国内国际双循环相互促进的新发展格局，就是要充分适应国际环境新变化，培育国际经济合作和竞争新优势，防范供应链、产业链中断风险发生，增强我国对外部环境不确定因素的适应能力[①]。另外，中美关系的变化也是我国实施国内国际双循环战略的主要因素之一。近年来，欧美一些国家意识到"产业空心化"对本国经济发展带来的弊端，纷纷制订并出台制造业回流计划，尤其是美国的技术创新优势在逐渐缩小，基于技术创新优势所带来的超额利润在逐年减少，自

---

① 吴志成，王慧婷. 全球治理体系面临的挑战与中国的应对[J]. 天津社会科学，2020(3)：65-70.

身的产业链、价值链以及全球地位受到威胁，加之 2020 年受到新冠肺炎疫情的影响，美国国内经济状况持续恶化，所以美国政府为分散和转移国内压力与矛盾，对我国采取一系列干预和打压措施，实施战略围堵，导致我国面临的国际形势日益严峻，全球供应链、产业链安全也因此受到威胁。中美之间传统意义上的均衡发展格局被打破，中美之间存在的分歧一时难以得到有效解决，目前就此状况需要我国做出必要的战略调整，以早做准备、积极应对①。

从国内形势分析，虽然同样受到新冠肺炎疫情影响，但我国经济基本盘依然稳固，潜在市场空间仍然巨大，加之经济的强劲复苏态势，让我们更加坚定了未来发展的信心。然而，通过这次新冠肺炎疫情的考验也要看到我国产业构成比例不合理，产业结构仍需改善，这需要通过宏观政策的合理调控着力打通生产、分配、流通、消费各个环节，打造更加自主可控、安全可靠的供应链、产业链体系，进一步增强我国经济社会发展的内生动力和整体抵御风险的能力，保障我国经济社会发展大局稳定。

(二)我国体育产业高质量发展刻不容缓

国务院办公厅发布多个加强体育产业建设的重要文件，指出到 2035 年，体育产业要发展成为国民经济支柱性产业。发展壮大体育产业，为我国经济转型升级提供新动能，彰显了我国向体育产业进军的强

---

① 李猛. 新时期构建国内国际双循环相互促进新发展格局的战略意义、主要问题和政策建议[J]. 当代经济管理，2021，43(01)：16-25.

大决心。当前，体育产业地位和作用日益突出，各级政府不断强化对体育产业的重视，体育产业高质量发展成为体育改革发展面临的时代主题。体育产业应转变发展的动力机制，实现符合新发展理念的高质量发展方式，不断满足人民对美好生活的需求。

2014 年 10 月，国务院印发《关于加快发展体育产业促进体育消费的若干意见》，首次将"全民健身"上升为我国的国家战略，提出到 2025 年，体育产业将成为"推动经济社会持续发展的重要力量"，把经济转型升级的重要任务搭在了体育产业上面。2014 年至 2019 年的五年间，国务院办公厅、国家有关部委出台了一系列针对性强、含金量高的导向性政策、指导性意见、配套扶持措施、政策。2019 年 8—9 月，国务院办公厅连续发布《体育强国建设纲要》(国办发〔2019〕40 号)和《关于促进全民健身和体育消费推动体育产业高质量发展的意见》(国办发〔2019〕43 号)，提出到 2035 年，体育产业"成为国民经济支柱性产业"，为我国的体育产业高质量发展提供了新的发展方向和新的战略性发展方位。《体育强国建设纲要》提出了 2020 年、2035 年体育产业的发展目标，在战略任务中明确提出要加快发展体育产业，培育经济发展新动能，要在体育产业助力我国经济转型升级上取得新进展，到 2035 年更是要将体育产业建设成为我国的国民经济支柱性产业。近年来，我国在助力体育产业发展领域方面的政策越来越多，也彰显了我国要大力发展体育产业，实现体育产业高质量发展的决心。各省市地区的政府以及全社会的目光也聚焦在体育产业发展领域，其地位和作用日益凸显，在深化体育改革过程中必须面对体育产业高质量发展这个时代命题和现实挑战。体育产业发展应转换产业发展动力机制，主动适应经济发展新常态，实现符合"创新发展、协调发展、绿色发展、开放发展、共享发展"理念的高质量发展方式，以满足人民日益增长的美好生活需要。

2014 年以后，体育产业开始取得较大发展，根据国家统计局公布的数据，我国体育产业总规模从 1.36 万亿元增长到 2.20 万亿元，2014年到 2017 年的增长率超过了六成，年均复合增长率超过 15%；体育产业增加值从 0.4 万亿元增加到 0.78 万亿元，将近翻了一番，年均复合增长率超过 20%，远超各期 GDP 增速，这表明，体育产业发展迅猛，前景广阔。我国体育产业发展面临重要机遇期，从宏观战略机遇来看，近年来，国家为促进体育产业高质量发展，颁布了一系列政策，为我国国内体育产业的发展创造了较好的政策环境，打下了宏观环境基础，推进供给侧结构性改革，为体育产业高质量发展注入了强大动力；从产业政策机遇来看，体育产业受到高度重视，科学决策，并制定、完善相关配套措施，各级地市也将体育产业的高质量发展作为地方城市发展的一部分，纳入总体规划中；此外，从体育消费的消费端的机遇来看，市场需求侧的需求量较大，产业发展大有可为。新时代背景下，随着人民生活水平的提高，人们的体育消费需求提高，人们对美好生活的需求为我国体育产业高质量发展注入了市场需求动力①。

我国已经提出了体育产业新的发展，要从"推动经济社会持续发展的重要力量"提升为"国民经济支柱性产业"。一般来讲，支柱性产业中GDP 占比 4% 以上是硬指标。但还需具备其他几个特点，如产业规模较

---

① 苗勃然，周文. 经济高质量发展：理论内涵与实践路径[J]. 改革与战略，2021，37(01)：53-60.

大、发展较快、关联性较强、就业涵盖广、市场需求高、集中度较高、节约资源和能源等。

当前，中国正处于深化和推进结构性改革、实现高质量发展的关键时期，而体育产业正处于全面发展、加快构建新老动能的关键时期，机遇与挑战并存。体育产业的绝大多数门类都是新动能，是在当前经济形势下少数的具备后发优势、市场广大、前景广阔的重要新兴产业，是现代化经济体系重要组成部分。促进体育产业的高质量发展是我国体育产业协调发展，加快体育强国建设是大势所趋，也是培育新的经济增长点，成为经济转型升级重要力量的客观需要，更是不断满足人民日益增长的美好生活需要的必然要求。

综上所述，在世界发生前所未有的变化和中华民族复兴战略全局的历史关头，中国经济如何在变化中打破僵局，在危机中找到活力？重点是强化可持续发展的新动力，寻找下一步国际合作与竞争的新机遇，形成以国内经济周期为主体、国内经济周期与国际经济周期相互促进的发展新格局。2020 年 5 月 14 日召开的中共中央政治局常务委员会提出，"要深化供给侧结构性改革，充分发挥我国超大规模市场优势和内需潜力，构建国内国际双循环相互促进的新发展格局"①。会后，习近平总书记在不同会议上强调，双循环发展新模式是基于国家发展阶段、国内外经济发展模式和变化，做出的适合国家经济发展的战略决策和新道路。

---

① 侯锦超. 资源型经济转型背景下山西省体育产业发展研究[J]. 经济师，2020（03）：43-45.

党的十九届五中全会中提出的加快建设现代化经济体系，构建以国内大循环为主体、国内国际双循环相互促进的新发展格局，既是塑造我国国际经济合作和竞争新优势的战略抉择，也是新发展阶段下贯彻新发展理念和推动经济高质量发展的客观要求。这是中央根据国内国际形势变化，从全面建成社会主义现代化强国的目标出发提出的重大发展战略，对今后经济高质量发展、高水平市场体系建设和高水平对外开放，都有根本的指导意义。体育产业作为新时代中国经济转型发展的主体之一，是现代化产业体系的重要组成部分，推动体育产业高质量发展，必须进行产业转型与升级，以扩展体育内需为战略基点，畅通国民经济循环，助力形成双循环的新发展格局。尤其在当前国际经济形势动荡，对外开放面临新挑战的情况下，坚持以国内大循环为主体，就是要集中力量办好自己的事，通过充分激发国内市场潜力，建设国内统一大市场，以维护本国市场经济繁荣稳定，为培育我国参与国际合作竞争新优势以及提升自身经济的国际竞争力奠定坚实基础、创设有利前提，通过增强我国在对外开放过程中的韧性和主动性，吸引更多优质外商来华投资，最终形成国内国际双循环相互促进的新发展格局。面对国际新冠肺炎疫情形势仍然严峻、国内市场需求持续扩大等多重影响，体育产业在构建双循环新发展格局中面临着诸多挑战和风险，如何融入双循环新发展格局和实现高质量发展，成为当下体育理论界关注的重要议题。

二、研究意义

(一)理论意义

中国的体育产业发展较晚，在我国体育领域发展中制定体育产业高质量发展的目标时间更是不长，理论研究同样比较薄弱。尽管 2018 年以来，一些学者在体育产业高质量发展问题上取得了一定研究成果，但碎片化研究居多，偏重于实践进程中的发展困境与对策分析，在理论依据探寻、理论内涵揭示和实践进程剖析等方面的系统研究成果较少。本研究尝试构建体育产业高质量发展的理论分析框架，解构新发展格局下体育产业高质量发展的理论内涵与实践进程，这对于深化和完善体育产业高质量发展的理论研究，拓展与丰富体育产业研究领域与理论体系具有极大的促进作用。

(二)现实意义

1. 为双循环新发展格局下体育产业高质量发展政策研制提供参考

作为国家的重要倡导方向，体育产业高质量发展近些年在有关政策文件中频频被提及，并明确提出了一些任务要求，但整体以方向指引和目标定位为主，尚没有出台专项规划或指导意见。具体如何实施，哪些层面的问题需要中微观的制度设计与政策细化，特别是在推进双循环新发展格局下体育产业高质量发展过程中的行为主体是谁等重要问题，尚有待解答。此外，在以国内循环为主、国内国际双循环相互促进的国家战略框架下，国内双循环领域在科创产业、数字技术、产业链及供应链等领域的发展举措不断升级，而体育领域尚未有实质性提高，诸多行动依然局限在体育部门，没有跳出体育的范畴。为此，本书期待能够为上述问题作出解答，并为有关规划政策的研制提供有益参考。

2. 支撑体育强国建设和体育产业高质量发展国家战略

本研究有一个重要的研究背景，就是党中央、国务院做出加快推进体育强国建设的重大决策部署。为助力体育强国建设，《体育强国建设纲要》明确提出将体育产业打造成为国民经济支柱性产业的战略目标，而体育产业高质量发展正是助力体育强国的重要举措；与此同时，随着"十四五"正式提出构建以国内大循环为主体，国内国际双循环相互促进的新发展格局，体育产业发展必将成为我国经济高质量发展的新支点和新动能。本研究致力于探索推动新发展格局下我国体育产业高质量发展。

第二节　双循环新发展格局下体育产业 高质量发展研究的理论基础

一、国外研究现状及评述

(一)美国体育产业发展概况

美国是体育产业最发达的国家，美国的体育产业主要由多个部分组成。健身娱乐业是美国体育产业的重要组成部分，20 世纪 60 年代前规模还比较小，但随着网球、高尔夫等运动在美国的兴起，俱乐部猛增。美国健身俱乐部场所约 4.8 万个，其中体育健身俱乐部 1.2 万个，商业性俱乐部 1.3 万个，占总数的 52.8%。20 世纪 80 年代，美国体育产业的总产值大约占其 GDP 的 1%，在各大行业总产值的排名中居第 22 位；20 世纪 90 年代中期，美国体育产业的总产值已经超过了 3000 亿美元。2007 年美国体育产业直接或间接创造的 GDP 超过 10000 亿美元，占 GDP 的 7% 以上。2000 年在美国每 8 美元的消费中，就有 1 美元用于体育与娱乐消遣①②。

《火爆的美国体育产业》中记载：1997 年美国产业统计，体育产业居 10 大支柱产业的第 6 位。前五位是：房地产（9350 亿美元）、零售行业（7131 亿美元）、保险业（4600 亿美元）、银行业（2660 亿美元）、交通运输业（2560 亿美元）③。

为什么美国的体育产业能在短短几十年内飞速发展，蔡永莲在《体育事业产业化的广阔前景——美国体育产业考察与启示》一文中介绍了美国体育产业的特点：1. 高度商业化是美国体育产业的显著特点。体育产业在美国成为较赚钱的产业，因此很多投资人愿意承担场馆的建造风险和体育产业的营运风险。美国的体育产业以满足消费者和其他行业对体育的需求为基点，以追求投入产出经济效益为宗旨，市场领域不断扩大。2. 政府推动了体育的商业化经营。美国政府对体育运动的发展不直接提供经费，而是主要通过税收方面的优惠政策，为体育发展提供间接的财政支持。3. 体育商业化运作有较好的社会环境。美国市场需

---

① 顾敏芳，张磊，程志理. 从 GDP 三种表现形态分析我国体育产业的发展[J]. 市场周刊（理论研究），2010(12)：30-31＋54.

② 王培风. 中美体育产业发展比较研究[J]. 商场现代化，2008(28)：296-297.

③ 火爆的美国体育产业[J]. 电子商务，2002(06)：71.

求环境好，个人投资于自身的健身运动或职业运动的观念深入人心①。这种市场需求的拉动，从根本上刺激了用于提供体育的劳务产品、物质产品、信息产品及其他相关产品的整个体育产业的发展。美国有良好的投资环境，各种各样的体育设施和场馆遍及城乡社区，为相关体育消费的投资奠定了良好的基础与条件；众多志愿者和体育俱乐部的参与和推动，为体育运动的展开注入了活力；众多与体育经营相关的中介机构的产生与运作，强化了体育的市场化氛围，推动了各种体育活动的商业化运作。

侯光辉、陈岚、李明德在《略论体育产业在国民经济中的重要地位》一文中研究体育产业在促进就业中起到的作用提及：体育产业的发展可以提供大量的就业岗位，1995 年，美国体育产业提供了 230 万个直接就业岗位，521 亿美元的收入，以及 233.2 万个间接就业机会和 750 亿美元的家庭收入②。

随着国际经济新秩序的不断变化以及贸易保护主义的不断加强，国际供应链与产业链不断调整的同时也在深刻影响着各国国内产业的结构调整与发展，而体育产业发展的格局也发生了显著的改变。许宇斌在《近十年英、美体育产业格局变化及其对我国体育产业发展的启示》中提到以下三点：1. 近年来，美国体育产业发展增速明显，健身俱乐部注册人数有明显的增加，从 2014 年到 2020 年的 6 年间增长了 980 万，总

---

① 蔡永莲. 体育事业产业化的广阔前景——美国体育产业考察与启示[J]. 上海综合经济，1999(08)：13-14.

② 侯光辉，陈岚，李明德. 略论体育产业在国民经济中的重要地位[J]. 成都大学学报(社会科学版)，2009(05)：6-7＋10.

数达到 5800 万，且 2010—2016 年平均每年增长 3%，而在 2016—2020 年平均每年增长达 5%，到目前为止，美国健身俱乐部注册人数达到了美国人口的近 1/5。这组数据佐证了美国体育产业的增长势头。2. 随着新冠肺炎疫情的到来，许多行业发展受到严重影响，但是互联网行业却迎来了新的发展契机。就疫情防控时期美国互联网相关产业发展状况来看，专家们预测体育＋互联网成为新的生活方式，在家锻炼成为新的运动锻炼方式。3. 体育产业连锁式发展。美国的体育产业经营方式中连锁经营方式是最具竞争力的经营方式。未来的体育产业发展离不开资本的帮助，而连锁式经营正是资本进入体育产业的最佳办法①。

高庆勇、彭国强、程喜杰在《美国体育产业发展经验及启示》中写道，美国的体育产业发展经历了以工业化、城市化的发展来推动体育产业商业化运作的初步发展期，以职业化赛事催发体育产业内生动力的快速发展期，以国家策略调整带动体育产业多元发展的稳步发展期，以及新时期经济社会调整促成体育产业结构升级的成熟发展期四个时期。还提到美国体育产业能够快速发展，首先，离不开有限的政府规制和社会化管理以及健全的制度治理体系；其次，美国在国家层面对体育产业的多元化、生活化的定位为美国体育产业的发展提供了社会动力；再次，职业体育在美国体育产业中扮演着重要的角色，推动美国职业体育赛事的发展打造多元品牌赛事、全球推广职业体育赛事也带动了相关产业的快速发展，间接促进了体育产业链的发展，更是成为美国体育产业发展

---

① 许宇斌. 近十年英、美体育产业格局变化及其对我国体育产业发展的启示[J]. 广州体育学院学报，2021，41(03)：36-38＋64.

的直接动力；最后，美国体育产业是经济市场化的产物，而商业化运作是其保持活力的根源，不断持续创新状态下的商业化模式是推动体育产业发展的机制动力①。

　　美国作为世界公认的体育强国，体育产业各领域处于世界领先水平，在体育的产业结构上也已经相对成熟和稳定。许正勇在《美国体育产业的结构特征及其启示》中指出，美国的体育产业在经过百余年的发展后已经形成了比较固定的发展模式以及产业结构，从其外部关联来看，其发达且庞大的体育产业与外部的关联十分密切，在美国现有的42个产业领域中，与体育产业有直接关联的产生部门占47%以上，可见体育产业在美国社会中有着重要的地位。从其内部形态来看，美国体育产业的重心以打造精品赛事为主，在此基础上拓展外围产品。美国体育产业设计的项目众多，其项目间必然存在关联，这种关联在美国合理的产业结构下有着更加宽阔的辐射范围。在产业结构方面，美国体育产业发展十分迅速，从1986年占不到GDP的1%到2010年占GDP的3%，体育产业成为美国发展速度最快的领域之一。随着产业结构的优化，美国体育产业的人力结构逐渐从制造业偏向服务业，目前来看从事休闲体育服务行业领域的人员比重最多。而在需求结构方面，消费者的需求重心在不断向休闲体育领域转移，该领域的消费也正成为消费增长最快的项目，这也正印证了美国体育产业人力结构向休闲体育发展的事实②。

---

　　① 高庆勇，彭国强，程喜杰．美国体育产业发展经验及启示[J]．体育文化导刊，2019(09)：84-90＋109.

　　② 许正勇．美国体育产业的结构特征及其启示[J]．体育文化导刊，2015(09)：153-157.

任波在《中美体育产业发展的外部环境比较研究》中对美国体育产业的外部环境进行分析得出以下几点：1. 在政治环境方面，良好的政治环境是体育产业健康发展的基础。由于美国的体育产业发展较早，所以现在美国已经构建了相对完善的体育产业政策。但是美国体育产业的健康发展离不开美国政府对体育产业的政策倾斜以及帮助。2. 在经济环境方面，良好的经济基础可以为体育产业的发展提供良好的外部环境，只有人们的经济收入大幅提升，才能推动体育产业的发展。3. 在社会环境方面，工业革命后，欧洲的物质生活得到提升并开始注重精神生活，深受英国体育文化影响的美国也积极开始对体育产业的发展，如职业体育俱乐部、户外运动等，并建立了完善的体育联盟，创造了巨大的经济效益。4. 在科技环境方面，美国在科技方面的投入巨大，科技的作用体现在理论知识和方法的应用、训练及比赛的视频技术以及先进的实验设备等[①]。

随着世界经济进入后工业时代，各国经济的增长大都以第三产业为主，休闲体育作为最契合第三产业的体育产业，在体育产业的发展中占据了不可或缺的重要位置。杨岚凯、周阳在《国外发达国家休闲体育产业发展及启示》中写道，美国是休闲体育活动参与度最高和种类最为齐全的国家，也是世界上休闲体育产业规模最大、最发达、最完善的国家。从消费结构来看，休闲体育活动是美国国民体育消费的最大项目，其庞大的消费需求，也为美国创造了巨大的就业岗位。在美国的体育产

---

① 任波. 中美体育产业发展的外部环境比较研究[J]. 体育文化导刊，2018(02)：104-108＋132.

业构成中，第一位的是健身休闲业，占整个体育产业的 32%；第二位的是体育用品生产业，约占体育产业的 30%；而我们所熟知的体育竞赛表演业排在最末位，同时其炙手可热的体育竞赛表演业也带动了周边产业，形成了完整的休闲体育产业链，其连锁反应使得美国的休闲体育产业在美国国民经济中占据重要的地位①。而孙辉、梁斌也在《美国户外休闲产业发展特征、经验及启示》中写道，美国的体育产业中户外休闲产业的发展最为迅速，美国的户外休闲行业的 GDP 增速在美国行业中名列前茅，为美国提供了大量的税收和就业岗位，已经成为美国经济增长中重要的产业之一。美国的休闲体育产业在快速发展过程中，对内部的产业分类结构进行优化，呈现出从制造业向服务业转移的趋势，且涵盖的范围也更加丰富，进一步优化了美国休闲体育的产业结构。美国的户外体育产业有着如此稳步的发展，离不开坚实的群众基础，数据显示，2006 年后，美国每年参加户外休闲活动的人数占总人口数的 50% 左右，这表明户外休闲体育在美国已经逐渐成为美国人日常生活中的一部分，正是这种发展趋势，为美国休闲体育产业的发展打下了坚实的基础。而从户外休闲活动内容方面来看，活动内容以美国传统的户外运动自行车、登山等为主，虽然这类项目的附加值较低，但由于其吸引人数众多，传统的户外休闲活动仍然是美国户外休闲体育最重要的内容②。

治理制度是以制度为基本手段，对国家各项事务进行综合治理的一

---

① 杨岚凯，周阳. 国外发达国家休闲体育产业发展及启示[J]. 理论与改革，2017（03）：138-145.

② 孙辉，梁斌. 美国户外休闲产业发展特征、经验及启示[J]. 体育文化导刊，2019(09)：91-97.

种方式。彭国强、高庆勇在《治理能力现代化背景下美国体育产业的制度治理与启示》一文中，对美国体育产业的治理制度进行了详细的阐述。首先，美国作为一个典型的社会化治理体制的国家，没有专门的体育产业管理部门，政府通过间接手段管理产业，主要在立法、司法、行政三个方面对体育产业实施调控型规制。由于美国的体育产业发展历史比较悠久，所以美国的体育产业也建立了比较完善的法律制度。其次，因为美国的体育产业与市场结合紧密，所以美国的体育产业是由美国政府、职业联盟、社会组织等多个利益主体来共同维护发展的，也塑造了美国独特的体育产业多元治理结构。再次，美国的体育产业治理体制受社会外界影响较小，主要是通过内部体育代理组织实施内生式自治。通常采用两种组织形式，一是体育产业整体制度规则，二是行使联合会组织所有权。最后，由于美国的体育产业发展时间较久，其内部庞大的产业部门与其相关的产业组织构成了一个完整的产业链，这也就是美国体育产业组织带动外围相关产业的共同发展，形成了关联共生的联动治理机制。美国体育产业内部联动治理的核心在于内部的体育资源分配、生产与消耗，多个部门共同参与，不同部门之间相互协调、相互依赖的关系。①

(二)日本体育产业发展的概况

日本在 1964 年主办第 18 届东京夏季奥林匹克运动会。1945 年 8

---

① 彭国强，高庆勇. 治理能力现代化背景下美国体育产业的制度治理与启示[J]. 沈阳体育学院学报，2019，38(04)：10-17.

月，日本宣布无条件投降。1949 年，国际奥委会恢复了日本的席位，这一时期，日本很重视竞技体育，渴望在国际赛事中取得好成绩，以此提高在国际社会中的地位。竞技体育对振作国民精神，树立国民重建国家的自信心发挥了重要的作用。然而在东京奥运会之后，日本的竞技体育发展急剧下滑。

崔颖波、赵广辉在《东京奥运会后的日本体育发展给我们的启示 ——兼论 2008 年北京奥运会后我国的体育方针》一文中提出：日本政府十分重视体育产业的发展，成立了专门部门来研究体育产业的未来发展趋势。日本的健身娱乐业高度发展，国民对体育用品的需求量很大，体育用品的市场规模迅速扩大，目前日本体育用品的规模仅次于美国，位列世界第二。日本体育产业的总收入为 4.2 亿日元，居日本 10 大支柱产业的第 6 位[①]。

池深、刘建坤、罗国程在《美国、意大利、日本体育产业的发展及对我国的启示》中写道，日本的体育产业行业主要包括体育用品业、体育建筑业、健身娱乐业、体育广告业等。日本政府对体育产业的发展十分重视，成立专门部门来规划体育产业的未来发展趋势。日本的体育用品对外出口规模也十分巨大，棒球、垒球产品几乎垄断欧美市场。快速发展的体育产业也带动了体育广告业、赞助业的兴起。[②]

体育产业作为朝阳产业，在市场经济发达的国家中正在成为，甚至

① 崔颖波，赵广辉. 东京奥运会后的日本体育发展给我们的启示——兼论 2008 年北京奥运会后我国的体育方针[J]. 体育与科学，2004(04)：28-31.

② 池深，刘建坤，罗国程. 美国、意大利、日本体育产业的发展及对我国的启示[J]. 江西师范大学学报(自然科学版)，2008，32(06)：747-749.

已经成为第三产业的支柱产业或者新的经济增长点，在经济链中占据重要地位。吴香芝、张林在《国外体育服务产业政策略论》一文中提及了日本的体育产业政策，产业政策一词于 20 世纪 50 年代最先被日本专家提及。随着日本国内体育社会化发展的趋势，日本在 20 世纪 80 年代大胆地提出了体育服务产业的相关政策，1990 年，日本在《21 世纪体育远景》一书中正式提出体育产业化政策，并对体育服务产业与其他体育产业进行了区分。①

姜同仁、宋旭、刘玉在《欧美日体育产业发展方式的经验与启示》中，在研究体育产业发展方式中提及，日本作为世界第三大体育产业市场，体育用品销量占全球的 16.6%。2008 年日本的体育产业规模达到 1135 亿美元。日本的体育产业发展方式主要以结构调整为核心。在需求侧方面，第二次世界大战后日本调整经济发展方向，开始由外需主导型向内需主导型转变，使得消费需求在日本体育产业发展中占主导地位。1994 年，日本体育服务产品消费达到 1158.7 亿美元，占体育消费总支出的 83.03%，体育服务消费额是物质消费额的 3.89 倍。在产业结构调整方面，逐步走向高级化。1977 年，日本就业结构中第三产业比重开始提升，随之而来的是第三产业收入占比也同步提升。日本产业结构的高级化调整，带动体育服务业呈现上升趋势。2003 年，日本体育服务业达到 651.90 亿美元，占体育产业的 78.18%。体育产业结构调整明显。在产业政策方面，日本的产业政策调整主要分为产业结构政策调

---

① 吴香芝，张林．国外体育服务产业政策略论[J]．体育文化导刊，2011(12)：101-105．

整和产业组织政策调整。在此基础上，日本以产业结构高级化为目标，以充分发挥市场和企业双向互助为宗旨来贯彻产业政策的发展。[①]

邹玉享在《中外体育产业发展比较组织、结构与政策》中对日本的体育产业政策进行分析，日本的体育产业政策大致分为三个方面：第一，日本政府在国家抑制财政支出的同时扩大内需来创造体育财政收入；第二，日本对奥运获奖者实施免税政策；第三，日本政府成立专门的体育产业研究发展研究会来促进体育产业的发展。[②]

任波在《中日体育产业结构比较研究》中对日本的产业结构进行剖析，指出日本的产业结构是以体育服务业为主的产业结构，在外部环境方面，日本作为亚洲最发达的国家之一，同时也是体育产业最发达的国家之一，在 1992 年，日本的体育产业规模就达到了 6 万亿日元，虽然进入 21 世纪体育产业有所下滑，但还是位居世界第二。就内部环境来看，2013 年，日本的观赏性体育赛事的消费门票收入就达到了 1410 亿日元，且日本的顶级赛事能为日本民众提供高质量的观赛体验。日本的体育人口基数也十分庞大，据调查每周有 47.5% 的 20 岁以上的日本人会参加一次或者多次体育运动。而日本的健身产业的年产值非常稳定，在 4000 亿日元以上。[③]

郑和明、尚志强、薛林峰在《日本的体育产业发展现状、发展方式

---

① 姜同仁，宋旭，刘玉. 欧美日体育产业发展方式的经验与启示[J]. 上海体育学院学报，2013，37(02)：19-24.

② 邹玉享. 中外体育产业发展比较组织、结构与政策[J]. 商业时代，2012(25)：122-123.

③ 任波. 中日体育产业结构比较研究[J]. 体育文化导刊，2018(04)：94-98＋158.

及启示》中对日本的体育产业发展现状进行了分析，提到日本的体育产业总产值在 2012 年约为 1034 亿美元，其中，国营体育竞赛占比最高为38％，另外体育用品零售、体育场馆、体育教育培训的占比也比较高。但在 2000—2010 年，日本的个人体育用品消费总额和个人体育消费服务总额在持续下滑。在体育产业活动上，日本的体育产业指数在 2008—2014 年呈现 U 形发展趋势，在 2011 年出现大幅下滑后逐渐回升至之前水平。日本的社会体育设施数量从 1999 年到 2011 年有小幅度的增长；但在民间体育设施数量上却呈现波浪式曲线，2011 年较 1999 年在数量上有小幅下滑。在家庭平均体育消费上，从 2002 年到 2013 年，日本的家庭年平均消费总额在逐渐减少，但是家庭平均体育消费总额却有增加的趋势，年平均体育消费总额在 325 美元左右。主要消费在体育场地设施使用和购买体育用品方面。①

张建辉、黄海燕、约翰·诺瑞德在《国际体育产业发展报告》中对日本的体育产业发展模式和状况进行了梳理。日本在 1964 年举办的东京奥运会为日本带来了高速的经济增长，同时也是体育产业持续发展的"触发器"。高速的经济增长的同时，人们开始重视体育发展，这使得 20世纪 70—80 年代日本的体育产业开始高速发展。从 20 世纪 80 年代起健身俱乐部开始受到重视，市场扩大。而在观赏性体育领域，除了职业棒球，日本的足球联赛也在 1993 年成立，其全新的运营理念也在当时的日本引发轰动。日本的体育产业规模在 1994 年约为 3 万亿日元，

---

① 郑和明，尚志强，薛林峰. 日本的体育产业发展现状、发展方式及启示[J]. 首都体育学院学报，2020，32(02)：116-121＋145.

2014 年约为 4 万亿日元。但日本的体育产业规模峰值是在 1992 年的 6 万亿，随后因为泡沫经济破灭，经济停滞，体育产业随之萎缩，直到 2014 年才达到 4 万亿日元的规模。日本的观赏性体育方面，1992 年的体育赛事门票销售同比上涨 11.8%，超过 1300 亿日元。随后泡沫经济使得门票销售额跌破 1200 亿日元，但随着日韩世界杯的举办又一次扩大到 1300 亿日元。2013 年门票销售额为 1410 亿日元。观看体育赛事的观众数量上，2014 年观看职业棒球联赛的人数较 2005 年约增长了 300 万人。而 2014 年观看职业足球联赛的人数较 2005 年约增加了 104 万人。与此同时，日本的职业球队开始将目标转向女性观众，开始提供针对女性的专门服务，如专属的女子球迷俱乐部等。日本的女子体育项目也大受欢迎，在排球类项目上，女排的观众甚至比男排还多，可见其受欢迎程度。而且日本女子赛事更加吸引男性观众，而男子体育赛事会更吸引女性观众。这是非常有趣的现象。[①]

　　从以上相关文献中不难看出，美国和日本的体育产业都非常发达，体育产业对国民经济的发展作出了巨大贡献，体育产业已成为美国、日本等经济发达国家的支柱产业。虽然各国体育产业的发展重点不同，但体育产业的发展都相对完善。不管政府的政策如何，各国政府积极推动各种宏观体育产业政策，这些政策可以说是恰当的，比如给予职业体育"反垄断豁免"的权利，利用税收政策鼓励体育场馆的建设，给予专业体育版权保护政策，业余体育资助政策等。

---

　　① 张建辉，黄海燕，诺瑞德. 国际体育产业发展报告[M]. 北京：社会科学文献出版社，2017.

二、国内研究现状及评述

（一）双循环相关理论与评述

1. 双循环的发展格局

周玲玲等认为想要构建高水平的对外开放格局，不能只关注国内或者国外市场，需要权衡利弊利用好国内超大规模市场，强化国内经济体系建设，并以双循环新发展格局为基础，对拉动我国经济增长的"三驾马车"——消费、投资与出口的核算方法进行了拓展，还分别在三个层面——国家层面、省际层面、行业层面从需求视角入手，将消费、投资与出口中的直接依存度与间接依存度进行剥离，构建了国际循环与国内循环的联通机制，对 2012 年与 2017 年中国的双循环发展格局进行了详细的分析及解读①。双循环新发展格局并不是一朝一夕就制定出来的，而是需要根据国内、国际形势，从时间、空间上来对双循环新发展格局的制定进行思量。徐奇渊从多个发展阶段分析我国在发展过程中如何从国内循环转向国际循环及面临的挑战，从供给侧结构性改革向双循环新发展格局转变的过程，以及在新的双循环新发展格局下对对外开放的新的定位，并且从生产、分配、流通、消费四个环节入手对构建国内大循环为主，国内国际相互促进的双循环新发展格局进行了深入的剖析和阐述。②

---

① 周玲玲，潘晨，何建武，李善同. 透视中国双循环发展格局[J]. 上海经济研究，2021(06)：49-61.

② 徐奇渊. 双循环新发展格局：如何理解和构建[J]. 金融论坛，2020，25(09)：3-9.

2. 双循环的理论逻辑

蒋永穆、祝林林认为构建新发展格局是党中央根据国内国际环境提升我国经济发展水平的重要决策，也是增强我国在国际经济合作与参评竞争新优势的战略抉择。其生成逻辑有三个方面：理论逻辑、历史逻辑以及实践逻辑。马克思主义政治经济学、中华优秀传统文化，以及西方经济学的有益成果构成其理论逻辑；其历史逻辑是中华人民共和国成立以来党中央在经济发展过程中通过不断摸索和努力探究中逐渐形成的；当前新时代的国内情况和国际情况构成新发展格局的实践逻辑。构建新发展格局，应坚持扩大内需这个战略基点，深化供给侧结构性改革，建设现代流通体系，坚持和完善分配制度，健全促进消费体制机制，建设更高水平的开放型经济，形成国民经济良性循环[①]。钱学锋、裴婷指出，从理论逻辑和历史经验的视角出发，构建双循环新发展格局不仅是大势所趋，更是我国经济可持续发展的内在要求。从本质上看，双循环新发展格局的形成关键在于要构建双循环的内生动力，发展和培育我国在国际上的合作与竞争方面新的优势。双循环新发展格局要求国内经济循环和国际经济循环两者共同循环，打造一条生机勃勃之路，这就要求国内和国际两个小循环要相互促进，形成一个大循环，小循环是大循环运行的保障，大循环带动小循环的发展[②]。韩喜平、王晓阳提出构建双循环新发展对于现阶段实现我国经济现代化具有重大现实意义，双循环

---

① 蒋永穆，祝林林. 构建新发展格局：生成逻辑与主要路径[J]. 兰州大学学报（社会科学版），2021，49(01)：29-38.

② 钱学锋，裴婷. 国内国际双循环新发展格局：理论逻辑与内生动力[J]. 重庆大学学报(社会科学版)，2021，27(01)：14-26.

新发展理念是习近平新时代中国特色社会主义思想的最新理论成果，也是中国特色社会主义理论中发展格局思想在新时代的最新理论创造。把经济发展结构、动力要素、资源配置的方式等方面用马克思发展格局理论联系起来进行分析，论证了双循环新发展格局是对马克思的发展格局思想的继承，同时也是在马克思发展格局有关思想的基础上进行了创新与发展。新发展格局实现了对西方发展经济学中发展格局研究领域的超越、对资源配置方式认识的超越、对发展格局理论"重物不重人"的价值超越，也是对西方现代经济发展格局认识的突破与超越[①]。

3. 双循环的路径选择

任保平、豆渊博提出新发展格局是发展路径选择，高质量发展的要求在于形成国内国际双循环相互促进，以需求牵引供给，以科技创新提高自主创新能力，以供给侧结构性改革为主线为新发展格局提供支撑。首先，要以畅通国民经济循环为主构建新发展格局，要充分发挥内需作为中国经济发展的主引擎的作用，以内需带动"十四五"时期的经济转型发展。其次，要提高我国供给体系对国内需求的适应能力，形成需求牵引供给，供给创造需求，供求平衡的更高质量发展的新格局。要提高自主创新能力，突破核心技术是构建新发展格局的关键。最后，建立统一开放，竞争有序的现代市场体系，高标准市场体系是高质量市场经济运行的载体，畅通国民经济循环的支撑条件[②]。汪发元指出，构建双循环

---

① 韩喜平，王晓阳. 构建新发展格局经济思想的理论价值[J]. 党政研究，2021 (05)：14-21.

② 任保平，豆渊博. "十四五"时期构建发展格局推动经济高质量发展的路径与政策[J]. 人文杂志，2021(01)：1-8.

新发展格局是根据经济全球化进入深层次调整而做出的应对之策，是结合我国经济发展实际而采取的积极主动的科学调整。构建双循环新发展格局的路径选择，首先，应当聚全国之力攻克"卡脖子"的技术难关，充分发挥我国在科技关卡上的新型举国体制优势；其次，要做到行踏实之路，促进我国经济全面高质量发展，要抓住有助于推动经济高质量发展的关键产业，全力提升流通业集成的综合效益；再次，要制定明确的财政资金支持的具体产业和标准，集中我国有限的财政资金来打通双循环中存在的梗阻节点；从次，要立足全局来做好金融业的配套改革，明确金融业的改革方向，促进金融业发展的同时，使其发挥在社会中应有的社会职责；最后，以"一带一路"倡议为基点、以国内经济为主体、以服务监督协调为手段，聚全民之力支持双循环协同推进①。

4. 双循环与数字经济

针对加速形成以国内大循环为主体，国内国际相互促进的双循环新发展格局，有学者认为，数字经济的大力发展为我国应对国内外复杂的经济形势、促进我国经济长期高质量发展，进一步指明了发展的方向与前进的道路。韩彩珍、张冰晔指出以国内大循环为主、国内国际双循环相互促进，是我国应对国内外经济形势变化，促进经济高质量发展的重要战略举措。经济内循环为主的双循环发展是经济高质量发展的必然要求，而数字经济是推动我国经济双循环发展格局的重要抓手。数字经济促进国内国外需求市场在数量和质量的提升，同时助力产业链双循环发

① 汪发元. 构建"双循环"新发展格局的关键议题与路径选择[J]. 改革，2021（07）：64-74.

展，促进产业基础高级化、产业链现代化，保障供应链稳定，帮助推动以内循环为主的国内国际双循环发展①。近些年，我国的数字经济发展迅速，已经成为畅通双循环的重要推助力和抓手。蓝庆新、赵永超进一步指出发展数字经济已经成为党和国家重要共识，双循环新发展格局为数字经济的发展提供了国内国际发展的新空间，未来，数字经济将成为全球经济发展的重要趋势，也将成为双循环新发展格局的重要帮手和推助力②。赵春明、班元浩、李宏兵进一步指出在构建以国内经济大循环为主、国内国际相互促进的双循环新发展格局的过程中，数字经济不仅可以有效地拉动国内市场需求，还有利于促进内需与产业之间的良好的互动，促进国内经济深度融入国际的经济循环。在现在这个以数字经济为主导的新时代，要抓住数字经济发展的机遇，加快构建完整的内需体系。作为随着时代发展的新经济形态的数字经济，与社会经济深度融合，更是可以成为推动形成双循环新发展格局的重要驱动力③。

另有学者从数字经济助力双循环格局的发展路径方面进行了研究。李天宇、王晓娟提出虽然新冠肺炎疫情对中国以及全球经济带来了极大的冲击，但是却激发了数字经济的全面飞速发展，在应对新冠肺炎疫情的冲击，促进经济稳定回升和在构建国内大循环为主、国内国际双循环相互促进的新发展格局方面，数字经济成为重要的力量。要抓住数字经

① 韩彩珍，张冰晔. 数字经济促进经济双循环发展的机理和路径[J]. 青海社会科学，2020(06)：41-46+60.

② 蓝庆新，赵永超. 双循环新发展格局下的数字经济发展[J]. 理论学刊，2021(01)：24-31.

③ 赵春明，班元浩，李宏兵. 数字经济助推双循环新发展格局的机制、路径与对策[J]. 国际贸易，2021(02)：12-18+54.

济发展带来的重要机遇，充分发挥数字经济的规模效应。首先，要在数据要素市场上释放经济双循环的资源潜力，要大力发展新型基础设施方面的建设，弥补我国在基础设施方面的不足。其次，要补齐短板，发挥我国举国体制的优势，集中力量突破关键核心技术，提升中国经济双循环体系的运行效率和质量。最后，要扩大内需充分挖掘我国国内市场的需求潜力，发挥我国超大市场的优势，加快健全相关法律法规，破除我国数字经济发展的制度障碍，为数字经济引领双循环经济发展筑牢坚实底座①。畅通经济循环是构建双循环新发展格局、解决我国经济发展中长期问题的非常重要关键的一环。杜庆昊认为数字经济具有创新性等多个特征，是推动经济高质量发展的重要驱动力，也是畅通经济循环的重要"催化剂"。杜庆昊分别从数字经济对畅通经济循环的理论、数字经济在畅通双循环格局中的路径，以及构建以数字经济和数字资源两个重要支撑要素为基础等方面，提出能够畅通双循环的长效机制②。

(二)体育产业文献综述

1. 休育产业的内涵与界定

体育产业是指为社会提供体育产品的同一类经济活动的集合，以及同类经济部门的总称。体育产品既包含看得见摸得着的体育用品，也包括无形的体育服务；体育经济部门不但包括市场上以营利为目的的各种

---

① 李天宇，王晓娟. 数字经济赋能中国"双循环"战略：内在逻辑与实现路径[J]. 经济学家，2021(05)：102-109.

② 杜庆昊. 数字经济畅通双循环的路径[J]. 中国金融，2021(12)：36-38.

企业，也包括从事各种经营性活动的机构，比如事业单位、社会团体，从事此类活动的个人也包含在体育经济部门中。

体育产业也有广义与狭义之分。1992 年，原国家体委对体育产业的概念第一次作了正式的界定，认为体育产业是生产与体育相关的物质和精神产品，以及提供体育服务的各行业和企业的总和。这一定义正是站在广义视角所得出的结论，即认为体育产业是生产和经营的市场化活动，因此只要与体育生产和经营活动相关的所有项目都应包括在其中。依此范围划分标准，体育产业中，从有形之物到无形之精神，从前端的场地建设到尾端的游戏推广，无不包纳在体育产业范围之内，构成一个完整的体育物品生产和市场的消费链条①。

狭义的体育产业则依照 1985 年国务院颁布的《国民生产总值计算方案》，认为体育产业只应归属于第三产业，即"体育服务业"或者是"体育事业中既可以进行销售，又可以使资金流通的那一部分"。比如钟天朗在《体育经济学概论》中提出："体育产业是提供体育劳务（或服务）这种非实物形式的特殊消费品的产业部门。"②体育产业的本质属性就是体育服务业，只有体育竞赛表演业、体育休闲娱乐业等行业类服务项目才涵盖在体育产业的范围之内。其他的体育实体性的相关行业都不属于体育产业，它们并不具备体育产业的独特属性，不能反映出体育的本真旨趣。

基于上述观点，我认为对体育产业内涵的界定必须扩大视角、开放

---

① 李龙. 我国体育产业发展问题的伦理审视[D]. 湖南师范大学，2017.
② 钟天朗. 体育经济学概论[M]. 上海：复旦大学出版社，2004：59，60.

眼界，不能只考虑到实体性企业的生产与销售，也要顾及政府及社会其他机构对体育产业发展所做的贡献。正是如此，依循国家统计局所做出的界定，即"为社会公众提供体育服务和产品的活动，以及与这些活动有联合的活动的集合"。因为此定义既指在外延上肯定了与体育相关的其他活动在体育产业中的地位，又在市场结构中包纳了服务和产品两大类别。

2. 体育产业高质量发展相关理论与评述

陈林会从体育产业高质量发展的结构、组织等方面进行研究，提出"体育产业结构高质量发展，应以创新为基本驱动方式、以满足社会需求多样性为目标。体育产业结构优化，需要以市场机制主导体育产业资源配置、优化体育产业高质量发展的政策设计、转变观念及心态以培育产业发展氛围、创新体育产业发展体制机制作为保障"①。

刘佳昊、石颖提出体育产业高质量发展主要从供给侧发力，同时兼顾需求侧改革提升。认为供给侧结构性改革要重视"巩固、增强、提升、畅通"几个方面的内容，要融入体育产业高质量发展之中。推动体育产业高质量发展要加快推进体育放管服改革、培育市场主体、加强政府规划引导、刺激释放体育需求、加快重点领域运动项目建设、落实国家现有政策、优化体育治理体系七个方面内容②。

王先亮、张瑞林提出体育产业高质量发展的四点新型路径：一是促

① 陈林会. 产业生态系统与我国体育产业发展[J]. 体育科研，2014，35(03)：62-67.

② 刘佳昊，石颖. 深化供给侧结构性改革推动体育产业高质量发展[J]. 中国物价，2019(11)：35-38.

进体育产业从生产向生活转型，将体育产业融入人们生活方式，成为生活刚需；发展体育服务业，开展个性化、定制化体育产品服务；将运动休闲特色小镇打造成体育产业服务于美好生活的示范基地，强化体育产业基地建设。二是丰富体育产品谱系，提升体育产品和体育服务的质量；完善体育产业价值链，积极融入全球体育产业价值链分工，将体育产业价值链嵌入文化、旅游、健康等相关产业价值链中；挖掘体育消费潜力，提升体育产业经营效率；完善体育产业制度建设。三是构筑体育产业高质量发展的"职业—就业—消费—产业"循环生态体系。四是培育体育产业高质量发展的新型动能[①]。

薛昭铭、刘东升等研究了体育产业发展动力模式机制，并提出三点体育产业高质量发展的推进路径：第一，引导体育产业向大众化、生活化方向发展；形成以"人"为轴的运动项目产业化发展模式；将体育产业打造成由"全民享有、全民享受、全民分享"的人民共享产业。第二，构建层次丰富、特色鲜明、功能互补、集约发展的体育产业布局；在强调"体育＋"和"＋体育"融合路径的基础上，注重对新兴融合业态进行融合前评估。第三，改善产业政策环境，加大对政策实施执行、考核评估、组织宣传的工作力度，在政策制定上要具体化、可操作化；采用政府引领和市场主导的资源配置方式，从增长型政府转变为公共服务型政府；培育体育文化环境[②]。

———————

① 王先亮，张瑞林. 从生产到生活：论美好生活需要下体育产业高质量发展[J]. 沈阳体育学院学报，2020，39(04)：106-113.

② 薛昭铭，刘东升，马德浩. 体育产业高质量发展系统动力机制模型建构与现实考察[J]. 沈阳体育学院学报，2020，39(02)：116-124.

蔡建辉、李增光、沈克印研究了体育用品制造业的体育企业高质量发展得出：体育企业转向高质量发展道路应依托国家政策，加大技术创新和营销创新；促进与数字经济融合发展，提升品牌价值与用户体验，提高体育产品供给质量，满足人民不断增长的多元体育需求①。

高天宇、梁枢提出我国体育产业高质量发展方向和趋势是区域协同、行业融合、科技支撑和国际转移，其中，区域协同以京津冀体育产业协同、长三角体育产业协同和粤港澳大湾区体育协同发展为领头，行业融合以体育旅游融合、体医融合、体传融合、体教融合和体育养老融合为重点融合发展领域。②

李荣日、刘宁宁进一步揭示了体育产业高质量发展的规律，厘清了高质量发展的理论框架，从不同方向探索了体育产业高质量发展的创新道路，构建了"3111"理念，形成了新的主体脉络和逻辑思路。分别从体育产业高质量发展的内涵、主线走向与核心驱动、战略方向与治理选择、实施方略以及方法进行了理论分析③。

花楷从全球价值链的视角出发，对比体育产业高质量发展的国际视角，提出了影响体育产业高质量发展的因素。认为体育产业高质量发展最直接的路径就是要培育体育新经济，提高底层的劳动收入。要引导体育产业内部与外部的融合，产业融合是推动技术创新的有效途径，是增

---

① 蔡建辉，李增光，沈克印. 体育用品制造业高质量发展的动力机制与推进路径——以安踏体育用品有限公司为例[J]. 武汉体育学院学报，2020，54(12)：53-60.

② 高天宇，梁枢. 我国体育产业高质量发展背景、趋势与策略研究[J]. 广州体育学院学报，2020，40(04)：24-27.

③ 李荣日，刘宁宁. 理论框架与逻辑通路：我国体育产业高质量发展研究[J]. 天津体育学院学报，2020，35(06)：651-657.

加体育产品附加值最直接的体现。要做好国内国际双循环协同交互的准备，以"一带一路"倡议为国家级平台，抢抓"走出去"，同时进一步深化体育产业的对外开放程度，做好"引进来"①。

任波、黄海燕分别对体育产业高质量发展的内涵、维度，数字经济驱动体育产业高质量发展的作用与意义以及理论逻辑进行了研究，指出数字经济分别从宏观层面、中观层面和微观层面三个层面驱动体育产业高质量发展。要推动体育产业高质量发展，首先要推进体育企业的营销、产品、商业模式、管理等方面的数字化转型。其次要加强数字经济向体育产业的渗透，促进数字经济与体育制造业、体育零售业、体育场馆服务业、体育培训业等体育产业的深度融合。最后要建立起多元主体协同治理，提高体育产业互联网平台的治理能力，完善数字经济与体育产业融合后的法律法规等规章制度，同时优化治理手段与方式②。

刘亮、吕万刚对体育产业高质量发展进行了详细的界定，并从哲学意义上的矛盾范畴及主题范畴、科学意义中的经济属性和社会属性、改革意义上的实践根基以及供需适配，3 个层面 6 个属性对体育产业高质量发展的内涵进行了详细的阐释。并依据"主逻辑、元问题、总趋向"3 个基本假设理论阐述回答了体育产业高质量发展至今存在的

---

① 花楷. 基于全球价值链视角的体育产业高质量发展：国际比较与影响因素[J].北京体育大学学报，2021，44(02)：50-58.

② 任波，黄海燕. 数字经济驱动体育产业高质量发展的理论逻辑、现实困境与实施路径[J]. 上海体育学院学报，2021，45(07)：22-34＋66.

"为什么""是什么""怎么办"等体育产业高质量发展过程中的一系列问题①。

综上，大多数学者从微观和宏观两个层面探讨体育产业的高质量发展，主要集中在体育产业的发展模式和政策制定上，缺乏系统角度的全面考察。应明确影响宏观经济增长、中观产业优化、微观资源配置和重大社会矛盾的评价标准和因素。体育产业的高质量发展旨在促进人民福祉，实现体育产业的可持续发展，通过政府主导和市场主导的资源配置相结合，形成创新驱动的体育内容经济增长状态和内生优化的产业体系，从而更好地适应外部经济环境的转向过程状态。

3. 双循环背景下体育产业的研究成果与评述

在双循环的背景下，体育产业融合是实现我国体育产业高质量发展的重要途径，是全面落实体育强国战略的有力保障，必将成为我国社会经济提质增效、转型优化的新动能。

任波、戴俊基于产业经济学基本理论，探究双循环新发展格局下我国体育产业高质量发展的逻辑、动力与路径等理论问题。在双循环新发展格局下，构建完整的体育产业内需体系，畅通国内大循环；构建完善的体育产业链、供应链，畅通国内国际双循环，是体育产业高质量发展的内在逻辑。当前，体育产业形成了"政府—政策—产业—市场—企业"五位一体高质量发展的双循环支撑动力。鉴于此，通过紧扣更高水平供需平衡，围绕供给侧结构性改革与需求侧改革，以扩大体育内需、促进

---

① 刘亮，吕万刚. 新时代我国体育产业高质量发展的理论探赜与问题论域[J]. 北京体育大学学报，2021，44(07)：1-8.

城乡区域体育产业协调发展、推进体育产业数字化转型为重点，构建体育产业政策体系、现代体育产业体系、现代体育市场体系、新型体育消费体系，提出"一个"主线、"两个"改革、"三个"重点、"四个"体系的双循环新发展格局下中国体育产业高质量发展路径①。

刘晴、罗亮、黄晶基于双循环新发展格局的趋势，在《"双循环"新发展格局下我国体育用品制造业高质量发展的现实困境与路径选择》一文中探讨了我国体育用品制造业高质量发展的现实困境与路径选择。他们认为在体育用品制造业面临国内外严峻挑战的时代背景下，研究中国体育用品制造业的高质量发展问题具有重要的现实价值。该文在分析我国体育用品制造业发展现状基础上，探讨了双循环新发展格局下我国体育用品制造业高质量发展的现实困境：供给结构有待优化，需求潜力亟待进一步挖掘；深陷"低端锁定"困境，传统全球价值链面临破裂风险；国内循环与国际循环良性互动尚未形成。此外，提出双循环新发展格局下我国体育用品制造业高质量发展的路径是补短板、促消费、增固定投资、稳流通、强互动等②。

柴王军、陈元欣、李国等，基于双循环新发展格局的背景，在界定双循环新发展格局体育产业高质量发展的逻辑基础上，探讨了体育产业的阻滞表现、畅通机制与保障措施。首先，提出我国体育产业国内大循环阻滞表现在供给侧、就业要素层、资源要素层、需求侧4个方面；体

① 任波，戴俊."双循环"新发展格局下中国体育产业高质量发展：逻辑、动力与路径[J].体育学研究，2021，35(02)：39-48.

② 刘晴，罗亮，黄晶."双循环"新发展格局下我国体育用品制造业高质量发展的现实困境与路径选择[J].体育学研究，2021，35(02)：29-38.

育产业国际双循环存在的阻滞表现在体育产品与服务、技术、资金 3 个方面。其次，提出双循环格局下，畅通体育产业阻滞的作用机制体现在供给侧结构性改革中，优化体育产业供给体系机制、需求侧改革中，提高居民体育消费能力机制、创新驱动体育产业技术进步转化机制 3 个方面。最后，提出双循环格局下畅通体育产业阻滞的保障措施为持续深化体育产业"放管服"改革，加快实施体育产业需求侧改革政策，推动实施体育产业创新驱动发展战略，持续推进体育产业高水平对外开放①。

沈克印基于双循环新发展格局，探讨了体育产业高质量发展的宏观形态与方略举措。指出构建双循环新发展格局是党中央根据国内国际形势发展变化而作出的战略决策，对推动体育产业高质量发展具有重要的理论意义与指导价值。他在《"双循环"新发展格局下体育产业高质量发展的宏观形态与方略举措》一文中综合运用文献资料、专家访谈、逻辑分析等研究方法，阐释双循环新发展格局的时代背景，分析体育产业高质量发展的宏观形态，并提出方略举措。研究认为，进入新发展阶段，推动体育产业高质量发展，必须以新发展理念为根本遵循，以国内大循环为主体，建立完整的体育内需体系，还要以更高水平的对外开放为引领，参与国际体育治理和促进产业融合。双循环新发展格局下推动体育产业高质量发展，要把实施扩大体育内需战略与体育产业供给侧结构性改革结合起来，着力提升体育产业发展的质量与效率，同时要以扩大体育内需为战略基点，加大体育领域投资力度，培育多元体育消费业态，

---

① 柴王军，陈元欣，李国，等. "双循环"新发展格局下体育产业阻滞表现、畅通机制与保障措施[J]. 体育学研究，2021，35(02)：20-28.

利用数字技术推动体育产业数字化转型①。

黄谦、谭玉姣、王铖皓等认为根据双循环新发展格局构建的背景要求，从体育产业现阶段发展情况出发，要从产业关联、市场、供需三个方面来探讨双循环新发展格局的构建与体育产业融合的关系。体育产业自身的属性为产业融合提供了内在的基础条件，而价值链又是体育产业融合的核心，产业链的融合需要经历原产业间的价值链的分解和融合，在新价值链的融合过程中经历了产业渗透、产业延伸与产业重组三种模式，这就为打破行业壁垒创造出了非常优越的条件②。

王凯、张煜杰、陈明令从产业生态角度进行分析，认为双循环体系主要包括核心层、外围层、关联层与国际层4个大的维度，而体育竞赛表演业作为体育产业中的传统行业也是核心行业，其本身就处于双循环新发展格局背景下体育产业高质量发展的核心场域之中，体育竞赛表演业不仅要跟随并促进双循环背景下体育产业高质量发展的步伐，而且其自身应建立起自身发展的双循环体系。在双循环背景下，优化供需、畅通要素，引领创新、培育市场，深化改革、协同内外是体育竞赛表演业在双循环背景下自我立足与体育产业高质量发展的重中之重③。受贸易保护主义和新冠肺炎疫情的影响，当今世界经济具有较强的不确定性，我国要于变局中开新局，就要立足国内大循环，把发展的立足点放在国

① 沈克印."双循环"新发展格局下体育产业高质量发展的宏观形态与方略举措[J].体育学研究，2021，35(02)：11-19.

② 黄谦，谭玉姣，王铖皓，等."双循环"新发展格局下体育产业高质量发展的动力诠释与实现路径[J].西安体育学院学报，2021，38(03)：297-306.

③ 王凯，张煜杰，陈明令."双循环"新发展格局下我国体育竞赛表演业生态嬗变与应对[J].体育学研究，2021，35(03)：67-74.

内，集中力量办好自己的事，形成需求牵引供给，供给创造需求的高水平动态，平衡提高供需匹配性。通过良好运行的国内大循环，吸收全球资源要素，为世界发展提供机会，从而形成国内国际双循环相互促进的新发展格局。

综上，不同学者对双循环新发展格局下体育产业高质量发展多从宏观层面进行探究，文献集中探讨的是体育产业高质量发展的相关模式和路径，整体研究内容尚缺乏系统化、体系化，从其动力层面出发去研究的理论成果较少。

三、研究思路与创新点

(一)研究思路

本书的研究思路是基于体育产业高质量发展所面临的发展问题和社会需求现状，通过国内外研究现状及文献综述的梳理，基于"提出问题—分析问题—解决问题"的一般化问题研究思路，提出以双循环新发展格局助力体育产业高质量发展的科学命题。在此基础上对体育产业高质量发展问题进行解析，并提炼出体育产业高质量发展所面临的关键问题。通过各关键问题的逐个破解与优化，提出双循环新发展格局下体育产业高质量发展的愿景与构想。

按照上述研究思路，本书的内容框架体系安排如下：

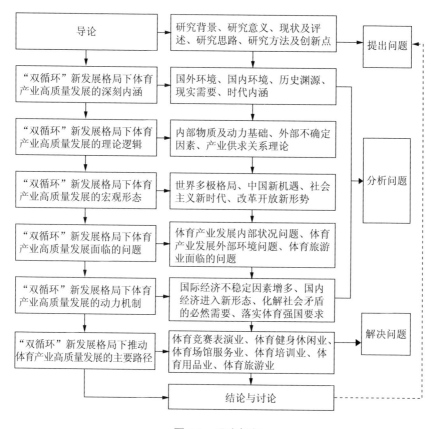

图 1-1 研究框架

(二)研究方法

1. 文献资料法

本研究中文献来源包括期刊论文、硕博论文、政府政策法规、经济统计信息、新闻报道等多项。针对体育产业发展国内外相关文献，通过收集与梳理、摘录相关信息等分析手段，对涉及双循环新发展格局与体育产业高质量发展的文献进行整合归纳，分析其发展的内涵、理论逻辑、面临的问题以及未来发展的主要路径。

2. 逻辑分析法

对前期调研过程中获取的资料与数据进行汇总，在对具有产业与双循环的基础理论部分(包括定义和基本特征等)进行剖析和研究的过程中，采用整体性的范式进行分析、综合；而在对体育产业高质量发展建设进行研究论证时，则主要采用归纳、演绎的逻辑分析方法，揭示新发展格局下体育产业发展的内在规律，对体育产业高质量发展布局提出建议。

3. 跨学科分析法

本书研究过程中涉及产业经济学理论、产业融合理论、产业链理论等多个学科的知识应用，在扎实的理论基础上深层次探寻体育产业高质量发展的产业的动力、特性、运行机制、路径等。从系统结构和概念结构两个角度，对体育产业高质量发展的构成要素及其构成要素之间的相互联系进行了深入分析，为体育产业高质量发展理论框架的建立提供了重要的支持。从双循环新发展格局的角度，研究了体育产业运行发展与新发展格局下体育产业高质量发展的关系。

(三)创新之处

第一，由于当前国内关于体育产业高质量发展的研究尚处于起步阶段，碎片化研究居多，尚未形成成熟的分析框架。本研究从双循环新发展格局的视角，构建了一个具有理论导向的分析框架，丰富了体育产业高质量发展研究。

第二，本研究首次全面定量分析了我国体育产业高质量发展的现状，并从多个领域将新发展格局引入体育产业高质量发展研究领域，为人们认识这一社会经济现象提供了全新的视角与现实依据。

双循环新发展格局下体育产业
高质量发展的深刻内涵

2020 年 5 月 14 日，中共中央政治局常务委员会会议首次提出"构建国内国际双循环相互促进的新发展格局"。2021 年 1 月 11 日，习近平总书记在省部级主要领导干部学习贯彻党的十九届五中全会精神专题研讨班上的重要讲话中强调，加快构建以国内大循环为主体，国内国际双循环相互促进新发展格局是关系我国发展全局的重要战略任务。在实现中华民族伟大复兴和建设现代化国家的百年未有之大变局的新时代，构建以国内大循环为主体，国内国际双循环相互促进新发展格局，既是塑造我国国际经济合作和竞争新优势的战略抉择，也是新发展阶段下贯彻新发展理念和推动经济高质量发展的客观要求①。

　　体育产业作为构成我国经济发展的一部分，在面对新冠肺炎疫情的肆虐，国际贸易形势严峻的冲击下，一定程度上影响了经济的稳定发展。构建双循环新发展格局是习近平新时代中国特色社会主义思想的新成果，对我国"十四五"时期推动体育产业高质量发展具有重要指导意义。在依然形势严峻的国际环境下，随着国内体育消费需求的不断增加，体育产业在构建双循环新发展格局中面临着重大挑战与机遇。本章主要从双循环新发展格局提出的时代背景、体育产业发展的国内外环境、双循环新发展格局与体育产业高质量发展的内在逻辑与战略地位三个方面阐述双循环新发展格局下体育产业高质量发展的深刻内涵。

第一节　双循环新发展格局提出的时代背景

　　双循环新发展格局的提出看似偶然，但其实是结合了国际经济发展的动荡与我国发展的历史进程的新形势，与中国特色社会主义新时代相融合而生的新时代发展格局。从 2020 年 5 月 14 日在中共中央政治局常务委员会会议首次提出"构建国内国际双循环相互促进的新发展格局"以来，我国共五次在重大会议上提出双循环新发展格局，强调了新发展格局对于我国发展全局的重要性。2020 年 7 月 30 日，中共中央政治局会

---

　　①　中共中央关于制定国民经济和社会发展第十四个五年规划和二〇三五年远景目标的建议[N]. 人民日报，2020-11-04(1).

议提出，面对复杂严峻的经济形势和较大的不确定性，要加快形成以国内大循环为主体、国内国际双循环相互促进的新发展格局。在全面建成小康社会之后，我国制定了第"十四个"五年计划，提出实现第一个百年奋斗目标后，要乘势而上，全面开启建设社会主义现代化国家，向第二个百年奋斗目标的第一个五年进军。当今世界正处于百年未有之大变局，在我国发展的战略机遇期，要坚持以供给侧结构性改革为主线，坚持深化改革开放，牢牢把握扩大内需这个战略基点，大力保护和激发市场主体活力，确保我国经济高质量发展。2020年9月1日，中央全面深化改革委员会第十五次会议指出，推动深层次改革实行更高水平开放，为构建新发展格局提供强大动力。推动"十四五"时期经济社会发展，必须坚持和完善党领导经济社会发展的体制机制；必须始终做到发展为人民、发展依靠人民、发展成果由人民共享；必须把新发展理念贯穿发展全过程和各领域，实现更高质量、更有效率、更加公平、更可持续、更为安全的发展；必须坚定不移推进改革，继续扩大开放，持续增强发展动力和活力。2020年10月29日，《中共中央关于制定国民经济和社会发展第十四个五年规划和二〇三五年远景目标的建议》中明确要求，"畅通国内大循环"和"促进国内国际双循环"。我国在当前和将来的一段时期里将长期处于发展的战略期，以新理念构造新格局，为建设现代化国家打下坚实的基础。马克思原理指出世界是运动的，发展的，新的历史时期将会有新的发展格局，但是以国内大循环为战略基点的战略决策是我们要坚持的。2021年1月11日，习近平总书记在省部级主要领导干部学习贯彻党的十九届五中全会精神专题研讨班上强调，加快构建以国内大循环为主体、国内国际双循环相互促进的新发展格局是关系我国发展全局的重大战略任务。

国内国际双循环是在和平与发展的时代主题下，打造双赢的发展格局，首先，可以满足我国人民对高质量产品的需求，促进我国产品向高质量发展；其次，国内大循环向更高层次发展提供动力和支撑，缓解国内就业压力，增加居民收入，进而扩大内需，拉动国内生产投资规模；最后，技术含量较高的国际循环可以通过学习效应、溢出效应和示范效应等提高国内供给能力，扩大国内需求多样性和提高需求质量，进而推动国内循环结构升级①。唯物辩证法指出：矛盾即是事物普遍联系的根本内容，一个事物的发展往往是一个由不平衡到平衡，再到新的不平衡，然后发展到新的平衡的波浪式前进、螺旋式上升的过程。以国内大循环为主体，国内国际双循环的新发展格局将加强国际交流的紧密性，构建互惠，共赢的新环境。

一、双循环新发展格局提出的国际环境

第一，双循环新发展格局的提出不仅考虑到我国国内发展的现况，更是综合分析当前国际发展状况的趋势。吸取我国的历史教训，闭关锁国只会导致我国的经济发展、社会发展、文化发展及科学技术落后，造成不利于国家发展的格局。科学分析我国发展的国际环境：一是国际冲

---

① 钱学锋，裴婷. 国内国际双循环新发展格局：理论逻辑与内生动力[J]. 重庆大学学报(社会科学版)，2021，27(1)：14-26.

击，包括新冠肺炎疫情冲击、世界经济深度衰退、国际贸易和投资大幅
萎缩、国际金融市场动荡和国际交往受限；二是国际趋势，经济全球化
遭遇逆流、一些国家保护主义和单边主义盛行、地缘政治风险上升，我
国必须在一个更加不确定的世界中谋求发展①。自2008年金融危机以
来，国际市场低迷，经济发展不稳定，全球贸易链受到极大冲击，以消
费型为主的发达经济体经济发展衰退和贸易萎缩趋势更加明显。资本主
义制度不可调和的矛盾阻碍经济发展，将资金和非关键技术转移到成本
低廉国家的战略是导致本国民众失业、福利锐减的根源。奉行贸易保护
主义的国家，消极对待国际贸易来往，将关键核心技术牢牢控制在自己
手中，遏制新兴市场国家进一步发展。2020年，特朗普执政的美国政
府推行单边主义、霸权主义政策，制裁我国企业，通过各种借口打压我
国企业，逐步加剧与我国的贸易摩擦，严重影响了国际贸易交流。加上
英国脱欧、中东动荡等一系列的"黑天鹅"事件，逆经济全球化浪潮日渐
兴起。

第二，2020年受全球新冠肺炎疫情的剧烈影响，使各国本来就不
稳定的经济发展雪上加霜。新冠肺炎疫情的全球蔓延严重阻碍经济的发
展，国际货币基金组织认为新冠肺炎疫情导致了20世纪30年代"大萧
条"以来最严重经济衰退。全球实体经济遭到重创，尤其对旅游业、餐
饮业、零售业、运输交通业影响最大。许多企业因为背负巨大薪资压力
濒临破产，经济发展落后的地区更是难上加难。在食品供应方面，众多

---

① 杨盼盼，崔晓敏. "双循环"新发展格局的国际比较与启示[J]. 开放导报，2021
(1)：51-60.

国家食品紧缺，人们只能得到限量的食品，严重影响了价格平衡。从进出口贸易角度看，新冠肺炎疫情防控期间全球总体进出口的规模缩小，商品压缩，航班延误，企业不仅面临价格暴跌的冲击还要面对法律风险。新冠肺炎疫情防控期间，越南、印度、挪威、西班牙、法国等国家对中国农产品出口贸易严重受挫，货物大多堆压在港口，价格暴跌。中国进出口总额6.57万亿元，下降6.4%。其中，出口3.33万亿元，下降11.4%；进口3.24万亿元，下降0.7%；贸易顺差983.3亿元。从汇率市场、利率市场、股票市场来看，这次新冠肺炎疫情成为自2008年金融危机以来的又一次全球性危机。资料显示，新冠肺炎疫情防控期间一天之内除美国以外，南美、东南亚、中亚等11国均出现不同程度的股市熔断，投资者损失惨重。国际金融动荡直接影响市场消费水平，导致货币流通受阻，全球经济发展面临重大变革。

第三，面对形势严峻的国际环境，各国采取了防范措施。美国财政部推出约1万亿美元的经济刺激计划，这当中可能包含减税、支持小微企业、驰援航空企业及相关产业。另外，美国政府或将有2500亿美元直接发放给美国普通民众。欧盟委员会将拨款370亿欧元资金用于抗击新冠肺炎疫情，在预算和国家援助方面给予成员国灵活性，并帮助10万家中小企业获得约80亿欧元融资。而且还将再拨款250亿欧元用于缓解应对新冠肺炎疫情情况下公共卫生和经济等面临的困难。英国财政部提出300亿英镑的经济刺激方案，包括为小型企业免除部分税务、降低病假工资申领门槛等措施。其中，70亿英镑将用于为企业和个人提供帮助，50亿英镑用于英国国民医疗服务体系(NHS)和其他对抗新冠肺炎疫情的公共服务，另外180亿英镑用于其他一些额外刺激措施。希腊劳工与社会事务部出台扩大医疗卫生支出、暂停增值税和社会保障缴款等应对措施，以缓解企业和个人压力。面对新冠肺炎疫情，世界各国主要从减税、免息或者相应的补偿方面给予国民帮助，一定程度上提振经济。处于当下严峻的国际环境，要辩证地分析并学习国外防范化解重大风险的治理体系，促进我国双循环发展格局的稳定形成。随着生态环境的改变，自然灾害频发，每年因自然灾害造成的人员伤亡占比较高，所以世界各国需加强防范化解重大风险的能力，形成人类命运共同体，共建以合作、共赢为核心的新型国际关系。

二、双循环新发展格局提出的国内环境

从发展历程来看，我国正处于繁荣发展期。从 1949 到 2021 年，中国人民从"站起来"到"富起来"进而迈向"强起来"，我国取得了世界瞩目的成就，中国成为世界上最大、综合实力最强的发展中国家。1978 年我国开始改革开放，对内改革，对外开放，加快我国经济建设的速度。1987 年提出以经济建设为中心，坚持四项基本原则，坚持改革开放。改革开放初期，我国主要推行出口导向型经济战略，开放对外贸易，国际贸易来往频繁，通过利用各国经济发展的相互依赖性获取开放经济中的溢出效应。同时，我国生产要素方面存在着比较优势，参与全球价值链后进行全球竞争，我们有巨大的竞争优势，在改革开放 40 多年中取得了巨大成功。1978 年中国 GDP 总量为 3679 亿元，人均 GDP 为 385 元，2019 年 GDP 总量为 99.0865 万亿元，人均 GDP 达到 1 万美元，

2020 年 GDP 总量首次突破百万亿元，达到 1015986 亿元，人均 GDP 持续突破 1 万美元，四十余年的改革开放使得中国国内生产总值增长将近300 倍，人均国内生产总值提高 180 余倍；1978 年，中国经济总量仅位居世界第十，2008 年超过德国，位居世界第三，2010 年超过日本，跃居世界第二，2010 年至 2020 年中国是仅次于美国的世界第二大经济体；中国经济总量占世界的份额由 1978 年的 1.8％提高到 2019 年的16.58％，对世界经济增长贡献率由 1978 年的 1％左右提高到 2019 年的30％左右；中国货物进出口总额从 206 亿美元增长到超过 4 万亿美元，累计使用外商直接投资和对外投资总额超过 2 万亿美元，成为世界货物贸易第一大国、外汇储备第一大国①。

从体制保障方面看，我国以公有制为主体多种所有制经济共同发展，按劳分配为主体、多种分配方式并存的经济发展制度，保障了我国市场经济的稳定，长期发展，保持我国市场活跃，货币流通。随着 5G、互联网、区块链、大数据等技术的升级与普及，数字经济日益成为中国供应链、产业链升级的重要驱动力。2012 年至 2019 年，中国数字经济规模从 11.2 万亿元增长到 35.8 万亿元，占 GDP 比重从 20.8％扩大到36.2％，数字经济与实体经济各领域的深度融合带动国内生产效率提升和生产模式改变。双循环新发展格局下，我们要坚持以国内大循环为战略主体，激发我国人口基数大的市场潜力，利用新兴科学技术，润通产业链与供应链，畅通国内大循环以促进国内国际双循环的新发展格局。

---

① 习近平. 在庆祝改革开放 40 周年大会上的讲话[N]. 人民日报，2018-12-19 (01).

从供给体系方面来看，我国拥有强大的生产能力以及完善的配套能力：农业生产能力持续提高，主要农产品产量跃居世界前列；服务业整体发展势头良好，不断向着优质服务方向发展；覆盖工业体系之下 39 个工业大类，191 个中类与 525 个小类，"具有全球最完整、规模最大的工业体系"①，是当今世界唯一拥有全部工业门类的国家。制造业增加值位列全球之首，占全球比重长期稳定在 26％以上。中国的工业化建设处于世界一流水平，改革开放以来，我国基础设施建设体系日趋完善，桥梁建设、高铁路网、跨海大桥让全世界人都看到了"中国速度"。由于我国工业建设的快速发展，越来越多的国外企业与中国开启长期合作，将我们的技术带到国外去，加强了国家间的经济关联。据统计，全球 500 多种主要工业产品之中，中国有 200 多种产量居于世界第一。但是我国最大的优势还是拥有世界上最大规模的人口市场，随着我国社会主要矛盾的转化，人民对美好生活的向往需求不断增加，对我国国内市场的韧度要求越来越高。

从消费趋势来看，中国国内市场潜力巨大。近年来，国内消费已成为中国经济增长的第一驱动力。2011—2019 年，我国的消费率平均为53.4％，2020 年，尽管受新冠肺炎疫情的冲击，最终消费支出占 GDP的比重仍然达到 54.3％，高于资本形成总额 11.2 个百分点，消费仍然是经济稳定运行的压舱石②。其中，2019 年服务性消费占总消费支出的

① 习近平. 坚持用全面辩证长远眼光分析经济形势，努力在危机中育新机于变局中开新局[N]. 人民日报，2020-05-24(01).

② 刘奕，李勇坚. 从消博会看中国新消费的崛起[J]. 中国发展观察，2021(9)：23-27.

45.9％，服务性消费成为今后我国消费的主要组成部分。随着小康社会的全面建成，我国社会中产家庭规模日益扩大，这对中国消费市场来说是关键的机会。世界发展趋于多样化、多元化，人们消费需求日新月异，中产家庭规模的扩大将推动我国消费的转型。与此同时，低线城市的消费水平也在提高，据研究，在耐用消费品等产品方面，低线城市的消费更高。电子商务的普及，便捷了人们的衣食住行，人们消费不再局限于大型商场或者商务区，低线城市的居民由于背负的住房压力较小，促进了其消费的欲望。消费模式的转型保障了我国消费市场稳定向好的发展。2020 年，中国网民数量达到 9.89 亿，网络购物用户达到 7.82 亿，占全球比重的 1/4。目前，我国国民普遍倾向于网上购物，不仅在时间上有所便利，更能满足消费者多样化的消费需求。线上购物的浪潮带动了偏远地区的经济发展，利用移动互联网技术的优点，将具有特色的产品推至网上销售，打破了时间与空间上的壁垒，降低了产品运输的成本消耗。从未来发展看，中国新消费总量将持续增长，消费模式、消费内容等也将发生巨大的变化。从消费结构来看，绿色、健康产业将广受欢迎，尤其像新能源汽车、健康服务、体育娱乐休闲等领域将迎来蓬勃发展。从总量上看，受收入增长、人口城镇化、新中产人群快速扩张等因素的影响，以及国家实施"扩大内需"战略，推进"需求侧管理"，中国新消费将持续保持快速增长，预计在"十四五"时期，中国消费市场规模将超过美国，成长为全球第一大消费市场。

三、双循环新发展格局提出的历史渊源

双循环新发展格局的提出并不是偶然，而是经过我国自主探索逐渐发展而来的，有其历史必然性，是顺应世界发展格局的变化以及我国经济发展的需求，以应对全球面临经济衰退以及逆经济全球化趋势的现实困境的战略。新发展格局的提出总结了上一阶段我国经济发展的经验，结合国内外时代特征，为"十四五"规划乃至更长远的发展提供了方向性的引领。加快形成新发展格局需要总结我国历史发展经验，从历史源头寻求规律。中华人民共和国成立以来，我国经济发展格局经历了多次调整。中华人民共和国成立初期，我国独立自主完成了早期工业化原始资本积累，这一阶段主要以国内大循环为主。改革开放后，在国民经济从计划经济转向市场经济后，我国逐渐形成外向型经济发展格局，国际大循环逐渐占主导地位。但进入了新时代，面对新的国际环境和国内需求，适时提出双循环新发展格局。就历史渊源而言，中国经济发展格局经历了早期工业化（1949—1978）、改革开放初期的国民经济调整（1978—1988）、外向型经济发展格局形成（1988—2006）和双循环新发展格局确立（2020— ）等发展阶段[①]。

中华人民共和国成立初期，我国经济发展迟缓，工业基础薄弱，主要以农业发展为主。不同于西方列强，它们通过殖民掠夺为本国积累了一定工业发展的基础，但我国只能靠自力更生，自主探索。在第一个五年计划里，我国确立了"156"项工程，为我国走上工业化道路奠定了基

---

① 董志勇，李成明. 国内国际双循环新发展格局：历史渊源、逻辑阐释与政策导向[J]. 中共中央党校（国家行政学院）学报，2020，24(5)：47-55.

础。为了支撑我国工业化建设，推动经济发展，在"一五"期间实施了"一化三改"，并在全国实行了人民公社化运动，实行计划经济体制，构建起中华人民共和国成立初期政府主导的国内循环体系。从 1949 年到 1978 年，我国工业化水平迅速提高，我国重工业产值在工农业总产值中占比由 7.9% 提高到 42.6%。在短短不到 30 年的时间内，我国快速完成了国家工业化的初步积累。20 世纪 70 年代初期，我国建立起种类齐全的完整工业体系，一定程度上为改革开放的经济建设奠定了坚实的工业化基础。直到我国恢复联合国合法席位，我国经济发展逐渐从计划经济转向市场经济。

伴随着改革开放的大力推进，我国农村逐渐形成以家庭联产承包责任制为主的发展模式，提高了农民的生产积极性。仅到 1984 年全国粮食产量就比 1979 年提高了 34%。同时，农村为城市建设提供了充足的劳动力，加强了农村与城市之间的联系，形成新的城乡发展格局。1992 年，邓小平南方谈话后，我国改革开放力度加大，加快了经济体制改革进程。2001 年，中国正式加入世界贸易组织，以出口为主的外向型经济发展格局全面形成。2006 年，中国出口额跃居世界第一，逐渐成为全球最大的外商投资国。中国通过出口商品积累了大量外汇，由原来的外汇短缺和国民储蓄短缺变为高外储和高储蓄的国家，同时也造成了对外依赖度高、国内经济失衡等问题①。

2006 年的"十一五"规划指出，要"立足扩大国内需求推动发展，把

---

① 董志勇，李成明. 国内国际双循环新发展格局：历史溯源、逻辑阐释与政策导向[J]. 中共中央党校（国家行政学院）学报，2020，24(5)：47-55.

扩大国内需求特别是消费需求作为基本立足点，促进经济增长由主要依靠投资和出口拉动向消费与投资、内需与外需协调拉动转变"，我国进入外向型经济发展格局的调整期。2018 年，中央经济工作会议提出"畅通国民经济循环""促进形成强大国内市场"。2019 年年底的中央经济工作会议，强调供给侧结构性改革重点关注"补短板"。2020 年 5 月 14 日，中央政治局常委会会议首次提出"国内国际双循环新发展格局"。7 月 21 日，习近平总书记在企业家座谈会上进一步阐释了双循环的基本内涵。7 月 30 日，中央政治局再次提出"加快形成以国内大循环为主体，国内国际双循环的新发展格局"。

四、双循环新发展格局提出的理论逻辑

世界是运动的，新的事物都是经过了实践的检验，演化到新的发展阶段。正如恩格斯所说："同任何新的学说一样，它必须首先从已有的思想材料出发，虽然它的根子深深扎在物质的经济的事实中。"双循环新发展格局是目前乃至长期我国经济发展的战略方向，分析新发展格局的理论逻辑对推动我国经济稳定发展具有重要意义。双循环新发展格局的提出不仅有经济增长理论、国际贸易理论、大国经济发展等理论支撑，也离不开中华优秀传统文化的理论滋养，更需要马克思主义政治经济学

的理论根基①。

马克思在《资本论》里深刻阐明了流通对于社会再生产的重要性，就市场循环而言，它是整个社会流通顺畅的"血脉"。马克思主要通过考察货币资本循环、生产资本循环以及商品资本循环，来阐明市场循环的重要性。马克思指出，无论它们当中任何一环出现问题，整个社会的流通将面临断链。如果生产资本阶段闲置起来，就会导致生产资料"休眠"和劳动力失业；商品资本阶段停顿下来，堆积如山的商品就会把社会"流通的流阻塞"②。马克思的经济社会循环思想主要体现在社会再生产中的生产资料和消费资料两大部类的产品都能得到顺利实现，以及他对未来社会设想中的"劳动时间的社会的有计划的分配"与按劳分配个人消费资料等。其次，从国内国际循环来看，马克思主义者也十分重视国际贸易的问题。马克思认为世界贸易是机器大工业的产物，世界市场不仅是存在于国内市场以外的一切外国市场相联系的国内市场，而且同时也是作为本国市场的构成部分的一切外国市场的国内市场。虽然马克思政治经济学没有明确提出双循环发展概念，就其思想而言，是双循环新发展格局产生的理论根基。

我国是四大文明古国之一，历史文化悠久，优秀的传统文化滋润了千千万万个中华儿女。回顾我国发展的历史进程，早在我国汉代就开始了对外贸易，走出了"丝绸之路"，与中亚、西亚、南亚等国进行了频繁的经济文化交流。到了唐代，鼓励各国商人来中国进行贸易来往，并且

---

① 蒋永穆，祝林林. 构建新发展格局：生成逻辑与主要路径[J]. 兰州大学学报（社会科学版），2021，49（1）：29-38.

② 马克思恩格斯选集：第 2 卷. 北京：人民出版社，2012：313.

允许他们长期居住。再到宋代、明代，我国对外贸易日渐频繁，在保持国内经济稳定发展的基础之上，促进国内外贸易往来，在一定程度上加强了我国的综合国力，营造了国泰民安的社会生活。我国优秀的传统文化传承至今，为新时代我国经济发展提供了理论源泉，滋养了双循环新发展格局的形成。

大国经济发展理论主要沿着斯密经济学范式和马歇尔经济学范式两条路径，前者从大国市场范围广阔的特征来分析经济分工的效应，后者利用大国经济规模效应的特征分析竞争优势的形成①。我国人口基数大，地域辽阔，市场消费潜力巨大，同时，我国拥有劳动力、资本等要素结构多元的特征。诸多因素的合成铸就了我国多层消费市场和多元化产业结构。我国地域的差异，导致中国存在不同层次和不同类别的消费者，铸就了中国多元化的消费结构。"规模大、层次多"的经济大国，不仅为中国生产提供了良好的市场基础，创造了商品的价格及非价格竞争优势，进而提高了商品的国际竞争力，同时有助于中国外贸结构的优化和调整，通过利用国内和国外两个市场和两种资源，实现内循环和外循环的相互促进，推动中国经济可持续发展②。双循环新发展格局的提出与我国经济发展息息相关，面对国际金融环境严峻，各国贸易来往紧张的世界困局，探索新发展格局的经济增长理论，将有利于营造和谐共享的国际关系。

主流经济增长理论，包括哈罗德-多马的古典增长模型、索洛-斯旺

---

① 欧阳峣. 大国经济发展理论的研究范式[J]. 经济学动态，2012(12)：48-53.

② 丁平，张二震. 国内需求与国际贸易：一个综述[J]. 国际贸易问题，2013(2)：166-174.

新古典增长模型、干中学模型、罗默和卢卡斯的新古典增长模型等，一般从供给侧方面研究经济增长。事实上，经济增长不仅是资本增加和技术进步的结果，更是需求扩张和经济结构转换的过程[①]。一国的经济发展，到了一定阶段会出现缓慢期，一味地加强国内大循环，忽略国内国际双循环，将导致生产技术落后以及供需发展不平衡。以国内大循环为主体，充分发挥内需潜力的经济发展方式是维持大国经济可持续发展的必然选择。根据罗斯托经济增长的 6 个阶段，中国正处于走向成熟到大众高额消费的过渡阶段，这　阶段首先需要国内需求拉动，充分发挥国民消费能力。居民消费需求增加，直接转化为市场需求，扩大未来的市场需求，从而刺激产品创新和过程创新。同时居民消费的增加也可通过影响要素利用率、资源配置和市场预期等，进而促进经济增长[②]。

国际贸易理论指出，各国首先以满足国内供需平衡为基础，以国内市场为依托，再通过国际贸易往来，满足更高质量的国民需求。国内大循环为主体的出口增长模式能更好发挥出口贸易作为"增长引擎的本质作用"。因此，以国内大循环为主体，实现国内需求、本土供给和对外贸易的良性互动，发展以国内市场为依托的对外贸易，将国际循环内嵌于本国经济，推动国内国际两个市场两种循环联动发展，是中国发展的必然选择[③]。近年来，我国采取了一系列优惠政策以及相关平台发放优

---

① Chenery H. *Patterns of Industrial Growth*［J］. American Economic Review，1960，50(4)：624-654.

② 欧阳峣，傅元海，王松. 居民消费的规模效应及其演变机制［J］. 经济研究，2016(2)：56-68.

③ 钱学锋，裴婷. 国内国际双循环新发展格局：理论逻辑与内生动力［J］. 重庆大学学报(社会科学版)，2021，27(1)：14-26.

惠券等措施，市场消费能力明显好转。我国巨大的消费潜力将逐渐释放，经济发展得到复苏，为形成国内大循环为主体，国内国际双循环的新发展格局提供了良好的基础。

五、双循环新发展格局提出的现实需要

双循环新发展格局是我国根据新的国际环境、全球供应链新挑战所做出的一项中长期战略部署，是"十四五"乃至更长时期我国经济社会发展的新格局。新发展格局的提出为我国在危机中育先机、在变局中开新局指明了方向。无情肆虐的新冠肺炎疫情造成全球经济陷入"大萧条"以来最严重的衰退，各国无法正常进行贸易往来，导致投资疲软、人力资本流失以及全球贸易和供应链中断等，削减全球 90％国家的人均收入，降低生产率，对中国及世界经济产生重大且持久的影响①。同时，美国霸权主义，单边主义盛行，中美经贸关系持续紧张，对中国产业链的稳定造成了严重冲击。新冠肺炎疫情冲击加上持续性的地缘政治紧张对全球贸易格局的重新调整产生重大影响。各国为了保障本国安全与经济发展，更多采取保守态度，进而加剧逆经济全球化趋势。面对全球形势变化及国内经济发展困境，习近平总书记提出了"化危为机"辩证法，强调要用长远、全面、辩证的眼光看待此次危机，危和机总是并存的，克服

---

① 丁平，张二震. 国内需求与国际贸易：一个综述[J]. 国际贸易问题，2013(2)：166-174.

了危便是机[①]。

双循环新发展格局的提出是为了满足我国人民与世界人民对美好生活的向往。双循环新发展格局旨在为人民提供高质量的产品与服务，努力满足人民日益增长的美好生活需要。新发展格局要求贯彻创新是引领发展的第一动力，深化科技体制改革，加强对关键技术的突破，打造我国自主研发的关键产品，完善服务业，形成更加完整的服务体系。改革开放初期，由于我国以外向型的经济发展模式为主，重在经济量上的发展，而到了第二个百年奋斗目标的新征程，我国对高质量的制造业体系、服务业体系需求越来越强。一方面，积极利用大数据和物联网等新科技发展数字经济、推动制造业数字化转型，助推国际科研深度合作，在稳住实体经济的同时构建现代产业体系，为全球产业链提供高附加值产品[②]。另一方面，要顺应数字化、网络化、智能化的发展趋势，坚持开放包容、创新引领、互利共赢，共同促进全球服务贸易繁荣发展。利用服务业与互联网技术相结合，加速服务业与新兴数字经济深度融合，提升数字服务水平和质量。进而探索数字服务新模式，推进服务业标准化、品牌化建设，推动服务业向专业化和高端化方向发展。与此同时要扩大服务业对外开放，加强与其他国家服务业的合作，深度融入国际服务分工体系，提升中国服务业在全球价值链中的竞争力。

以国内经济大循环为主体，不仅是兼顾经济效率与经济安全的必要之举，也是推动中国经济可持续发展的内在要求。国内大循环是战略基

---

① Chenery H. *Patterns of Industrial Growth*［J］. American Economic Review，1960，50(4)：624-654.

② 鲍明晓. 国外体育产业形成与发展［J］. 体育科研，2005(5)：1-9.

点，是国际大循环的根本，只有掌握了国内大循环的主动权，将国内需求长效机制与供给侧结构性改革相结合，才能创造稳定互通的国内国际经济发展环境，推动中国经济可持续发展。中国不仅是拥有 14 亿人口的经济大国，也是一个具有 1 亿多市场主体、拥有 1.7 亿多受过良好教育的各类专业人才和 4 亿多中等收入群体的超大规模内需市场，同时正处于新型工业化、信息化、城镇化和农业现代化飞速发展的阶段，经济潜力足、韧性强、回旋空间大①。从宏观方面来看，我国经济是长期向好的，新冠肺炎疫情的冲击是短期的，利用我国市场潜力大及我国体制机制的优势，扬长补短，及时发现新冠肺炎疫情防控期间我国所暴露出的短板和弱项，要危中寻机，化危为机，在新的战略部署下引领我国经济行稳致远。

第二节　体育产业发展的国内外环境

一、体育产业发展的国外环境

西方是体育产业的先发之地，也是当今全球体育产业最活跃、最发达的地区。西方国家的体育产业发展较我国要早，由于我国当时综合国力较低，体育发展速度缓慢。英国、美国等西方国家户外运动参与者较

---

① 欧阳峣，傅元海，王松. 居民消费的规模效应及其演变机制[J]. 经济研究，2016，51(02)：56-68.

多，体育运动开展越来越广泛，18世纪中期英国就创设了俱乐部体制，20世纪初期美国已率先形成了联盟体制。西方国家体育产业的发展为后起国家提供了宝贵的经验。

美国目前是世界经济第一大国，竞技体育水平也是世界顶尖。美国经济在20世纪持续增长，突出贡献是由于第三产业的经济效益，特别是体育产业成为第三产业中的支柱产业。体育产业带来的经济效益非常可观。1997年，美国堪萨斯州立大学的劳瑞·K.米勒教授在他的新著《体育商业管理》中引述："根据商业部的报告，美国以健身娱乐为主要内容的休闲产业的产值已超过4000亿美元。时下美国人每挣8美元就有1美元花在健身娱乐消费上。"1997年，美国学者米克（Meek）使用1995年全美的国民经济核算数据计算得出：1995年美国体育国内生产总值（GDSP）是1520亿美元，体育产业产值在全美各行业中列第11位。据Plunkett研究中心的不完全统计：2018年美国体育产业总值达5397亿美元，约占当年GDP比重的2.6%，对国民经济贡献率约为电影产业的9倍。另外，2016年美国户外运动产业消费支出达8870亿美元，已成为美国主要的经济来源之一。美国体育产业的发展主要依靠健身娱乐、职业体育、体育用品等方面。尤其是美国职业体育联盟的发展、一流的体育用品制造技术，在国际上处于领先地位。

2000年英国居民与运动相关的个人消费支出总量为114.95亿英镑，体育消费的支出占英国居民当年总消费支出比重的2.8%，人均体育消费金额达到230英镑。当年体育产生的增加值为98亿英镑，约占当年国内增加值总额的1.5%。同时，当年商业体育创造收入达到102亿英镑，这个数字是英国业余体育所产生收入的3倍。到2017年，据统计，英国体育产业为其他行业带来了超过 60 万的就业岗位，占 2017 年英国总就业人口的 1.9%。以上一系列的数据体现了英国作为一个体育产业发展较早的国家，其体育产业已然成为国家经济创收的重要产业之一，为青年就业提供了可观的支持，缓解了国民就业压力。

德国作为传统体育强国之一，体育产业贡献值同样也是占比比较高的。德国体育产业主要由体育用品业、健身娱乐业、职业体育和体育赞助组成，尤其是体育用品业，是德国体育产业的支柱性产业。在 2008 年，德国体育卫星账户（SSA）确认，德国体育及相关产业的产值总额达到 73.1 亿欧元，增加率 3.3%，增加值达到 2.2 亿欧元。体育产业对德国国民生产总值的贡献与汽车制造业处于相同水平。2012 年德国体育产业增加值占 GDP 比重的 3.9%。德国体育人口基数众多，据调查，在 2010 年德国有超过 55.5% 的人口积极参加体育运动，超过 50% 的 16 岁以下的个人，至少一周参加一次体育运动，且有 39.6% 的 16 岁以下的人口在他们喜欢的体育项目上花钱。总的来说，2010 年，德国家庭用于体育相关的消费达到 103.2 亿欧元，其中积极参加体育活动者的消费为 83.4 亿欧元。西方国家由于较早地发展体育产业，通过长期的发展与探索，体育产业成了各国主要经济来源之一。

日本作为世界体育产业第二发达的国家，在体育产业发展领域仅次于美国。日本的体育产业形成于 19 世纪后期，体育产业从西方开始传入日本，日本的体育产业行业主要包括体育用品业、体育建筑业、健身娱乐业、体育广告等。日本的体育产业持续发展于 1964 年的东京奥运会，在 20 世纪的 70—80 年代高速发展。但是由于受到泡沫经济破灭的影响，日本的经济出现下跌，体育产业也同样受到影响。2014 年，日本的体育产业市场规模约为 4 万亿日元。2013 年，日本观赏性体育市场的门票收入约为 1410 亿日元。在家庭平均体育消费上，从 2002 年到 2013 年，日本的家庭年平均消费总额在逐渐减少但是家庭年平均体育消费总额却有增加的趋势，年平均体育消费总额在 325 美元左右。主要消费在体育场地设施使用和购买体育用品方面。

在韩国，体育产业是一种新兴行业，韩国主张从市场主导的角度来分析体育产业化，因此韩国将体育产业称为体育市场。2012 年韩国体育市场价值网络总规模约为 336.2 亿美元，体育观赏性市场约 49 亿美元（占 14.6%），体育参与类市场约 287.1 亿美元（占 85.4%）。韩国的媒体与信息市场中，职业体育转播权是最大的衍生市场，约为 3969 万美元，约占整个媒体与信息市场中的 45.6%。而韩国的业余体育赛事市场规模非常小，约占整个体育市场价值网络的 2.6%，在韩国的初级市场占有率中最低。在体育参与类市场上，2012 年体育参与类市场收益为 38 亿美元，约占整个市场价值网络的 11.3%。初级市场的收益为 2.477 亿美元，衍生市场的收益达到 36 亿美元，约为初级市场收益的 14.5 倍。

对于这些体育强国，体育更像是一种文化，潜移默化地融入国民的生活当中。国家政策的鼓励、国民需求的高涨、竞技体育的优异成绩为体育产业的发展提供源源动力。体育产业创造经济效益的同时也解决了就业的问题，为国民提供了适宜的工作岗位。国外体育产业普遍是复合型结构，不仅包括与体育相关的物质产品的生产和经营，还包括体育服务产品的生产和经营。国外许多国家对体育产业的理解遵循"消费决定论"，即体育消费决定体育市场，体育市场决定体育产业。政府和各类体育企业都非常重视拉动体育消费需求，以消费需求为第一动力，拓展消费领域。所以，国外体育产业链相当完整，已基本形成了包括核心产业、中介产业和外围产业三部分的完整结构。

2020年新冠肺炎疫情的暴发，全球经济发展受到了一定程度的影响，政治因素导致大国竞争加剧，贸易争端增多。产业链、供应链遭受政治化切割，各国趋向保守，国际环境形势严峻。各国需加强国际公共组织的治理能力，推动国际组织积极改善严峻的国际环境，构建新型的以多边合作为主要特征的世界组织。体育作为具有鲜明户外运动特色的活动，在严峻的国际环境下，受到多方面的影响：世界性大赛延期、国际体育组织协作受阻、成员国参与意愿减弱等。世界主要体育大国将工作重心转向国内，专注本国大众体育开展、健康运动促进、国内赛事和本土职业联赛的运行和维护，并相应减少国际赛事承办，压缩国际体育文化交流项目。受影响最大的还是职业联赛，未来将选择性地步入收缩周期。赛事版权收入减少、赞助商续约困难、劳资纠纷频发等问题也将难以避免[①]。尽管体育产业当下面临重创，但同时也面临新的机遇，在新冠肺炎疫情的影响下，全球人民对体育运动的需求更加强烈，人们在体育领域的消费将迎来新的发展期。在国家战略计划的指导和惠民政策的帮扶下，体育产业发展态势正旺。这就对体育产业结构、多学科融合、高新技术的运用等方面提出新的要求。

---

① 鲍明晓.《"十四五"时期我国体育发展内外部环境分析与应对[J]. 体育科学，2020，40(06)：3-8＋15.

二、体育产业发展的国内环境

我国体育产业发展较晚，主要是在改革开放以后，但是我国领导人对体育的重视为我国体育产业的发展奠定了坚实的基础。毛泽东一向重视体育也喜欢体育，在《体育之研究》中提出：文明其精神，野蛮其体魄。1949 年中华人民共和国成立后，国家处于百业待兴的时期。从全民健康的角度出发，毛泽东多次号召、指示要广泛开展群众性体育活动，增强民众的身体健康。1952 年 6 月 10 日，毛泽东为中华全国体育总会成立大会题词："发展体育运动，增强人民体质。"全国开始了体育热，各大国有工厂开始做厂操。但是由于当时我国还在摸索本国的发展之路，经济发展模式不稳定，主要以发展农业为主，体育发展受到限制。改革开放后，我国以经济建设为中心，大力发展重工业，经济发展模式逐渐稳定，明确了新时期的发展目标、政策措施和战略思想，中国体育开始回到社会主义体育发展的正确道路。在党的十一届三中全会精神的指引下，中国体育进行了体制改革的积极探索，在体育管理体制、群众体育体制、竞赛训练体制、体育科技体制等方面进行改革，体育事业发展呈现出新的局面。在党的十四大确立社会主义市场经济后，1993年，原国家体委印发《关于深化体育改革的意见》：确定了以转变运行机制为核心、"面向市场，走向市场，以产业化为方向"的改革发展思路。首次提出了"体育产业"的概念。同年，原国家体委印发《关于培育体育市场、加快体育产业化进程的意见》。从此我国的体育产业开始蓬勃发展，包括竞赛表演、健身娱乐、体育用品制造、体育无形资产开发、体育技术培训与咨询、体育旅游等在内的产业体系初步成型。

随着改革开放的深入，到 2016 年，我国体育产业总规模达到
19011.3 亿元，实现增加值 6474.8 亿元，与 2008 年相比，体育产业总
规模涨幅为 310.8%，年均增长率为 19.3%；体育产业增加值涨幅达到
316.5%。2008—2016 年，体育产业增加值占当年国民生产总值的比重
从 0.49% 提升至 0.90%。体育彩票作为体育事业重要组成部分，自
1994 年起批准发行到 2018 年 9 月底，体育彩票销售累计达 16605.7 亿
元，筹集公益金 4379.2 亿元，为我国社会保障和其他公益事业做出了
重要贡献。2019 年，全国体育产业总规模（总产出）为 29483 亿元，增加
值为 11248 亿元。从数据上看，总产出比 2018 年增长 10.9%，增加值
增长 11.6%。经过多年的发展，我国体育产业体系不断健全，基本上形
成了以竞赛表演、健身休闲娱乐、体育场馆服务、体育制造、体育培
训、体育用品贸易等共同发展的产业体系；同时，我国体育产业探索与
其他相关产业相互交叉、相互渗透、相互融合，催生出体医结合、体育
旅游、体育康养、体育文创、体育广告、体育传媒、体育会展等多种新
兴业态；随着互联网和信息技术的飞速发展，"互联网＋体育"的新发展
模式开始普及，以 5G 技术、人工智能、云计算、物联网和大数据为代
表的新一代信息技术成为未来体育产业发展的创新驱动力。国家体育总
局的李建明强调："经过科学测算，预计到 2035 年我国的体育产业总量
占 GDP 的比重将达到 4%。"这也意味着我国体育产业到 2035 年将成为
我国支柱性产业之一。

我国体育产业的飞速发展主要有以下原因：国家政策的支持、竞技
体育水平的提升、人民需求的增大、社会环境的稳定。体育产业作为朝
阳产业、绿色产业，未来的发展前景广阔，贡献值高。新冠肺炎疫情对

我国体育行业造成很大的冲击，影响最大就是我国体育竞赛表演业。2020 年多数热门体育赛事宣布延期或取消，如亚洲室内田径锦标赛、跳水世界杯系列比赛，以及东京奥运会部分项目的资格预选赛。国内的"三大球"及线下电子竞技等职业联赛延期举行；近几年广受欢迎的马拉松比赛也被迫宣布停赛。体育培训业深受重创，新冠肺炎疫情的紧急防控要求导致业余培训单位经常性停止营业。据统计，2018 年我国体育教育与培训业的总产出为 1722 亿元，增加值为 1425 亿元，增加值占全部体育产业增加值的比重为 14.1%。交通管控导致的体育用品业原材料运输受阻、员工隔离、复工延迟等影响，使体育用品及相关产品销售、出租与贸易代理企业的业务下跌。

交通运输是市场经济发展的"命脉"，新冠肺炎疫情的冲击让体育用品业从研发、生产到销售整条链受阻，对后期的恢复工作也造成了的影响。同时，我国冰雪旅游业也受到了损失。受 2022 年北京冬奥会的影响，我国近几年冰雪运动发展强劲，每到冬季，都会迎接大规模的冰雪旅游人群。新冠肺炎疫情暴发前据预测：2022 年冰雪季，我国冰雪旅游人数将达到 3.4 亿人次，冰雪旅游业收入将达到 6800 亿元。对于季节性极强的冰雪旅游产业来说，新冠肺炎疫情阻碍了冰雪运动的开展，冰雪旅游产业受到重创。按 2019 年各类别滑雪场的滑雪人次增长率，保守测算新冠肺炎疫情对于国内滑雪场造成的短期收入损失在 66.8 亿元人民币，而考虑到其他或有损失，整体短期经济损失估计将超过 80 亿元人民币。

新冠肺炎疫情对我国体育产业的影响固然很大，但是我国领导人准确、快速地做出决断，采取一系列措施遏制新冠肺炎病毒的传播。在新冠肺炎疫情被有效控制后，又做出重要部署，推动全国企业复工、复产，保证我国经济稳定复苏。新冠肺炎疫情的冲击是短期的，我国经济发展还是持续向好的。在体育产业方面，国家对体育的重视程度越来越高，出台了一系列文件指导我国体育事业向现代化强国迈进。随着生活条件的逐步优化，国民对健康需求，对体育运动的需求与日俱增。我国参与体育运动的人数大幅度提高，体育用品业、体育场馆管理业以及体育服务业将迎来蓬勃发展。进入新时代，我国职业体育赛事机制深化改革，本土职业联赛受关注度明显提升，再加上我国国民素质总体提高，以爱国主义为核心的民族精神的渗透，刺激了国内体育消费，促进了体育竞赛表演业的高质量发展。数字经济的兴起，为我国体育产业发展创造了更多的可能性，未来要有效地运用新技术，多学科交叉、融合，探索体育产业发展新模式，努力向现代化体育强国迈进。

三、国外体育产业发展对我国的启示

西方国家体育活动开展较早，国民参与也非常积极，为体育产业的发展奠定了坚实的基础。纵观西方体育强国的体育事业的发展历程，从国家体制、体育运动参与度、竞技体育水平、体育消费水平等方面进行分析，为我国体育事业的发展提供宝贵的经验。西方发达国家的体育产业有以下特点：首先，体育产业作为经济发展的一部分，已经成为本国国民经济的新增长点。由于体育产业强有劲的辐射和连带作用，带动了其他产业的发展，为本国就业提供机会，部分国家体育产业发展带动就业的能力已经超过传统行业，国民的参与度越来越高，对体育行业的认可度也越来越高。

其次，西方体育发达国家体育产业链相当完整，且是复合型结构，既包括与体育相关的物质产品的生产和经营，也包括体育服务的生产和经营。国外政府和企业都很注重体育消费的带动力，已形成了包括核心产业、中介产业、外围产业三部分的完整结构。这些有自己体育用品生产链、供应链的国家，体育制造业较为发达，在高新技术的支持下能够满足国民对高质量体育用品的需求。由于具备自己的产业链和供应链，相关领域科研人员能够花更多精力在质量研究上，优化产品质量。

最后，国外体育中介机构也有较好的发展环境，体育中介机构的形成意味着本国体育产业发展水平高，对优秀的体育经纪人和体育管理人员需求较大。体育中介机构对推动体育消费需求、拓展体育市场和规范体育企业组织构架和经营水平等方面起重要作用。而且国外各国体育产业发展的侧重点不同，每个国家有其突出的重点产业，如美国以体育竞赛表演业为主，英国以休闲健身业为主，德国以体育用品业为主。随着体育消费需求的提高，以营利为目的的商业性俱乐部越来越多。

现阶段，我国体育产业处于具有良好发展态势的新时代，要合理学习西方体育发达国家的宝贵经验，走出具有中国特色的发展之路。第一，要优化产业结构，调整相关政策，合理地支持体育企业多方面合作，形成以市场为主导，政府帮扶为辅的发展模式。利用体育的娱乐、休闲性，加强各地市直机关的文化交流，丰富业余生活，同时加强对体育能力的传播。第二，要加强体育公共基础设施建设，城乡协调发展，为国民提供舒服、便利的运动场所，要将资源合理运用，推动全民健身计划的落实，形成广泛的运动氛围。生活条件的提高，人们对精神上的追求要求更高，对生活质量的要求也更高。体育运动作为休闲、娱乐的主要方式之一，深受国民的欢迎，通过公共运动设施建设，加大群众基础，推动体育娱乐休闲业的发展。第三，加强国内外体育企业的合作，学习国外优势项目的先进技术，将我国领先技术引出去，建立联合培养的方案，促进体育产业共同发展。第四，要保持我国优势项目的竞技水平，提高其他运动项目的竞技水平。人们在体育领域的消费需求一方面是由于体育运动的娱乐、休闲性，另一方面在于本国竞技体育水平。竞技体育水平与体育产业发展直接相关，尤其对体育竞赛表演业、体育用品业、体育休闲娱乐业影响较大。第五，要结合时代特点，加强新技术在体育产业方面的应用，促进多学科相互融合，以创新驱动引领我国体育产业迈向现代化。合理利用数字经济，促进体育产业与其他产业深度融合，推动 5G 技术、互联网、物联网、区块链、大数据、人工智能等新技术与体育产业的结合。大力发展"互联网＋体育"的模式，提升体育产业质量，不断推出新产品、新业态、新模式。扩大"体育＋"和"＋体育"思维，实施"体育＋"运动，同时推动体育产业与文化旅游、教育培训、医疗保健、金融保险、广告展览、网络媒体等产业融合发展。

第三节 双循环新发展格局下体育产业高质量发展的内在逻辑与战略地位

一、高质量发展的时代内涵

党的十九大报告指出，我国经济已由高速增长阶段转向高质量发展阶段。改革开放四十多年来，我国取得举世瞩目的成就，中国共产党领导中国人民从站起来到富起来，再到强起来，综合国力逐渐增强，成为世界上第二大经济体。2020年，我国9899万农村贫困人口全部脱贫，我国完成了其他国家无法完成的历史性难题，全面建成小康社会。我国一直遵循社会主义初级阶段经济制度，经济发展迅速，但与此同时，我国经济的快速发展，造成了一些领域产能过剩。我国早期过多依靠资源、资本、劳动力等要素投入，实现经济快速增长的同时，这种粗放型经济发展方式严重造成了对资源和环境的破坏。中国特色社会主义进入新时代，我国社会主要矛盾已经转化为人民日益增长的美好生活需要和不平衡不充分的发展之间的矛盾。在第二个百年征程上，推动我国经济高质量发展，既是保持其持续健康发展的必然要求，也是适应我国社会主要矛盾变化和全面建设社会主义现代化国家的必然要求，更是遵循经济规律发展的必然要求。

高质量发展的提出符合时代的发展特征，是一种全新的发展理念。它是立足根本、掌控全局、着眼未来的一种发展方向和发展目标。高质量发展在应对复杂的国内外环境、解决当前的发展难题、改善不稳定形势，在全面判断时代环境、充分发挥制度优势的基础上，旨在优化国内经济结构、转换发展模式、提升发展动力的宏观战略。高质量发展，就是为了满足人民日益增长的美好生活需要，提高生活质量保证，以人民的利益为出发点和落脚点，是创新成为第一动力、协调成为内生特点、绿色成为普遍形态、开放成为必由之路、共享成为根本目的的发展。

(一)高质量发展的目标要求

高质量发展战略要求我国经济要从主要依靠增加物质资源消耗实现的粗放型高速增长，转变为依靠技术进步和提高劳动者素质实现的高质量发展。高质量的目标就是要满足人民群众对美好生活多层次、多样化、多方面的需求，提高国民的幸福感，为建设社会主义现代化国家及实现中华民族伟大复兴的中国梦提供稳定的经济环境。

第一，积极推动发展方式的转变。改革开放初期，我国经济落后，市场环境低迷，经济发展的主要任务就是通过数量追赶弥补短缺。沿海地区的贸易来往，加上青年劳动力的城镇化，促使我国经济得到快速发展。改革开放初期我国主要是以出口为主的外向型发展方式，通过大量的进出口，给沿海地区发展提供了物质基础。但经过 40 多年改革，不少领域出现了产能过剩，贸易流通缓慢，供求发展不平衡。面对生产过剩、产品质量不高的问题，推动高质量发展，增强发展的质量优势成为新时代经济发展基本要求。在发展方式上要控制不稳定因素的产生，实现从数量追赶转向质量追赶。高质量发展要求新阶段要不断提供更新的、更好的商品和服务，满足人民群众多样化、多元化、不断升级的需求。大力开辟新的消费领域和消费方式，丰富、改善人民生活，引领供给体系和产业结构优化升级，反过来催生新的需求。

第二，实现产业体系和产业结构的转型升级。目前，我国产业在全球产业链、价值链中的地位总体上处于中下游水平，自主研发技术，高新科技技术对经济增长的贡献率不高，与发达国家相差二三十个百分点。技术创新意识不够，科技成果转化渠道不畅，一些关键技术无法突破，主要依赖进口。制造业水平和服务业与发达国家存在较大差距。高质量发展要求我国实现由要素密集型产业为主的产业体系，转向以技术和知识密集型产业为主的产业体系，打造我国自主研发的产业链，从而促进我国产业向国际产业链、价值链的中高端迈进。同时，产品结构上要实现由目前低技术含量、低附加值产品为主的产品体系，转向高技术含量、高附加值的产品体系为主。为了推动我国的高质量发展，必须适应全球新一轮科技革命和产业升级，引领我国产业结构和产业体系向高级化、现代化发展，在国际产业链、价值链中向中高端攀升。

第三，打造环境友好型经济。在过去我国经济发展过程中，更多地依靠资源、资本、劳动力等要素投入，实现了经济快速增长和规模扩张，我国经济取得了飞跃式的提高，但这种粗放型经济发展方式，造成了对资源和环境的破坏。因此，高质量发展阶段的经济发展方式，必须综合考虑资源利用和环境卫生，进一步在全社会树立绿色发展的新理念，加快形成促进新理念发展的政策导向、体制机制和法律法规。加强发展绿色金融，促进节能环保、清洁能源、清洁生产等绿色产业发展。倡导以绿色出行为主要方式的交通消费，健全绿色、低碳、循环发展的经济体系。在经济发展过程中加强生态环境保护，有效利用自然资源，避免过度开发,建设以创新、协调、绿色、开放、共享为发展理念的新环境。

(二)高质量发展的战略思路

习近平总书记在党的十八大提出新发展理念,在党的十九大提出我国经济已从高速增长阶段转向高质量发展阶段。习近平总书记根据现阶段我国日益突出的生态环境问题及社会主要矛盾的转变对我国经济发展现状做出了明确的判断,及时发现我国经济发展出现的问题,做出重要战略部署。经济发展规律表明,一个国家进入工业化中后期,只有实现发展方式从规模速度型转向质量效益型,推动高质量发展,才能顺利完成工业化、实现现代化。因此,推动高质量发展是我国经济发展和实现社会主义现代化的必然选择。根据习近平总书记对高质量发展的论述总结,提高商品与服务的质量是高质量发展的基础,技术创新是高质量发展的核心,可持续性是高质量发展的最高层次,实现人的发展是高质量发展的最终关怀。高质量发展的战略思路如下:

第一,要提高要素配置效率、生产创新效率、市场组织效率。改革开放 40 多年来,我国商品和服务市场发展迅速,目前 97% 以上的商品和服务价格已由市场来形成。但是生产要素市场在运行过程中依然不同程度地存在行政干预过多、市场化运作不畅、资源配置效率过低等问题。主要表现在:首先,土地、劳动、资本等传统要素市场发育相对滞后、市场决定要素配置范围有限、要素流动存在体制机制障碍,影响了市场对资源配置决定性作用的发挥。其次,要素产权不清晰、市场化交易机制不健全,技术、数据等新型要素市场规则建设后,没有形成有效的激励机制，很大程度上影响了市场的配置效率。因此，在要素市场化程度不断提高和完善的基础上，进一步优化要素配置结构，使要素和资源配置到达生产效率较高的领域和环节，来提高投入产出效率。创新也是我国新发展阶段的一大主题，但是从以往的情况来看，创新力度不够，创新转化率较低。所以，我们要通过模式创新和科技创新的方式，提升全要素生产率，使生产体系产出效率更高、生产模式更新、成本控制更好。针对市场组织效率，需要搭建良好的交易平台，形成有效的市场机制，优化制度体系和管埋体制，使市场的资源配置能力更强、交易空间更大、竞争效率更高，从而促进市场组织效率的提升和收益增加。

第二，要优化产业结构、区域结构、城乡结构。中华人民共和国成立之初，我国是典型的农业大国，经过改革开放的发展，我国产业结构逐渐趋于合理。但是仍然还存在一些问题，譬如我国第三产业所占GDP比重较低，产业技术结构不够合理。在新的发展阶段要深化供给侧结构性改革，坚持优化存量和扩大增量并重的基础上实现经济结构升级；壮大现代服务业和发展先进制造业，大力推行自主创新；提高核心技术研发能力；培育战略性新兴产业和改造提升传统产业并行；积极发展新产业、新产品、新业态、新模式，增强高质量发展的新动能。对于区域结构建设，要按照主体功能区的建设思路，优化经济开发区，加强对经济结构、资源消耗、环境保护、科技创新等方面的考核与控制。要以生态环境建设为核心，走绿色坏保的可持续发展道路，强化对生态功能的保护和对提供生态产品能力的考核。针对重点开发区域，要实行工业化、城镇化发展水平优先的绩效考核。对于传统农区，加快推进工业化、城镇化进程，实施乡村振兴战略，打造当地的产业体系，完善农村的基础设施建设与医疗保障制度。邓小平同志说我们要先富一部分人，再带动另一部分人富起来，改革开放以来我国城市建设速度快，经济发展偏向城市，导致农村人口逐渐转移至城市，区域发展失衡。为了推进社会主义现代化的建设，打造城乡一体化新格局，要遵循城市发展规律，高标准规划、高起点建设、高水平管理，构建以城市群为主体、大中小城市和小城镇协调发展的格局。走农业现代化农村发展道路，培育新型农业主体，把城市和乡村融合起来，促进城乡经济协调发展。

第三，要培育经济发展新动力。国家统计局统计科学研究所所长闾海琪说：以新产业、新业态、新模式为主要内容的新动能正在快速集聚。经济活力得到有效释放，新动能持续发展壮大，成为支撑我国经济迈向高质量发展的重要力量。从具体实施策略来讲，一是要加大"双创"力度，创新是引领发展的第一动力。要以优待政策为保障，鼓励大众创业，万众创新，打造以大学生为主体的创新、创业孵化园。加强与国外技术研发平台的交流，转变我国依靠要素驱动到依靠创新驱动。二是要从旧模式转变到新模式。随着科技革命的兴起，高科技的普及，极大改变了人们的生活方式。传统的模式无法适应社会的发展，从而影响经济的发展效益。以智能化、大数据、互联网为代表的新技术能更好地融合新发展格局，提高生产效率和畅通国内国际双循环。高质量发展新动能的培育需要在新的技术应用、新的制造模式、新的商务服务上实现新的发展。三是要以主动消费为导向，释放国内市场潜力，增强市场活力，推动高质量发展。加强消费驱动投资转型，通过消费来调整经济结构，保障国内的供需平衡，使消费结构升级成为高质量发展的内生动力。四是要以工业主导转变为服务业主导。现代服务业发展是迈向高收入国家的重要前提。自 20 世纪 50—60 年代以来，进入高收入阶段的国家都经历了一场向服务经济转型的结构性变革，即服务业的产值和就业贡献在经济社会发展中占据主导地位。随着我国人民生活水平的不断提高，服务型消费的需求在不断地增长，将成为我国经济增长的新引擎。

二、体育产业融入双循环新发展格局的内在逻辑

体育产业作为新时代我国经济发展的重要组成部分，在优化产业结构、提升服务质量、突破关键技术等方面急需完善。面对当前经济发展环境的现实困境，需把握双循环新发展格局的深刻内涵，构建体育产业与双循环新发展格局的内在逻辑，使得体育产业在新发展格局的推动下，逐步成为我国支柱性产业。体育产业的发展和双循环新发展格局的提出都具有较强的战略意义，两者之间的联系非常紧密，通过两者的相互融合，为建设现代化国家提供动力。

第一，我国新时代社会主要矛盾决定体育产业与双循环新发展格局的融合。中国特色社会主义进入新时代，我国的社会主要矛盾为人民日益增长的美好生活需要和不平衡不充分的发展之间的矛盾。随着收入水平的提高，人们对生活质量有了更高的需求，体育作为一种既可内化于心又可外化于行的休闲活动，成了人们生活的主要活动之一，体育需求也是日趋渐长。以双循环新发展格局为战略指向，将体育产业融入新发展格局，推动体育产业高质量发展，满足人们的美好体育需求。近几年来，我国体育市场主体不断扩大，体育经济效益增加，体育产业规模在

2019 年接近 3 万亿元，成为国民经济重要的增长点之一。据分析，到 2025 年，我国体育产业总规模将达到 5 万亿元，成为我国 GDP 贡献重要一环。"十四五"期间我国居民人均体育消费支出将不断增加，体育消费市场空间将持续加大，体育消费在居民消费中占据重要地位且具有巨大潜力，提高体育产业的高质量发展将促进形成以国内大循环为主体的新发展格局。2019 年 8 月 10 日，国务院办公厅印发的《体育强国建设纲要》(国办发〔2019〕40 号)提出体育产业到 2035 年要发展成为国民经济支柱性产业的战略目标。这是首次从政策层面指出了体育产业发展的战略方向，也是首次从国家层面将体育产业定位为推动国民经济发展的支柱性力量。体育产业作为新时代中国经济转型发展的主体之一，具有资源消耗低、需求弹性大、覆盖领域广、产品附加值高、产业链条长、带动作用强等特点①，为了推动体育产业高质量发展，需要加强体育与其他领域的相互融合，创新发展新路径。

第二，体育产业融入双循环新发展格局是推动我国高质量发展的现实需求。高质量发展是党的十九大提出的经济发展新的战略目标，是为了满足人民需求，提高人民幸福感，为"十四五"乃至更长时间内我国可持续发展提供稳定的物质保障。体育产业高质量发展是实现体育产业发展结构高级化、效率最佳化和价值最大化的有机统一。体育产业发展结构体现的是体育供给与体育需求之间的适配性，体育产业发展效率体现的是体育产业整体的有机性，体育产业发展价值体现的是体育生产服务

---

① 黄海燕. 推动体育产业成为国民经济支柱性产业的战略思考[J]. 体育科学，2020，40(12)：3-16.

过程的创造性①。当前我国体育产业还处于初级发展阶段，既面临国内不平衡不充分发展的需求矛盾，又面临低迷的国际环境。体育本体产业结构不合理、发展理念落后、专业人才缺乏、资源整合力度欠缺和创新程度低等制约体育产业融合高质量发展的现实问题，导致整体发展状况与"双循环'新发展格局的要求还存在一定差距。我国需要优化体育产业结构，完善体育公共设施，完善体育赛事运维，增强体育科技创新能力，协调区域体育产业发展，运用新技术加大体育赛事传播，扩大影响力助推体育产业融入双循环新发展格局。在体育供给层面，推动体育用品制造业转型与升级，加强体育服务业与相关产业融合发展，继续深化体育产业供给侧结构性改革，扩大优质体育产品与服务供给，着力提升体育产业发展的质量与效益②。加大对体育用品的研发，打造体育品牌价值，以此激发人民群众体育消费潜力，促进体育消费升级和扩大体育市场规模，通过精神引领增强国民认同感，增强中国特色社会主义文化软实力。

第三，扩大体育消费是构建我国体育产业内需体系的重要内容。自2008年北京奥运会后，我国体育事业日渐强盛，竞技体育水平逐渐提高，全民参与持续增加。从产业发展态势看，2006—2018年体育产业规模持续扩大，产业增速远超全国 GDP 增速，尤其是2014年《关于加快发展体育产业促进体育消费的若干意见》发布后，体育产业增加值及

---

① 沈克印. "双循环"新发展格局下体育产业高质量发展的宏观形态与方略举措[J]. 体育学研究，2021，35(02)：11-19.

② 沈克印. "双循环"新发展格局下体育产业高质量发展的宏观形态与方略举措[J]. 体育学研究，2021，35(02)：11-19.

增速大幅增长，正式进入大发展时期，呈现井喷发展态势。到 2019 年 8 月 10 日，国务院办公厅印发《体育强国建设纲要》，提出我国体育产业到 2035 年要发展成为国民经济支柱性产业的战略目标。我国体育产业具有巨大潜力，无论是在促进国民消费、国内经济循环畅通、增加就业岗位等硬实力，还是在提升国际地位、促进国际外交、丰富国家文化、加强民族精神等文化软实力方面都发挥着重要作用。体育产业的高质量发展也将助推健康中国建设、体育强国建设、社会主义现代化国家建设。

近年来，在国家政策引领与市场力量驱动的共同作用下，体育产业发展迅速，各种体育新业态、新产品、新服务、新模式不断涌现，逐渐迈向以"提升发展质量和效益"为主导逻辑的高质量发展阶段，并成为国家重点培育的新经济、软产业。目前体育产业的发展水平与支柱性产业的要求依然存在较大差距①。新冠肺炎疫情的全球蔓延，全球体育产业遭到新的挑战，催生了一系列"互联网＋体育"的新模式，同时也激起了国民对健康体质、高质量生活的追求，为我国体育产业发展提供了新的机遇。《中华人民共和国国民经济和社会发展第十四个五年规划和二〇三五年远景目标纲要》中明确将体育与文化、教育、人才并列，体育成为四大强国目标之一。体育与健康、文化、旅游等并行，成为需要提质扩容的消费领域。面对新冠肺炎疫情的巨大冲击，更多人认识到加强体育锻炼的重要性。体育消费在国民 GDP 占比逐年增长，人们在体育领域消费需求也越来越高，因此要以满足国民体育需求为战略基点，积极

---

① 黄海燕. 推动体育产业成为国民经济支柱性产业的战略思考[J]. 体育科学，2020，40(12)：3-16.

扩大体育消费，加强我国体育产业高质量发展的内生动力。

三、双循环新发展格局对我国体育产业高质量发展的战略引领作用

双循环新发展格局是中央根据国内国际形势变化，从全面建成社会主义现代化强国的目标出发提出的重大发展战略，对今后我国经济高质量发展、高水平市场体系建设和高水平对外开放，都有指导意义。体育产业作为新时代我国经济发展战略主体之一，具有消耗低、需求弹性大、产品附加值高、产业链条长、辐射和带动作用强等特点，到 2035年，我国要把体育产业作为国民经济支柱性产业。立足我国新发展阶段，体育产业将会迎来蓬勃发展，但是为了提高体育产业的发展质量，形成更加稳定的发展环境，我们要客观分析当前我国体育产业发展所存在的问题：整体规模不大、资源配置效率低、产业结构有待完善、技术创新能力弱，构建双循环新发展格局对我国体育产业发展具有重要引领作用。

第一，双循环新发展格局为我国体育产业高质量发展提供重要机遇。双循环新发展格局就是要以国内经济发展为主，以更好地满足国内消费和发展作为落脚点之一。这是进入第二个一百年国家发展战略的转变，经济发展要更加关注人民生活水平的提高。目前我国人均 GDP 已经达到 1 万美元，从美国、日本、德国等这些大国经济发展的规律来看，一旦发展到了一定阶段，必须逐步从外向型的发展模式转变为以内循环为主的发展模式。近年来，我国体育产业产值不断增长。2018 年，

我国体育产业产值为 24090.4 亿元。2020 年达到 30113.5 亿元。人民在体育领域的消费比重逐渐增加，对高质量的体育产品、体育赛事转播、体育公共设施需求加大。体育产业带动性大，能够与其他产业多方位的创新融合，对我国经济发展起联动作用。国内国际双循环将加强我国对体育制造业前沿科学技术的研究，提高体育产业服务质量，传播具有中国特色的体育文化，形成稳定、高效的体育产业发展模式。

第二，双循环新发展格局为我国体育产业高质量发展指引方向。首先，双循环新发展格局为我国构建高质量体育产业体系指引方向。新时代产业体系的建立，目的是确保国民经济健康、稳定、持续发展，以高质量发展为目标，实现社会效益和经济效益的相互协调①。"十四五"时期我国要抓住世界产业体系的发展趋势和新产业发展的契机，在双循环新发展格局下，强化体育产业的自主创新、推动产业结构转型升级、提高产业链的现代化水平，改变以往以传统产业为主的体系，转向高新技术产业的新体系。体育用品业要加强对产品技术的研发，攻克关键技术，将具有中国特色的元素融入产品。进一步深化供给侧结构性改革，大力提倡创新机制，以创新引领发展，推动产业结构的不断升级。利用我国市场规模大和互联网技术发达的特点，针对目前体育产业链存在的问题，进一步优化我国体育产业链的运行机制，实现产业链之间的相互联通，打造现代化体育产业链。

其次，双循环新发展格局指引我国体育产业与新型消费体系相融

---

① 任保平. 新时代建设高标准市场体系的要求与路径[J]. 长安大学学报(社会科学版)，2020(03)：2-5.

合。新型消费体系是数字经济发展的产物，是数字化技术、信息技术迅速发展的表现。我国经济发展正在向消费驱动的模式转变，国内消费需求发展的强弱直接关系到中国的经济是否能够行稳致远[①]。习近平总书记强调：构建新发展格局要使生产、分配、流通、消费更多依托国内市场，提升供给体系对国内需求的适配性，形成需求牵引供给、供给创造需求的更高水平动态平衡。数字经济的兴起极大地改变了人们的生活方式，数字技术的运用涉及生活的方方面面。人们对体育运动需求的日益增长，同时，国内新经济发展体系将逐步建立，新经济的迅速崛起，推动着消费更加趋向智能化与多样化。这些新发展迫切要求体育产业融入新型消费体系，积极探索体育产业的新领域，以消费升级引领供给创新，以供给创造消费新增长点。

双循环新发展格局指引我国体育产业进行数字化转型。在数字经济盛行的时代背景下，体育产业的数字化转型，就是要把数字技术与体育产业相融合，打造高端制造业与现代服务业融合发展的现代体育产业体系。鼓励体育企业"上云、用数、赋智"，推动数据赋能全产业链协同转型。政府需积极推进数字化服务的新模式，完善顶层设计，推动"放管服"改革，推动"互联网＋政府服务""互联网＋市场监管"。大力支持有关"互联网＋体育"的优质项目，培养体育产业领域的数字经济领域的人才，搭建体育产业创新服务平台。落实国民体质监测、国家体育锻炼标准和全民健身活动状况调查制度。开设线上科学健身大讲堂，鼓励体育

---

① 任保平，豆渊博."十四五"时期构建新发展格局推动经济高质量发展的路径与政策[J]. 人文杂志，2021(01)：1-8.

明星等体育专业技术人才参加健身科普活动。运用数字技术，提供全民健身智慧化服务，推动线上和智能体育赛事活动开展，支持开展智能健身、云赛事、虚拟运动等新兴运动。开发国家社区体育活动管理服务系统，建设国家全民健身信息服务平台和公共体育设施电子地图，推动省、市两级建立全民健身信息服务平台，提供健身设施查询预订、体育培训报名、健身指导等服务，逐步形成信息发布及时、服务获取便捷、信息反馈高效的全民健身智慧化服务机制。

"十四五"时期，以双循环新发展格局引领经济高质量发展，要以供给侧结构性改革为主线，以科技创新提高自主创新能力，构建新型消费体系，建立高标准的市场体系和现代化的产业体系。2015年11月，习近平总书记在中央财经工作领导小组第十一次会议上强调：要着力加强供给侧结构性改革，"释放新需求，创造新供给"。目前，中国推进供给侧结构性改革的主要任务，就是要转变"需求管理"到"供给管理"。供给侧结构性改革随着中国经济进入转型升级的新阶段，不少制度体系已严重滞后，提出了创新制度供给的迫切需求。我国在影响经济增长密切相关的土地、劳动力、资本、创新等要素方面，还存在着十分明显的供给抑制与供给约束，人民得不到高质量的服务。同时，制度结构、生产结构也已经不能满足庞大中等收入家庭多样化的新需求，不利于中国各类消费潜力、改革红利的释放。加强供给侧结构性改革就是要发挥市场配置资源的决定性作用和更好地发挥政府作用，以市场为主导，政务帮扶。对于体育产业来说，体育产业的高质量发展离不开国内体育市场和内需体系，新阶段主要就是要平衡好供给侧和需求侧，以创新驱动为发展动力，提高体育产品和服务质量。

第三章 ┃ 双循环新发展格局下体育产业
高质量发展的理论逻辑

2020 年 5 月 14 日召开的中共中央政治局常委会会议首次提出了"构建国内国际双循环相互促进的新发展格局",从两个方面强调了我国经济发展的重点任务：一是继续坚持党的十八大提出的深化供给侧结构性改革这一重点任务，同时打通需求侧中生产、分配、流通、消费各环节的堵点，形成供给引领需求、需求牵引供给的市场新格局；二是要转变我国经济发展的方向，推动我国经济增长模式从出口、投资转向以国内消费为导向，充分利用好我国超大规模的市场优势和内在潜力，释放消费拉动经济增长的内循环潜力，逐步构建起完备的国民经济内需体系。

体育产业作为绿色产业、新兴产业，是国民经济的重要一环，在双循环新发展格局背景下推动体育产业高质量发展是适应时代需要的重要举措，有助于体育产业建立完善的现代产业体系和内需体系，发挥市场和消费两大增长动能对体育产业的促进作用，减少体育产业过度依赖国外市场的现实处境，提高体育产业对国内市场的开发力度，满足人民群众的体育消费需要，实现体育产业国内市场与国际市场的互动均衡发展。新形势下，探讨双循环新发展格局下体育产业高质量发展的理论逻辑，有助于学界加深对双循环新发展格局和体育产业高质量发展的内在关系的理解，具有一定的理论和实践意义。

第一节　双循环新发展格局下体育产业 高质量发展的理论背景

双循环新发展格局是根据我国经济发展的现状和长期趋势及目标的需要提出的，旨在推动我国"十四五"期间产业高质量发展。新发展格局作为一个含有政策意味的专业经济词语，具有一定的理论决断依据，它是符合当下我国国情的产物，代表着中国特色社会主义市场经济迈入新阶段。目前，众多学者在经济学的基础上，对双循环新发展格局的提出进行了理论阐述，其理论来源主要集中于经济发展的演进规律、社会基本矛盾的转化、经济政策的历史变革和宏观国际经济发展形势等角度，具有一定的说服力。在双循环新发展格局背景下分析体育产业高质量的理论依据，有助于体育产业明确新形势下的工作重点和工作目标，制定出符合体育产业切身利益的重要方针决策，助力体育产业转型升级。

一、基于经济增长动力视角的理论分析

(一)我国体育产业具备参与双循环的物质及动力基础

体育消费是人们用货币购买体育效用的经济活动，它是体育产业存在的前提和发展的动力。研究体育产业必须以研究体育消费为逻辑起点。因为体育消费的规模、结构、质量和效益，从根本上决定了体育市场和体育产业的规模、结构、质量和效益。被政府、企业和个人所关注的、有一定规模的体育消费，在人类社会不过一二百年的历史。在我国，真正意义上的体育消费的兴起和活跃，则是在改革开放以后。体育消费作为一种经济现象在我国的出现，其社会动因主要有以下几个方面：第一，经济持续、高速增长是体育消费兴起的根本原因。体育消费只有在初步解决了温饱的社会中才能萌芽，在小康社会才能活跃，在富裕社会才能繁荣，这是经济发展的普遍规律，不以人的意志为转移。改革开放 40 多年来，我国经济一直保持持续、高速增长的势头，为体育消费在我国的兴起提供了必要的物质基础。第二，城乡居民收入的持续增长使体育消费从可能变为现实。有支付能力的体育需求才是真正意义上的体育消费。体育消费的前提是城乡居民收入的持续增长。作为满足人们享受和发展需要的体育消费，只有在人们的收入水平足以支付生存消费，并有一定剩余后才能形成。南都大数据研究院梳理发现，改革开放以来我国人均可支配收入增长了187倍。对比改革开放初期，城乡居民收入均大幅提升，1978年至2020年的42年间，城镇居民人均年可支配收入由343元增长至43834元，农村居民人均年可支配收入也从134元增加至17131元①，这也说明了城乡居民收入的持续增长是有支付能力的体育消费需求实现的基础和前提。第三，居民消费水平不断提高和消费结构不断优化是体育消费兴起的直接原因。我国城乡居民恩格尔系数分别从1978年的57.5%、67.7%下降到2020年的29.2%、32.7%。我国居民消费水平的持续提高以及消费结构出现的积极性变化，应该说是体育消费在我国兴起的直接原因。因为，居民消费水平的上升，尤其是城镇居民已达到的消费水平，使他们具备了一定的体育消费能力，而消费支出结构的变化又证明了这种能力已经在一定程度上转化为体育消费实践。第四，国民健康意识和生活质量意识的提升是体育消费形成的重要诱因。在市场经济条件下，人们对健康和生活质量需求的满足主要是通过消费这一环节实现的，其中体育消费是满足人们健康需求的主要消费形式，也是提升人们生活质量的重要内容。同时，随着我国开放度的不断提高，经济全球化对居民消费的影响也开始显现。体育消费在国际潮流的带动下开始成为当前中国社会中的一种消费时尚，越来越多的人参与体育消费，尤其是年轻人将这种消费看成是现代生活方式的标志。第五，余暇时间增多为体育消费的形成提供了必要条件。从消费者的角度看，体育消费的产生客观上需要三个条件：一是要有为健康投资

---

① 搜狐网. 钱包鼓得有多快? 改革开放以来我国人均可支配收入增187倍[EB/OL]. [2021-09-28]. https：//www.sohu.com/a/492660576_161795.

的消费观念，二是要有实际的支付能力，三是要有比较充裕的余暇时间。三个要素缺一不可。正是在这个意义上，我们说居民余暇时间的不断增加，为体育消费的形成和发展创造了条件。第六，不断深化的体育体制改革促进了体育消费的兴起。改革开放以来，我国体育体制和运行机制进行了重大的改革和调整。一方面，体育社会化的改革路径使体育事业由原来的政府办向社会办转变，政府的体育行政主管部门采取多种手段鼓励不同所有制的企事业单位、社会团体和个人兴办体育，办体育的行业壁垒被不断打破，各类法人进入体育市场成为可能；另一方面，体育产业化的改革路径使得原来以计划手段配置各类体育资源的方式发生了根本性转变，市场在体育资源配置中发挥的作用越来越大，运动项目进入市场的程度不断提高，职业俱乐部的产权、运动员的转会、电视转播权的买卖，甚至体育团队的名称、标志都成了体育市场上可以经营的内容。而这两个方面都在不同程度上起到了吸引体育投资和塑造体育市场主体的作用。进而，也就从供给的角度促进了体育消费的形成和发展。

体育消费包括体育物质产品的消费和体育服务产品的消费两类，其中体育服务产品消费又可分为参与性消费和观赏性消费。从消费需求上看，我国已基本形成以消费需求为主导的内需动力主导机制。2019 年 1 月 15 日，国家体育总局、国家发改委发布了《进一步促进体育消费的行动计划(2019—2020 年)》(以下简称《计划》)，提出到 2020 年全国体育消费总规模达到 1.5 万亿元，人均体育消费支出占总支出的比重显著提升，体育消费结构更加合理，为推动体育消费，该《计划》从七大方面阐述了体育消费的重点任务，分别是丰富体育消费业态、培育体育消费观念、提升体育运动技能、扩展体育消费空间、优化体育消费发展环境、健全体育消费政策体系和加强体育消费权益保护。近年来，在我国宏观体育产业政策和资本的支持下，体育产业自 2014 年"46"号文发布以来实现了产值规模的连续高速增长，是名副其实的经济增长动力，夯实了双循环新发展格局下体育产业高质量发展的物质基础。数据显示，从全球市场上看，美洲地区和欧洲地区的体育产业市场总体趋于平稳，虽然受新冠肺炎疫情冲击影响，全球体育产品的进出口贸易和体育消费有所放缓，但是全球体育消费的总量仍然保持着增长态势，平均增长率为 6.0％和 7.1％；在亚洲市场，体育消费的平均增长率为 7.9％，未来市场潜力巨大；而在中国本土市场，相关数据显示，2015—2018 年，中国体育消费市场处于稳步增长态势，2018 年我国体育消费市场规模就达到 9105.3 亿元，2020 年体育消费市场规模为 1.5 万亿左右，预计到 2025 年，我国体育消费市场规模将达到 3 万亿。在现实生活中，我们可以发现健身房越办越火，网球场和保龄球馆越开越多；在家人和朋友中，我们也会发现有体育俱乐部会员卡的人越来越多，双休日去运动场打球的人也越来越多。所以，我们应该有足够的信心做这样的判断，即以追求运动健身和娱乐效用的参与性体育消费正在由"贵族化"向"大众化"转变，并且这种趋势在大中城市和东南沿海的部分富裕农村地区表现得尤为明显。在参与性体育消费勃兴的同时，观赏性体育消费随着我国运动项目管理体制改革的不断深化，尤其是部分项目职业化实践的不断深入，也正在成为新的体育消费热点。

2021 年 8 月 3 日，国务院印发《全民健身计划（2021—2025 年）》，明确发展目标：2025 年经常参加体育锻炼人数比例达到 38.5％，县

（市、区）、乡镇（街道）、建制村（社区）三级公共健身设施和社区 15 分钟健身圈实现全覆盖，每千人拥有社会体育指导员 2.16 名，带动全国体育产业总规模达到 5 万亿元。政策的发布带动发展，体育产业中长期的成长将迎来长足动力。《全民健身计划（2021—2025 年）》提出了八项主要任务，包括加大全民健身场地设施供给、广泛开展全民健身赛事活动、提升科学健身指导服务水平、激发体育社会组织活力、促进重点人群健身活动开展、推动体育产业高质量发展、推进全民健身融合发展、营造全民健身社会氛围，以及四项保障措施，加强组织领导、壮大全民健身人才队伍、加强全民健身安全保障、提供全民健身智慧化服务[1]。我们可以认为本次计划有望激发全民运动热情，提升我国运动渗透率。《全民健身计划（2021—2025 年）》提出到 2025 年全国体育产业总规模将达到 5 万亿元，截至 2019 年年底，我国体育产业总规模约为 2.95 亿元，按此计算，2020—2025 年我国体育产业总规模的 CAGR 为 9.2％，体育行业中长期成长将无后顾之忧，体育产业链（运动服饰、运动器械）有望全面受益。国货崛起大势所趋，国产运动品牌有望深度受益。文化自信背景下，叠加国产品牌的产品力显著提升，近年来，国内消费者对于本土品牌的认同感和信赖感明显增强，国货崛起的劲头势不可当。2021 年的"新疆棉事件"与鸿星尔克"翻红"成为服装领域国货崛起的重要节点，明显加速了国产服饰的崛起进程。我们认为国产运动服饰有望最大程度受益于国货崛起，在我国的运动服饰行业中，目前海外品牌占

---

[1]　中华人民共和国中央人民政府网. 国务院关于印发全民健身计划（2021—2025 年）的通知［EB/OL］.［2021-08-03］. http：//www. gov. cn/zhengce/content/2021-08/03/content _ 5629218. html.

比较高(耐克、阿迪达斯市场占有率分别为 19.8%、17.2%),受益于国货崛起,国产运动品牌份额有望显著提升。

　　未来,随着我国居民人均收入的增加,体育人均消费支出总额也会逐步增加,体育消费市场将迎来更大的增长空间和动力。从投资需求上看,我国的投资需求及其规模在不断增加的同时,投资重点逐步向高新技术产业、知识密集型、服务保障型行业倾斜。体育产业作为新兴的服务经济和知识经济,具有巨大的投资前景。在国家数字经济推动产业数字化融合的基础上,5G、大数据、人工智能、互联网技术融合到体育产业创新实践当中,提升了体育产业的内在质量和服务品质,并产生了规模经济效益和范围经济效应,产业融合发展也在一定程度上扩大了体育产业的投资潜力,如体育产业综合服务体、体育特色小镇等产业新空间的发展壮大。从《中国国际体育投融资报告(2019)》我们可以得出,截至 2018 年 11 月,我国 81 家 A 股概念体育产业上市公司营收为 5539.19亿元,其业务涵盖俱乐部运营、体育装备制造、体育场馆运营、体育营销、体育彩票、体育旅游、体育传媒、体育特色小镇和电子竞技类九大类业务,体育投融资范围呈现多元化趋势,同时 14 家港股体育概念公司营收 3913.58 亿元,体育用品制造业占据核心地位,不仅如此,从 95家体育概念新三板公司的投融资所占细分领域上看,电子竞技产业、冰雪运动、马拉松运动、户外运动成为新的投资热点①。而根据母婴商业研究院发布的《2020 年中国体育行业投融资市场研究报告》数据,2020

---

　　① 新华网. 中国国际体育投融资报告(2019)[EB/OL]. [2018-12-12]. http://chinalntx. sport. org. cn/cyxx/2018/1212/251540. html.

年体育产业投融资事件为 61 起、专业投资机构达到 70 家、投资总额为
57.09 亿元，虽与 2019 年相比投资事件减少了 12 件，但是投资总额却
比上年增加了 17.03 亿元①。

(二)体育用品市场内部因素要求体育产业推动双循环战略

体育用品市场是我国体育市场体系中成熟度最高、市场规模最大，
并具有一定的国际竞争力的体育物质产品市场，这一市场的发展状况和
未来走势关系到整个体育产业的生存与发展。当今世界，经济全球化、
新科技革命和世界性产业结构调整三大趋势正在改变着国际产业分工格
局，发达国家产业升级和制造业转移明显加快，跨国公司的发展使得制
造业面临新一轮全球范围的大规模重组。改革开放以来，我国体育用品
市场的发展有了明显进展，取得显著业绩，特别是在市场规模扩张和出
口能力提升方面有明显进步。但是，在经济全球化、新科技革命和世界
性产业结构调整三大趋势愈演愈烈的今天，我国体育用品市场还存在一
系列制约发展的深层次问题，归纳起来主要有以下几个方面。

(1)体育用品市场行业管理不健全、不到位

体育用品市场是一个竞争性市场，对这一市场的行业规范与管理主
要应发挥行业协会的作用。尽管我国已于 1993 年成立了中国体育用品
联合会，并于 2001 年 1 月 17 日加入了世界体育用品联合会，但是由于
该联合会是由原国家体育运动委员会牵头，由中国文教体育用品协会、

---

① 中商情报网. 2020 年中国体育行业投融资市场研究报告[EB/OL]. [2020-06-
28]. https：//xw. qq. com/cmsid/20200628A0LMX000.

中国针织工业协会等七家与体育用品有关的单位联合发起，是"条条"分割体制下的产物，因此成立 10 年来，并没有在制定行业发展规划、拟订行规行约、提供行业发展信息、协调企业间的关系以及开展国内和国际交流与合作方面发挥应有的行业管理职能，实施有效的行业监管。近年来，国内体育用品市场出现的地方保护、假冒伪劣产品、侵害知名企业的知识产权、出口产品竞相压价等一系列不正当竞争行为和市场秩序混乱的现象，很大程度上都与我国行业管理不健全、不到位有关。同时，由于行业管理不健全、不规范，我国体育用品业的标准化建设长期滞后，产品的检测标准、质量标准、定价标准、安全标准、环保标准以及"社会"标准不是空白就是低于发达国家同类标准。当前，我国体育用品业要进一步提高国际竞争力，要进一步拓展国际和国内市场，就必须下决心解决当前制约体育用品市场培育和发展的行业管理不健全、不到位这一瓶颈问题。

（2）国内体育用品市场开发的力度不够

我国体育用品市场的快速起步很大程度上得益于发达国家和地区的产业结构调整步伐的加快，特别是我国港澳台地区向大陆转移劳动密集型产业。因此很多国内体育用品企业一开始做的就是"两头"在外的来料加工，它们只关心生产不关心销售，对如何开拓国内市场考虑不多。近年来虽然这些企业已开始生产自己品牌的产品，但不熟悉国内市场仍是企业发展的"软肋"。当前体育用品企业在开发国内市场方面的不足主要表现在两个方面：一是企业的产品结构、营销模式趋同，市场细分化程度低，产品的品种、规格、花色、档次区分度不够，对消费者日益多样化、差异化、个性化的需求观照不够，总而言之就是企业引导消费、创造需求的能力较弱。二是忽视对农村体育用品市场和大中小学体育用品市场的开发。我国有 8 亿农民，在中国社会已经整体跨入小康社会门槛的今天，相当一部分地区的农民已经具有了一定的体育用品消费需求，而在如何开拓农村体育用品市场方面，国内体育用品企业普遍无所作为。同时，我国有 86.75 万所大中小学，全日制在校学生 2.48 亿人。青少年在任何国家都是体育用品市场的消费主体，抓住这一主要消费人群是提升国内体育用品市场人气、活力，扩大市场空间的有效途径，而国内体育用品企业在开拓这一市场时考虑的仅仅是学校的需求，而不是学生个体生动活泼、丰富多彩的需求。事实上，在国内市场日益国际化的今天，只有能够立足国内市场的企业，才有可能走向国际。

（3）缺乏龙头企业，市场集中度低

我国体育用品企业主要分布在东南沿海省份，总数超过了 300 万，就企业数量而言中国是世界之最，但企业数量的多少并不绝对地与全行业的规模大小成正比，尤其是不能说明企业的质量高低和效益好坏。目前我国体育用品企业普遍存在规模小、质量差的问题，在几百万个企业中年销售额超过亿元的不过十几家，市场集中度明显偏低。近年来，尽管涌现一些国内知名企业，但即使是这些企业的规模与质量和国际知名体育用品公司相比仍有很大的差距。在体育全球化不断加速，国内体育用品企业面对全球粮食危机、金融危机和新冠肺炎疫情以及北京举办2022 年冬季奥运会的多重挑战的今天，缺乏能与国际知名体育用品公司比肩的龙头企业，我国体育用品业在全球行业分工中的地位就难以提高，整体的国际竞争力也难以快速提升。

（4）新产品的研发能力和知识产权的保护意识薄弱

时下，"运动健身，体育休闲"已经成为世界潮流，体育运动大众化、个性化、科学化、消费化的趋势日益明显。而这样的趋势反映在体育用品行业就是产品的"生命"周期不断缩短，企业面临越来越大的产品创新压力。目前我国体育用品行业中没有专门的研究开发机构，能自主开发新产品的企业为数极少，相当一部分企业所谓的新产品开发，就是简单地模仿和抄袭知名企业的设计，只要在款式上形似即可。从某种意义上讲，正是由于新产品研发能力弱，知识产权的保护意识也难以真正得到强化和提升。这一方面表现为对别人的知识产权不够尊重，另一方面也表现为对自己拥有的知识产权保护不力。中国的体育用品业要实现从全球的生产大国向强国的跨越，国内用品企业新产品研发能力的提高和与之相适应的知识产权保护意识与能力的提升都是至关重要的。

(5)出口多元化战略尚未形成

我国体育用品业是一个出口依存度很高的行业，目前全行业的出口依存度已达到30％，其中部分产品，如运动鞋、运动服装、体育纪念品等甚至达到50％。出口依存度高说明这个行业的生存与发展很大程度上取决于出口形势的好坏。而现在的问题是，我国体育用品的出口主要集中在欧美市场，其中对美国的出口总额已占该国体育用品进口总额的52.3％，高出口依存度与单一的出口渠道并存意味着高风险。在新形势下，我国体育用品企业如何实现出口战略的转型，即由单纯地追求出口数量和单一出口渠道的粗放型模式向以质取胜和出口市场多元化的集约型模式转变，是当前迫切需要解决的一个重大战略性问题。

(6)"走出去"参与国际竞争的能力弱

我国体育用品业已进入了中期发展阶段，体育用品市场也已步入相对稳定、成熟的阶段。从全行业发展战略看，国内体育用品的龙头企业如何全方位地利用国内外两种资源、两个市场，在全球范围内更加合理地配置资源是一个关系全局的重大问题。近年来，我国部分家电企业实施"走出去"战略取得了成功，它们的成功对我国体育用品业的发展具有重要的借鉴意义。目前，我国体育用品企业所谓的"走出去"只是产品走出去，而不是企业走出去。从全球竞争的角度看，推动我国体育用品行业的龙头企业"走出去"，是我们参与世界体育用品行业全球分工的一种高级形式。只有真正地"走出去"，我们才能在全球分工的格局中占据有利地位，才能变被动参与为主动参与，才能使我国体育用品企业的国际竞争力有实质性的提高。目前，我国体育用品企业与国外体育用品企业相比，在这一方面的差距很大。随着我国体育用品业的不断发展壮大，这一问题对整个行业发展的制约度可能变得越来越大。

（7）体育用品市场与体育服务市场的关联度不高

体育用品市场是为体育运动实践提供装备的专业市场。在市场经济条件下，体育用品与运动实践的联系通常是以各类体育服务市场为纽带的。国外著名的体育用品公司一般都是紧紧围绕体育场地、体育组织、体育活动三大要素来设计和研发产品，开展产品推广和营销活动。目前，国内体育用品企业在市场开发方面，能够主动有意识地利用这三大要素创造性进行新产品的研发和营销的企业为数不多，能够按照产品链由上游向下游纵向延伸，即以自己生产的运动装备和品牌进入体育健身娱乐市场和竞赛表演市场，实现纵向扩张、混业经营的企业更是少之又少。我国的体育用品市场要进一步扩大规模，提高质量，体育用品企业就必须不断提高自己的生产经营活动与各类体育服务市场的关联度，这一点对于提高国内体育用品企业的素质至关重要。

(8)缺乏高素质的优秀人才

我国体育用品市场目前存在的一系列深层次问题，说到底都与优秀人才的数量不足有直接关系。对照发达国家体育用品业，我国在这个行业的人才匮乏主要表现在三个方面：一是缺少高素质的企业家。我国尽管有为数众多的体育用品企业，但企业家素质普遍不高。这是因为，我国体育用品业的主体是乡镇企业和民营企业，企业的规模普遍较小，技术含量普遍不高，且家族式经营管理模式还较为普遍。我国体育用品企业之所以能在国际市场竞争中占有一定的优势，是因为我国企业劳动力的"性价比"是全球最优的，即较高的生产加工工艺水平与低廉的劳动力价格形成的成本优势。二是缺少高素质的营销人才。相对于生产管理人才，我国体育用品企业更缺乏的是市场营销人才，特别是熟悉国际市场、能够拓展国际贸易渠道的高水平营销人才。三是缺乏专业化的产品设计和研发人才。这一类人才是我国体育用品企业人才结构中的薄弱环节，随着越来越多的体育用品企业由来料加工向生产和创立自己品牌的转型，这类人才的供需矛盾还会变得更尖锐。总之，随着我国体育用品业的快速成长，人才问题将会成为企业发展必须解决的关乎全局的战略性问题。

(三)外部不确定因素要求体育产业推动双循环战略

我国经济发展的人口红利减弱、国际贸易的不稳定性等外在因素也在一定程度上影响了我国的外向型经济发展，导致外需对经济发展的促进作用减弱，倒逼我国推动国内经济循环。在这一背景下，体育产业的发展需要从发展的国内外形势和发展趋势，推动体育产业领域的内外循环相互促进，相互协调。在人口红利层面，我国体育产业不仅面临劳动力成本不断上升带来的发展问题，还存在着内循环从业人口不足、人才缺乏带来的问题。数据显示，2020 年我国体育产业的总规模达到了 3 万亿元，从业人口达到 600 万人，目前我国体育类院校的人才培养数量远远不匹配市场增长速度，体育人才缺口难以在短时间内得到弥补。从国际贸易的不确定性层面上看，目前，我国在中高端产业链产品价值贸易上普遍依赖西方发达国家，在关键技术领域、品牌建设上还需培育国内竞争优势，因此以国内需求为导向、以价值增值为目标打造国内中高端市场，畅通价值链上游市场是体育产业结构调整的重中之重。

根据罗斯托的经济增长阶段理论，我国现在已经进入内需主导的动力主导机制阶段，即经济的增长的主导需求转向国内消费需求，投资和出口的作用减弱①。现阶段，从国民经济整体而言，无论是经济总量还是经济增量，都保持在世界前列，具备和发达国家一样的市场消费潜力，如 2020 年我国的经济总量就超过了 100 万亿元人民币，增速超过 4％。从体育产业中观层面上看，不断富裕的国民和源源不断的新兴市场开发，为体育产业高质量发展提供了无限增长的物质基础。以国家统计局发布的 2019 年体育产业组织规模数据为例，我国体育产业总规模接近 3 万亿，而在增量上，增加值较往年增长 11.8％。在市场潜力上，我国人口规模达到 14 亿人，中等收入群体超过 7 亿人，国内市场较为

①　黄群慧．"双循环"新发展格局：深刻内涵、时代背景与形成建议[J]．北京工业大学学报(社会科学版)，2021，21(01)：9-16.

统一、工业物流体系较为完备，且存在"世界工厂"级别的生产制造和消费能力，这为体育产业提升供给能力和开拓多元市场提供了世界级的发展机遇。在此经济环境下，体育产业抓住国内需求成为增长动力的历史机遇，推动体育产业高质量发展，打造体育内需体系，具有良好的经济学理论基础，这表现在三个方面：

一是消费需求成为拉动体育产业增长的主要引擎。从国家层面上看，2019 年我国的社会消费品零售总额达到 41.2 万亿元，人均消费支出为 21559 元，占 GDP 的总量比例为 40％以上，成为国民经济增长的重要动力之一。在体育产业领域，2020 年体育用品以及服务消费达到 1.5 万亿元，人均体育支出达到了 800 元人民币。随着全民健身、健康中国、体育强国等国家战略的有序推动，体育消费也将成为体育产业增长的绝对主力。二是消费结构不断引领产业结构升级。随着中国人均收入水平的提升和体育市场商品供给的日益丰富，我国体育消费逐渐从重视体育用品消费转向体育服务消费，更加追求体育消费的质量，因此从某种意义上说，居民体育消费结构升级趋势明显。一方面，体育用品消费的质量不断提高，消费模式逐渐向网络消费转移。2020 年"双十一"阿里巴巴的数据显示，淘宝李宁官方旗舰店单店成交额突破了 7.7 亿元，而安踏品牌在全网电商成交额达 28.4 亿元，较上一年同期增长 53％。

从国内外资品牌数据来看，阿迪达斯中国分公司在 2020 年"双十一"开场一分钟的营销额就达到 1 亿元，而斯凯奇在"双十一"的全网销售额突破 10 亿元，同比增长 45％①。另一方面，体育服务业的产值增长速度不断加快。数据显示，2019 年体育服务业的产值规模达到 14929.5 亿元，其中体育场地与设施管理规模最大，为 2748.9 亿元，而健身休闲业发展最为迅猛，增加值增长速度达到 74.4％。三是体育产业发展新业态、新模式不断涌现。除了马拉松、户外运动等热门运动项目蓬勃发展以外，以"体育＋"为代表的新业态加快形成，如体育小镇、体育综合体、体育旅游等。国内部分地区将体育产业的跨界融合作为体育产业创新发展的重要模式，激发地区消费潜力。譬如，为深化体育产业供给侧结构性改革，充分利用地区山水资源和区位优势，以发展新业态、培育新主体、应用新技术、开发新产品、增加新动能，湖北省早在 2018 年就发布了《关于加快转变发展方式推动体育强省的意见》和《湖北省体育产业跨越发展四年行动计划》，积极推动体育产业政策落地，通过开展全民健身活动，依托"互联网＋体育""体育＋文旅""体育＋康养""体育＋教育"等融合平台，丰富产品供给结构，提升群众消费热情和参与体育运动的积极性②。

---

① 中国金融信息网. 阿里巴巴消费大数据显示：线上运动消费呈现五大趋势［EB/OL］.［2018-09-05］http：//news. xinhua08. com/a/20180905/1776606. shtml? from＝singlemessage&isappinstalled＝0.

② 中国体育报. 湖北体育产业：新业态实现跨越新方向［EB/OL］.［2018-07-11］https：//baijiahao. baidu. com/s? id＝1605647185511781025.

二、基于产业供求关系视角的理论分析

过往，我国的经济发展长期依赖"两头在外"的增长模式，对于内需拉动经济增长重视不够，导致国内供需矛盾问题十分突出，消费潜力长期得不到有效释放，加之近年来国际形势的不确定因素增多以及新冠肺炎疫情重创全球产业链，出口导向型为主的发展模式已无法满足国内消费升级的需要，以低端市场规模扩张换取经济效益的低质量发展时代一去不复返。鉴于此，党的十九届五中全会在《中共中央关于制定国民经济和社会发展第十四个五年规划和二〇三五远景目标的建设》中明确提出要加快构建以国内大循环为主体的新发展格局，将发展的重点和焦点放在畅通国内循环上，协调好生产与消费之间的关系，以扩大内需拉动经济增长，以创新驱动、高质量供给引领和创造新需求①。

(一)双循环新发展格局下体育产业供给侧结构性改革

双循环新发展格局下的体育产业高质量发展的供需关系的焦点主要体现在供给侧，因此要继续推动产业供给侧结构性改革。党的十九大明确指出，我国社会的主要矛盾已经转化为人民日益增长的美好生活需要和不平衡不充分的发展之间的矛盾。体育产业同样也面临着发展不平衡不充分的问题，尤其是不充分的体育产品与服务供给，已无法满足人们多元化的体育需求，严重制约着体育消费的增长，因此需要长期坚持供

---

① 人民网. 关于加快构建双循环相互促进的新发展格局[EB/OL]. [2020-07-15] http://theory.people.com.cn/big5/n1/2020/0715/c40531-31783726.html.

给侧结构性改革，促进产业结构优化和供需端动态平衡①。目前，体育产业供给侧结构性问题主要表现在以下几点：一是体育产业的市场主体实力总体不强，细分领域市场集中度不高。二是体育产业结构转型和升级速度滞后于体育消费升级的快速变化，导致中高端有效供给不足。三是体育产业链存在着协作关联性较弱、创新动力及增值效益不明显的问题，协同治理水平有限。四是体育产业部分业务领域市场门槛准入较低且市场评估监管缺失，使产品与服务供给同质化严重，低端市场过于饱和。从体育用品市场的产品结构看，目前我国体育用品企业已能生产包括运动服装（含鞋、帽、手套、护具等）、球类器材设备、运动器械及器材、健身器械、娱乐及场地设备、体育科研测试器材、户外运动（含旅游、休闲装备）、渔具系列、运动装备及奖品、运动保健用品、裁判教练用品共 11 大类产品。从大类上看，基本无缺项，只是在个别大类的高端产品中还有缺项，如户外运动中的航海、航空器材以及健身器械中的科技含量较高的大型商用器械和运动队专用器材等。从体育用品企业所有制结构看，整体上呈现混合所有制特征，既有国营也有民营，既有中资也有外资，且非公有制经济占有很高的比重，这种所有制结构在一定程度上说明，我国体育用品市场是一个开放、竞争度较高的市场。从体育用品标准化程度看，目前我国体育用品标准化程度还很低，达到国家标准的产品（GB 国家强制标准或 GB/T 国家推荐标准）只有 17 个，达到行业标准的产品（QB 轻工行业强制标准或 QB/T 轻工行业推荐标准）

---

① 沈克印，吕万刚. 体育产业供给侧改革：投入要素、行动逻辑与实施路径[J]. 中国体育科技，2020，56(04)：44-51＋81.

也只有 19 个。目前国内生产的 360 多种体育器材和设备中只有 29 种被国际体育组织批准为正式比赛使用器材。而在体育用品的环保标准、定价标准以及社会标准方面差距更明显。当前国外知名体育用品企业的标准一般都高于行业标准、国家标准，而我国呈现的是倒置的局面，国家标准高于行业标准和企业标准。

当前，我国体育产业供给侧面临的问题，归根结底还是由于科技创新能力不足，导致了创新成果无法有效转化为产业转型的内在动能。对此，在体育产业核心技术突破、项目核心 IP 开发、新兴数字技术运用、商业平台载体的建设、体育品牌产品打造等方面，应该成为未来健身休闲业产业竞争力建设以及供给侧结构性改革的重点。同时，为推动体育产业实现高质量发展，需要产业链上下游的企业和流通部门加快产品与商业模式创新，推动产业转型融合发展，有效对接下游消费市场；需要政府给予产业与竞争政策扶持，加强市场行为监管；更需要社会资本、人才与技术等要素资源保障[1]。伴随世界第四次产业革命和科技革命的发展，全球经济结构、产业结构不断演化，价值链的全球分工日益强化，创新成为占据产业和市场制高点的先导。双循环新发展格局背景下，体育产业创新往往包括产业上游资源要素的变革与创新、原生产品（成熟产品）的迭代创新、产业中游的平台载体及平台衍生产品创新、下游交易流通渠道与消费方式创新这三个阶段四个环节的创新。通俗地讲，现代产业创新就是在科学技术支撑下，以现代信息技术平台为载

---

[1] 李荣日，刘宁宁. 理论框架与逻辑通路：我国体育产业高质量发展研究[J]. 天津体育学院学报，2020，35(06)：651-657.

体，进行的要素创新、产品创新、品牌 IP 创新、业态及模式创新，由此形成了产业链创新的闭环。

以体育用品制造业的创新实践为例，通过创新推动供给侧结构性改革质量是行之有效的方法，其具体表现为体育产业的"双驱动创新模式"，即体育产品的技术创新及服务产品的营销创新。在体育用品行业，体育产品的技术创新普遍采用的是应用性创新，主要依靠市场反馈进行产品的改进，这种产品创新方法适用于大多数生产健身休闲器材、设施、鞋帽的小型加工企业，因为其投入成本相对较少，但是对于新型的具有变革性的产品开发缺乏动机，如浙江海宁，福建莆田、泉州等地区的体育用品生产与批发企业就是这一类企业。由于体育用品质量和形态的可见性和可评估性，相较于低技术含量的产品技术改进，产品的品牌文化 IP 创新更为重要。以耐克为例，其产品本身的技术延伸性和技术难度并不高，单纯技术创新难以带来持久的盈利和附加值提升，然而，通过长期品牌营销创新，它的品牌价值远远大于产品创新所带来的价值，进而成功地以低成本的产品生产制造收获了最大的市场价值。

(二)双循环新发展格局下体育产业需求侧管理

双循环新发展格局下的体育产业高质量发展的供需关系的出发点和落脚点主要体现在需求侧，因此需要促进需求侧管理。需要注意的是，双循环新发展格局背景下的体育产业与供给侧结构性改革背景下的体育产业虽然都是为了协调供需关系，促进产业高质量发展，但也存在不同之处，具体表现在供给侧结构性新改革背景下的体育产业高质量发展更加侧重于供给结构的调整，对需求拉动经济增长的重视程度不够，而双循环新发展格局不仅强调了要将供给侧结构性改革和扩大内需战略结合起来，实现两头共同发力，还提出了要平衡国内国际市场，促进更高水平双循环格局的形成，这为新形势下体育产业高质量发展提供了发展思路。双循环发展战略提出后，推动体育产业供给侧结构性改革和扩大内需战略相统一，通过两端发力以实现国内市场供需关系的动态平衡将成为时代必然选择。因此，坚持国内大循环，以内需增长拉动经济发展是调整工作重心，缓解长期以来体育消费需求得不到有效释放的问题，促进国内国际体育市场协调发展。

中国作为世界上最大的体育用品生产制造和对外贸易国，经济发展过于依赖出口，面临突如其来的新冠肺炎疫情和美国的逆经济全球化行为，大量的产能无法得到有效缓解，需要利用好我国的超大的市场规模，缓解外部环境对国内产业链的冲击，实现体育产业发展战略由出口导向型向内需拉动型过渡，在保持国外市场稳定的情况下，充分挖掘和壮大国内市场。双循环新发展格局下体育产业高质量发展的实质内涵就是要以国内市场的开发和壮大去带动国外市场，让中国市场更加具有国际吸引力，增强我国经济发展的对外黏性，掌握国际市场竞争的主动权。反言之，我国体育消费内需的释放也需要国际资本、人才、技术、产品的进入以补充国内市场，两个市场是互利关系。一方面，要以扩大国内需求为核心带动国内循环。目前，我国体育产业需求侧面临着四大矛盾。一是无效供给过剩与消费动力不足。二是体育产业发展速度与人民群众高质量体育需求提升速度不同步。三是消费人群、消费层次两极分化与产品流通渠道不完善、分配不精确之间的矛盾。四是传统体育需求与数字科技新需求之间的矛盾。上述各种矛盾的存在决定了体育产业在扩大国内市场、刺激体育消费方面临的艰巨性和急迫性，因此体育行业要牢牢树立内需消费拉动经济循环的发展理念。在应对措施上，可以从以下几个方面着手落实：一是通过长期产品品牌建设内化消费者购买行为，使其形成固定的消费习惯，增强客户对某一体育需求的忠诚度，即用户黏性。二是加快打造高质量的消费新场景、新空间，引领消费新需求。三是利用科技手段创新体育消费方式和支付方式，为消费者提供消费便利，如移动终端和电子支付的广泛应用。四是政府层面要创新体育消费引导机制，建立体育消费券的配发机制、体育生产与消费补贴机制、税收减免机制，营造企业愿生产，消费者敢消费的社会环境。

另外，要以高端服务业作为拉动内需的重点，达到需求牵引供给的经济效果。消费是产业发展的基础，也是产业发展的重要动力，以消费扩内需从而拉动产业上游增加有效供给，是畅通国内大循环的基本环节。目前，我国已基本实现全面小康，并且人均 GDP 也迈过 1 万美元大关，具有基本的参加体育消费的物质基础。与此同时，我国 14 亿人口的市场空间能够为健身休闲业的健康发展提供群众支撑。这两大利好条件，有助于体育产业扩大产品服务供给类型，迎合消费需求的不断变化。在此基础上，体育产业要大力发展体育服务业，培育多元的体育服务产品市场，如健身休闲业、体育教育培训业、场馆服务业、竞赛表演业、电子竞技、体育博彩、体育经纪和体育中介等业态。在体育消费不断升级的市场环境下，以传统低端制造业为主体的体育产业已无法满足人民群众对美好生活的需要，推动体育产业向高端化发展是时代趋势。以健身休闲业高端化为例，体育健身休闲行业细分业态更加多元，涉及健身服务、健身器材与服装销售、户外休闲运动拓展、常规健身休闲类活动组织、商业性健身休闲设施投资及相关装备制造等各方面，能够有效引领消费行为和开发潜在消费市场①。此外，随着互联网平台经济以及虚拟技术的发展，也出现了"互联网＋健身""VR（AR）＋健身"等新型健身休闲场景，强调线下与线上相结合的产品消费模式。这些需求端的变化有效缓解了长期以来健身休闲行业消费升级的现实需要与供给不足、质量效率低下的矛盾。从消费趋势上看，消费不断升级，主要表现在消费内容由传统型实物消费向健康休闲、娱乐体验等新兴消费延伸扩展、消费方式由线下消费向互联网内容平台消费渗透、消费人群主体向千禧一代集中，女性与老年健身休闲消费成为新常态。

三、基于流通体系建设视角的理论分析

国内国际循环相互促进的新发展格局实际上是一种循环经济，是遵循新发展理念的新型经济发展方式。根据循环经济理论，经济系统被视为容纳了各种经济因子的开放型子系统，循环经济将经济系统与其生态圈中的物质流、能量流和信息流等各种资源整合在了一起，使经济、社会、环境协调发展。双循环新发展格局下体育产业高质量发展的重要支撑就是要健全体育产业现代产品流通（循环）体系，促进要素资源的充分流动以及建立一个统一的市场体系。为促进体育产业的高效循环，体育

---

① 邹昀瑾，姚芳虹，王东敏. 新时代体育健身休闲业供需协调与高质量发展研究 [J]. 北京体育大学学报，2020，43（07）：14-24.

产业完善流通体系，是体育产业高质量发展过程中实现内循环的关键环节。一般而言，产业链生产循环包括了生产、消费、流通（交换）和分配四大环节，而流通决定了产业循环是否能够完成，决定了生产者的产品能否经由消费者的消费过程而实现商品化，并产生相应的价值。从流通的地位和功能作用层面上看，流通环节充当了生产者与消费者互动的纽带，是产业链供应链的中间环节，其发达程度不仅直接影响生产者的供给效率，也直接影响消费者接触商品的体验，并决定了产业循环的时间成本。因此，对于体育产业而言，流通体系越发达，往往产业循环的速度越快，企业受益也就越高。如今，随着生产力水平的提高和技术的进步，"流通"已经不再是单纯的商品流通，而是资本、技术、信息、人才等各类要素和资源的流通。在数字经济高度渗透体育产业的今天，体育产业要大力推动新型基础设施建设，建立起现代化、智能化、信息化的流通体系，包括电子商务、智能物流、新零售等新模式新业态。

（一）体育现代流通体系以适应生产方产品形态变革为基本条件

随着云计算、大数据、人工智能、物联网等技术的发展，生产方能够较为准确地分析消费者的消费行为、精准捕捉消费需求变化，并以此为基础实现个性化、定制化生产与服务，引导生产方式变革。同时，技术赋能生产方式变革的过程中也相应地重塑了体育产品的形态，致使云健身、网络体育自媒体小视频业务不断涌现，改变了产品的物理形态。因此，双循环新发展格局下的体育产业要积极适应产品形态的变化，进而开发较为便捷的产品递送方式。

在体育数据信息要素流通层面，体育产业建立全国性、地区性的体育大数据、无形资产交易中心、数据交易咨询机构和智库，有助于提高产业信息的流通速度，促进数据的积累与开发，为企业决策和产业链协作提供精准的保障。体育数据作为体育产业的新型要素，是数字经济发展背景下的产物，说明体育产业现已迈入以数据为资源驱动的创新发展时代。对此，发展体育大数据技术、培育体育数据要素市场、促进数据信息资产的交易流通成为体育产业创新发展的必然要求。为推动数据要素的充分流通和高效配置，2020年3月，《关于构建更加完善的要素市场化配置体制机制的意见》发布，5月，《2020年政府工作报告》发布，从国家宏观政策层面，提出要促进公共数据开放和建立数据资源的有效流动，以文件的形式对其进行了解读和制度规制。目前，数据要素的流通实践主要存在两种类型：一是企业间数据的交易和共享，这是一种私人主体之间的交易和共享，是市场当中最为普遍的数据流通方式；二是政府数据向公众开放式的数据流通方式，具有较强的公共服务属性①。对于体育产业而言，要加快推动国家体育总局、全国性体育协会、各级政府体育部门的数据向公众开放，提高政府在公共体育数据方面的社会服务能力。体育政府部门推动数据开放，有利于打造阳光政府、便民政府，推动数字化体育服务供给创新。譬如，近年来，在国家层面建立了华奥星空等体育产业数字服务平台；在地方层面，2021年呼和浩特市体育局为加强"互联网＋体育服务功能"，上线运营了智慧体育综合服务平台(简称建融慧动 App)，这些都是政府体育部门开展数据服务的典型

---

① 腾讯研究院. 关于数据要素交易流通模式的新思考[EB/OL]. [2020-10-27]ht-tps：//baijiahao. baidu. com/s？ id＝1681634236958161671.

尝试，值得借鉴。同时，体育企业要建立协同联动的数据交易合作机制，避免数据垄断和减少数据流通不畅带来的"数据孤岛"问题。目前，随着地区性大宗数据资源平台的试点，体育产业在数据利用这方面搭上了国家大力推动大数据交易中心建设的顺风车。相关数据显示，2015年大数据上升为国家发展战略后，共有 23 家大数据交易平台和网站得以设立，包括贵阳大数据交易所、上海数据交易中心、数据堂等。大数据交易中心作为第三方数据流通平台，为各类企业提供相关数据中介服务创造了良好条件，使得数据供需双方能够按照各自需求在平台上进行匹配和交易，具有较强的服务价值，体育企业的数据交易活动也不例外。基于此类平台在信息服务方面的节本功效，体育领域在双循环新发展格局背景下推动数据要素资源的循环和流通，建立体育产业大数据交易中心势在必行。

在体育资本要素流通层面，建立畅通的资本流通机制和数字金融服务是双循环新发展格局下体育产业提高资本循环周期速度的重要举措，有助于减轻体育产品融资难、资金流动难的问题。在《中华人民共和国国民经济和社会发展第十四个五年规划和二〇三五年远景目标纲要》中明确提出，要促进资源要素的顺畅流动。欲破除制约要素合理流动的堵点，矫正资源要素失衡错配，从源头上畅通国民经济循环，关键在于提高金融服务实体经济的能力和水平。对体育产业而言，扩大资本市场对体育产业的投融资范围，提高体育市场资本的配置效率，建立多层次的资本引入渠道是体育产业提高资本流通效率的重要手段。从国家宏观资本流通情况上看，据证监会数据显示，截至 2020 年 9 月，我国的直接融资存量为 79.8 亿元，约占社会融资存量的 29％，而同期英、美等国的直接融资的平均占比为 60％～75％，与西方发达国家相比差距较大①。在中国体育产业领域，体育产业在投融资方面存在着不足之处。近年来，体育产业融资手段随着经济发展和金融创新正在逐步拓宽，融资额也在逐年上升，在体育产业投资浪潮下，融资难问题得到了一定的缓解，但这并没有从根本上改变中小型体育企业融资难的现状，我国体育产业发展的瓶颈依旧是中小型体育企业因融资渠道闭塞而导致的资金短缺问题。目前，体育服务业中小企业的融资方式主要依靠银行抵押贷款，造成这一局面的原因体现在以下两点：一是体育服务业投资成本太大，回报周期长，属于长线投资，这对于具有趋利性的资本投资来说并不利于快速回笼资本和获得高回报收益。二是中小体育企业信用不足、资历较低，加之行业金融担保机制不完善，一些金融机构因风险问题拒绝借贷。尽管如此，银行借贷这一渠道也存在一些问题，突出表现在金融审核、放贷周期长，这会导致企业资金流转变慢，运营时间成本提高，反过来加深了企业资金短缺的问题②。除了银行借贷，一些体育服务企业也在积极尝试 PPP 融资模式，通过利用社会资本和政府专项资金来实现企业的发展，但是在实际操作过程中，也出现了各融资主体管办不分、职责不明、利益划分混乱、"重投资，轻管理"等问题。从体育服务业中小企业融资的外部环境上看，体育金融支持方面的法律不完善、体育金融市场竞争机制的缺失以及体育融资人才的匮乏都会给中小

---

① 证券时报. "十四五"规划纲要解读及其要点［EB/OL］.［2021-03-14］. http：//www. china-cer. com. cn/guwen/2021031411746. html.

② 陈颜，刘波. 基于区块链技术的我国体育用品制造企业融资模式创新研究［J］. 体育学研究，2020，34(01)：12-20.

企业的融资活动带来障碍，进而严重影响了体育资本市场的流通效率，不利于体育产业长期健康稳定发展。对于体育产业投融资市场的现状，体育产业欲提高产业的资本流通率，扩大融资规模，必须加强产业自身建设，在提高自身盈利水平的情况下，继续完善体育金融市场。一方面，应鼓励创业板的体育中小企业向新三板领域转变和延伸，同时加强体育债券市场、期货衍生品市场的发展，并大力推动体育基金建设，鼓励发展体育天使投资、创业投资，更好发挥创业引导基金和私募股权基金的作用，健全基金流通渠道，提升体育资本市场的活力。另一方面，数字金融将成为提高体育产业资本融资和资本流通、交易效率的重要手段。数字金融是区块链技术和人工智能及移动互联网在金融领域进行渗透后催生的新业态新模式，以数字金融为支撑，推动体育产业资本要素资源的流通有助于提高体育企业的融资效率，节省融资审查的时间成本。目前，一些金融机构针对实体企业，开设了专门的数字金融服务窗口，包括数字贷款、数字记账、期货查询、数字转账等服务，这为中小企业，尤其是体育中小企业，提供了便利的金融服务。

在体育技术要素资源流通层面，在加强技术研发的同时，体育产业中各细分市场的各类企业要推动技术产权交易和技术转让机制，扩大技术人才的培养，建立起企业、科研机构、高校为一体的技术创新合作机制，重视技术的转化应用。对于体育产业而言，推动技术要素高效流通的出发点和落脚点在于提高技术的应用转化水平。2020 年，科技部火炬中心印发了《2020 年促进技术市场发展和科技成果转化工作要点》，提出要强化技术的研发、流通和实践应用，这为体育产业应用先进技术创造了良好的政策机遇。近年来，体育产业加强了科技的融合深度，一批先进制造技术在体育用品制造领域的流动速度加快，如智能制造技术、虚拟现实技术、体感技术、3D 打印技术、视觉传达技术等，其中多项技术成功应用到了体育市场。在体育竞赛表演业领域，5G 通信技术改变了体育赛事的转播模式，凭借强大的传输速率和流量分配能力，解决了赛事转播中存在的语音不同步、传输不稳定、视频卡顿等问题，为赛事转播提供了良好的观看体验。譬如，2019 年的北体传媒直播的冰球赛中，5G 通信技术的场景应用为体育赛事直播提供了一个典型的实践案例，通过与多家高科技公司合作，北京体育大学北体传媒成功地直播了 2019"丝路杯"国际女子冰球联赛。这一技术的实践探索，促进了先进技术在体育领域的应用，进而打破了赛事直播的传统模式，从 8K 摄影机信号采集到 5G 通信技术回传，再到用户端 8K 超高清屏幕多视角呈现，整个过程无缝衔接，有效地还原了紧张激烈的赛场范围，降低了赛事转播的运作效率①。而在场馆服务业领域，也出现了科技向体育产业流动渗透的场景案例。以浙江黄龙体育中心为例，该体育场馆依托"互联网＋体育"模式，积极布局打造数字体育服务生态圈，促进了数字技术在体育场馆建设领域的流通和实践。"智慧大脑"是黄龙体育中心技术创新和场馆服务转型升级的杰出成果，利用后台互联网监测与管理系统，场馆中心能够将智能售票系统、智能闸机系统、智能灯光系统、智能机器人安防系统进行一体化连接，提升场馆的综合运作效率，进而减少人力资源的投入。此外，黄龙体育中心通过技术的有效应用，提高了

---

① 沈克印，寇明宇，吕万刚. 数字经济时代体育产业数字化的作用机理、实践探索与发展之道[J]. 上海体育学院学报，2021，45(07)：8-21.

场馆智能硬件和智能软件的磨合度，扩大了场馆设备的业务范围。其中智能硬件包括开闭合屋顶、运动看台、电子广告系统、电子门禁、通信、温控、灯控及声控系统等，而智能软件包括馆内导航、网上订餐、信息采集等。这有助于丰富场馆组织方的业务领域，扩展利润渠道，丰富观众参与浸入感。

(二)体育现代流通体系以满足消费方产品接触便利为根本目标

双循环新发展格局背景下体育产业健全现代流通体系建设，需要以需求为导向，建立现代化的产品流通基础设施、流通业态和服务模式。体育现代流通体系建设包括了流通新基建、电子商务、智能物流系统、新零售等流通新业态新模式，现已成为新常态下刺激体育消费的重要力量。虽然，我国已建立起世界级的基础设施和物理网络，快递业务种类繁多、经销网络深入广大农村地区，但是，随着流通技术的变革和消费者消费的高需求不断提升，流通领域竞争更加激烈，流通速度快、成本低、效率高、服务好成为现代流通的基本要求，且现有商贸流通体系跟双循环新发展格局的要求相比，仍然存在一定的短板。如物流成本过高、区域间流通壁垒严重、流通基础设施改造升级慢、供需对接不通畅等，严重阻碍了国民经济循环的畅通①。因此，要畅通双循环，就必须先畅通流通环节，充分发挥现代流通在生产与消费之间的桥梁作用。

在体育流通新基建建设层面，优化体育产业园布局、完善园区道路

---

① 汪发元. 构建"双循环"新发展格局的关键议题与路径选择[J]. 改革，2021（07）：64-74.

条件、提高产业链信息沟通能力是体育产业构建新型流通体系的前提条件。一方面，体育企业要合理布局厂址和服务中心所在地，尽量紧邻高速公路及核心城市，一个良好的产业园区布局是体育企业提高流通效率的首要选择。一般而言，体育企业的区域布局的形成模式包括企业聚集式和政策导向型。在企业聚集模式的探索上，以福建省晋江体育产业空间布局为例。晋江体育产业区最先萌发于晋江市陈棣村，起初园区企业的生产活动主要是体育运动鞋服的外贸代工生产，后期由于大量资本的涌入，各类中小型家庭企业和作坊以产业分工并联的方式聚集在了一起，逐渐形成了规模效应，运动性产品的生产规模也随之不断扩大，企业之间的协作关系也更加明确。最后形成了一个企业密集型和劳动力密集型的产业园区。在园区内，无论是市场信息沟通，还是仓储、运输等基础设施的建设，都逐渐实现了园区企业的区域共享，减少了个别企业在分工模式下的原料运输和成品输出的成本。通过这种命运共同体的企业聚集模式，如今的陈棣村成为全国最大的休闲运动鞋的生产制造基地，极大地发挥了规模经济效应。在政策导向型产业规划布局的实践探索上，以北京市龙潭湖体育产业园区为例，龙潭湖体育产业园依靠独特的地理位置优势，由原来的体育用品一条街迅速转变为以政策导向为支撑的体育产业重点试点区。20 世纪 90 年代，国家体育总局在印发的《1995—2010 年体育产业发展纲要》中，明确要在全国建立北有龙潭湖，南有太湖的体育经济发展圈，借以探索体育产业集聚发展的新模式。一方面，通过政策扶持，龙潭湖和太湖体育产业经济区借助环渤海经济区和长三角经济带的人口、市场和资源优势迅速发展，成为体育产业园区探索实践的示范代表。另一方面，体育产业要依托数字新基建，提高企业间信息流通效率。《2020 年政府工作报告》明确指出，要加强新型数字基础设施建设，推动 5G、人工智能、大数据、工业互联网等数字基建的建设，为实体经济转型升级保驾护航。在如今互联网、物联网经济时代，商业流、信息流、资本流、知识流都朝着数据化方向发展，要实现这些要素资源的充分流通，需要企业通过互联网及其平台作为互动和交易的媒介，从而达到减少企业沟通、交易和信息检索成本的目的。企业实际互动成本的降低，有助于提高企业参与经济活动积极性，增强对未知风险的信息评估能力，进而推动企业决策科学化、精准化。同理，数字新基建的应用同样能够提高体育企业的信息沟通的流通效率和信息资产的产出价值。除了对企业间信息流通效率的提升，数字新基建还对体育企业的具体业态产生了影响。以 5G 为例，因具有网络超高带宽、低时延、高可靠、海量连接的特征，其能够推动全球大型体育赛事的视频制作趋向高清、全联结、智能化发展。在场馆服务领域，5G 技术的发展推动了"万物互联"，场馆的每一件设备都能通过 5G 进行实时调控，而万人涌动的观众在 5G 的助力下能够实现超快流量的视频传输和语音服务。在体育用品制造领域，体育制造企业通过接入人工智能和先进制造技术，如 CPS（信息物流系统）、TSN、C2M 等协同制造技术，能够建设自己的智能工厂，推动服务型制造，将生产重心转移到个性化服务层面，使消费充分参与到产品的价值创造当中，进而提高企业对消费者定制化产品的供给效率，这样一来也提高了企业的要素在关键生产环节的加速流通和汇集，避免了要素投入的错配和闲置浪费。

在体育电子商务模式创新层面，大力推动"互联网＋体育"的深度融合，积极变革消费者的消费模式，是体育产业构建新型流通体系的重要环节，有助于提高产品的购买效率。电子商务是指通过网络平台进行的生产、营销及流通活动，作为一种现代的流通方式，它不受时空的限制，降低了商务活动的运作成本，促进了资金、产品、技术、服务、人才在全球范围内的高效流动，极大地促进了经济全球化进程。对体育产业而言，电子商务对体育现代流通的影响主要表现在以下四个方面。一是基于"互联网＋"的电子商务赋能体育产业，将有效释放市场的供求信息，互联网数据的可获得性，使体育企业能够将产品信息、市场需求信息等资源进行无形资产层面的开源创新，因为信息作为一种公共资源，能够转化为实际的企业生产力。同时，通过企业间信息资源的社会化共享，社会化的产品信息能够与消费者直接产生互动关系，进而减少产品从生产到消费的中间环节。简言之，通过电子商务这种商业模式的创新，极大地促进了体育产品的充分流通，消费者依托互联网能够直接在电子商务平台购买自己喜欢的产品，而不受产品种类有限的束缚。二是体育产业电子商务平台在提高商品流效率的同时，也重新整合了物流资源，具体表现为电子商务能够根据消费者的区位变化，较为准确地判断最佳产品递送线路，将物流成本估算到最低商品。此外，电子商务的发展也催生了一批专业的第三方物流配送单位，如菜鸟裹裹、淘宝驿站等，使物流环节专业化、配送服务实现送货上门，物流效率和质量大大提升。体育产业实体部门在2020年新冠肺炎疫情暴发以后，也积极推动产品的线上营销和推广，利用便捷的电子商务业务向客户提高远程递送服务，进而减少了新冠肺炎疫情对体育产业带来的损失。三是体育电子商务平台具有较强的资源整合能力，凭借算法、大数据分析，供应商能够清晰地辨别供应链条上的库存积压的情况，进而提醒生产者做出生产调整。体育电子商务的发展使海量的碎片化需求信息反馈给供应商，加速推动了流通企业流通设施和运输工具的使用效率，无数的物流信息经过电商平台传输给运输单位，也提高了个体流通单位的资源使用率，改变了"人等货""人找货"的流通模式，实现了"人—平台—货"三方协同机制，"货找人"逐渐成为现实。四是体育产业大力发展电子商务部门推动了体育流通组织的创新。如现在越来越多的大型企业开始努力尝试将线上业务和线下业务进行整合，实现 O2O 运营管理模式，或是成立专门的体育中介机构，形成强大的流通服务的媒介组织和流通服务部门，为广大中小企业提高流通服务质量①。

在体育智能物流层面，加快体育产品包装、分配、分拣、仓储、运输、派送等环节的数字化、信息化、智能化、平台化、网络化是体育产业构建新型流通体系的关键举措。智能物流作为物流现代化的具体表现形式，是传统物流产业以人力资源导向型物流模式向知识密集型、技术密集型物流模式转变的阶段过程，对促进双循环具有重要作用。从物流业的本质内在上看，它是流通体系的关键性产业部门，在国民经济发展过程中具有基础性、战略性和服务性的产业形态，是建设现代经济体系，推动高质量发展的重要支撑，同时也是推动物流业转型升级，促进物流业提质、增效、降本的重要方向。2020 年 9 月 9 日，习近平总书记在中央财经委员会第八次会议中明确强调"构建双循环新发展格局，必

---

① 吴学雁，张延林. 电子商务对商贸流通业发展的影响分析[J]. 商业经济研究，2017(19)：72-74.

须把建设现代流通体系作为一项重要的战略任务来抓",由此可见流通产业在构建双循环新发展格局中的重要性。近年来,随着科技进步和时代发展,建设智慧物流成为物流业转型升级的必然要求。智慧物流是指通过利用集成智能化技术,使物流系统能够模仿人的智能,具有思维、感知、学习,推理判断和自行解决物流中某些问题的能力。通过自动化设备和信息化系统,企业可以独立完成包括订单、运输、仓储、配送等物流环节,实现经济、高效、可靠、环境友好的可持续健康发展目标。在 2014 年,国务院就已印发了《物流业发展中长期规划(2014—2020年)》(以下简称《规划》),提出要加快部署和发展现代物流业,提出到2020 年建立布局基本合理、技术先进、高效便捷、绿色环保、安全有序的现代物流服务体系。随着"十三五"期间的发展,我国的物流产业在网络经济、电商经济的推动下加速转型升级,而 2020 年双循环新发展格局中对流通产业的进一步要求,无疑为流通产业高质量发展打了一剂强心针。对于体育产业而言,在双循环新发展格局背景下推动产业的内外循环,就必须加速推动体育物流业数字化、信息化和智能化转型,倒逼企业建立智慧物流服务体系。智慧物流对体育产业流通现代化的影响主要表现在两个方面。一是流通体系的创新。智慧物流往往以"数字驱动"和"协同共享"为根本,以可视化、可调节为特征,以价值为中心,通过推动产业数字化变革和网络化转型,借以重塑产业分工和优化资源配置,实现发展方式转变和产业新生态的建立。当前,我国体育产业正处于新旧动能转换的关键时期,以智慧物流为抓手,实现多维度的颠覆式创新,进而形成产业发展的新动力、新业态和新模式。二是体育产业智慧物流模式的创新。一般而言,体育智慧物流的发展模式包括三种,分别是：体育企业与专业物流企业进行业务重组，以企业为主导建设系统化的物流部门；体育企业和经销商与电商平台进行合作，打造平台主导的智能配送服务系统；体育企业与政府部门沟通，发挥政府体育部门在体育智慧物流基础设施方面的重要作用，进而建立全国规范统一的体育产业智慧物流标准体系和市场准入体系。在推进路径层面，体育产业可从以下几个方面推动智慧物流服务体系建设，实现流通产业现代化。一是要促进先进信息技术、人工智能技术在体育物流部门的推广和应用；二是体育产业组织和企业要加强合作，共同制定体育产业领域智慧物流相关标准的建立和普及；三是政府部门应制定专门的体育智慧物流专项政策，营造良好的政策环境；四是大型体育企业要积极推动智慧物流产业园区的试点建设，为整个体育流通行业转型升级提供应用经验。

　　在体育产业新零售建设层面，提高体育产业服务便利，丰富产品营销模式，增强产品的服务质量是体育产业构建新型流通体系的根本目标，是体育流通产业的出发点和落脚点。新零售是指企业以互联网为依托，通过运用大数据、人工智能、云计算等先进技术手段，对产品的生产、流通与销售过程进行升级改造，进而重塑业态结构与生态圈，并对线上服务、线下体验以及现代物流进行深度融合的零售新模式[①]。2016年11月，国务院办公厅印发了《关于推动实体零售创新转型的意见》，明确提出要合理引导零售企业逐步提高信息化水平，将线下物流、服务、体验与线上商流、资金流、信息流融合，拓展智能化、网络化的全

---

① 王大国. 新零售[M]. 天津：天津人民出版社，2018.

渠道布局。对此，体育产业大力推动产品零售创新，有助于提高产品的供给与服务效率，提升产品供应链竞争力，进而丰富流通服务型模式。目前，新零售创新主要集中在体育用品制造领域，主要原因在于：体育用品行业长期以来面临国外品牌挤压、产品附加值低、电子商务冲击、产品积压严重等问题，导致体育企业除了要优化企业发展战略和提高业务质量、范围以外，还要积极推动零售创新，以实现产品高效优质供给。相关数据表明，以李宁、安踏为首的体育用品企业的库存积压较为严重，其数额达到 30 亿～50 亿元。因此，在此背景下，体育行业推动新零售，对企业产品的市场推广、流通和消费，具有一定的促进作用。在线上渠道建设上，目前国内主要的运动品牌都通过开设官方旗舰店和商城的方式入驻电商平台，重新布局产品营销部门，进而推动了线上销售的收入比例不断提升。相比线下销售，线上销售在价格、产品种类、销售、发货速度等方面都具备成本优势，省去了实体店的房租成本和仓储成本，并减少了劳动力的使用。在如今每年一度的"双十一""6·18"等购物狂欢当中，不少体育品牌都会利用购物平台，开展线上线下的有效互动。例如通过直播对自身的产品进行优惠推销，有效地将线上销售、门店发货和物流配送等统一了起来，凸显了新零售的价格优势、成本优势、空间优势和信息优势，使产品从购买到消费更加顺畅，更加便利，人们的消费方式得以产生根本性变革。

第二节　双循环新发展格局下体育产业
高质量发展的理论基础

一、马克思主义政治经济学视角

体育供给与体育需求是相互依存和相互矛盾的，它们通过体育商品价格这一中介有机地结合起来，从而形成了体育供给与体育需求既相互依存又相互矛盾的运动规律。从体育供给与体育需求相互依存的关系看，一方面，体育供给虽然受许多影响因素的制约，但归根结底最基本的影响来自体育需求。体育供给的数量和规模都要以体育需求为前提，离开体育需求所确定的体育供给必然是盲目的。此外，自然和社会等各种因素对体育供给的影响，往往也是对体育需求的影响，或者是通过抑制体育需求来限制体育供给。另一方面，体育供给又是体育需求实现的保证，它提供体育需求以具体的活动内容表现。如果没有体育供给的不断发展，体育需求将永远停留在一般水平上。从总体上看，体育供给源于体育需求，但在体育产业发展到一定程度后，体育供给又能激发体育需求，产生新的体育需求，促使人们的体育需求内容不断扩大，需求水平不断提高，从而改善人们的生活质量。从体育供给与体育需求的矛盾关系看，主要表现在数量、质量、时间、空间和结构等方面的矛盾冲突。一是体育供给与体育需求数量的矛盾。体育供给与体育需求在数量方面的矛盾，主要表现为供给能力与实际需求之间的矛盾。根据我国的社会经济条件，建立适合国内体育消费者体育需求的体育服务体系，通过有计划、有步骤的建设，形成体育供给能力，满足不断扩大的体育需求。体育供给在一定时间内是有限的，并具有相对稳定性。体育需求则随着人们收入水平的提高、闲暇时间的增加、消费水平与消费结构的变化而不断上升；同时，受社会政治经济状况和社会环境的制约，气候季节交替的影响，体育需求也会相应地变化，即体育需求量具有不稳定性和随机性的特点。因此，在一定时间内，必然出现体育供给总量与体育需求总量之间的不平衡，形成供不应求或供过于求的状况。二是体育供给与体育需求质量的矛盾。由于体育供给的发展是以体育需求为基础和前提的，所以体育供给的发展一般滞后于体育需求。在一定的生产力发展水平上，与体育资源相关的体育设施、服务形成以后，它们的水平也就相应确定了。而人们的体育需求内容、水平却在不断变化。体育供给要跟上体育需求的变化，需要一定的资金投入和建设时间；此外，受社会价值准则和道德规范的限制，对有的体育需求也不能提供相应的体育供给。再加上体育供给也有自己的生命周期，随着设施的磨损和老化，即使不断地局部更新，也难以阻止设施在整体上的落伍，这就使体育供给的质量下降，从而落后于体育需求的要求；反之，体育供给若不以体育需求为前提，超越体育需求的水平而发展，会使体育供给在近期内的效益降低，达不到预期的效益目标。这些都是体育供给与体育需求在质量方面矛盾的表现。三是体育供给与体育需求时间的矛盾。时间因素有时直接影响体育供给能力的发挥，有时则通过抑制体育需求而造成体育供给的冲突。例如炎热夏天的到来，可能引发人们游泳的需求；而隆冬季节，滑雪、冬泳则成为人们体育需求的项目。总之，构成体育商品的体育设施和体育服务，一旦相互配套形成一定的供给能力，就具有常年的同一性。因此，体育供给的常年同一性与服务的季节性就形成了体育供给与体育需求在时间方面的矛盾。四是体育供给与体育需求结构的矛盾。由于体育消费者的年龄不同，体育活动中的兴趣爱好各异，支付能力、消费水平等方面的千差万别，就形成了体育需求的复杂多样、灵活多变的特点。而一个国家甚至一个地区的体育供给，不管怎样发展和规划，总不能面面俱到、一应俱全。因此，体育供给的稳定性、固定性与体育需求的复杂性、多样性之间的反差就形成了体育供给与体育需求在结构上的矛盾冲突。

马克思主义政治经济学认为供给和需求是社会经济活动过程中的两个要素，两者不可分割，从而构成了整个社会主义良性循环的经济模式。因此，经济稳定向前发展的前提就是要推动供给侧和需求侧的高效动态循环。在供给侧，企业通过持续的产品与服务的生产来提高产品的供应数量，推动能源资源的商品化、市场化转变，而在需求侧，通过投资和消费形成居民实际需求[①]。就供给侧和需求侧的关系而言，推动供给侧发展，有利于为需求侧的发展创造产品价值实现的前提，而推动需求侧发展，实则是在实现供给侧的价值目标。因此，从这两者的互动关系上看，供给和需求的动态平衡和相互促进是经济循环的根本所在，通过经济活动过程中不同部门的产业链分工、资源共享和产业对接，经济活动得以循序渐进。马克思主义政治经济学同时认为，以供需关系为主

---

① 师应来，周丽敏. "双循环"的理论逻辑、发展进程与现实思考[J]. 统计与决策，2021，37(10)：151-154.

导的经济循环是产业和市场形成的基础。通过源源不断的社会再生产活动，产业循环中的生产、分配、流通、消费共同构成了产业发展的内循环动力链条，且四大部分在有机循环的过程中，产生了无限的经济社会价值。从马克思主义政治经济学对产业循环的基本理解可知，供需平衡和产业链循环贯通是内循环的直接动力以及现实基础。因此，对于体育产业而言，实现产业内部和产业之间的良性循环，有助于从根本出发夯实双循环新发展格局下体育产业高质量发展的基础，实现以供需为主导的内循环产业体系。此外，通过对供需关系的国际化延伸，当供需关系存在于国际商贸活动过程中时，供需方的角色不再单纯停留在国内供应商和国内消费者，而是国内供应商和国际消费者，在这种情况下，供需关系形成了以外循环为主导的经济循环模式。简言之，马克思主义政治经济学下的双循环应该合理调节国内供需层和国际供需层的力量结构，使之在循环促进的情况下，进一步向国内供需层倾斜。同理，双循环新发展格局下，体育产业的供需关系结构，不仅要注重供给与消费的动态平衡，也需要体育产业充分利用好国内国际两个市场，推动国内循环与国际循环相互促进，提升体育产业的市场业务范围，延长体育产业链。在"十四五"期间，我国体育产业将把握双循环新发展格局的战略机遇，在马克思主义政治经济学的供需辩证理论下继续实现体育产业高质量发展，助力体育产业内循环、外循环供需结构健康稳定。

二、循环经济学理论视角

根据新经济学原理，双循环的本质实际上是产品和货币的国内、国际循环，其共同构成了经济循环的核心要素部分。双循环新发展格局下的经济循环过程，可以从人、科技、制度、环境、资源、产品和货币等要素进行分析。其一，在劳动力层面，人力资源的充分流动是双循环新发展格局下经济活动的核心，推动高素质人才在各领域的循环、更新、淘汰是市场永葆活力的动力源泉。现阶段，在体育产业领域，扩大体育人口规模、提高体育高素质人才的质量和数量，增强体育管理人员、技术人员的实践应用，是体育产业在双循环新发展格局下推动供给侧结构性改革的重要举措，而助力体育劳动力的区域合理布局是双循环新发展格局下体育产业缓解区域发展不平衡矛盾的必然要求。此外，提高体育人力资源的创新能力，是体育产业在双循环新发展格局下实现业务创新、产品创新和模式创新，拉动体育消费的关键环节。其二，在科技层面，提高自主创新和核心技术突破，是内循环得以稳固的前提，是我国经济强劲增长的动力，有助于减少对外循环的技术依赖，提高我国经济的安全性。在体育产业领域，我国长期以来的产品创新能力不足、技术水平有限、品牌建设滞后等问题制约了体育内需的扩容升级，导致国产品牌发展落后于西方发达国家，以至于在国际产业链价值链上处于中低端水平。尤其是体育用品制造行业，自改革开放后，主要以代工生产和贴牌为主，造成了市场上的严重分化，即中高端市场过于依赖外部，而低端消费市场集中在国内产品，其直接结果就是国产高端产品消费动力不足，低端产品产能过剩，而外资高端产品形成垄断地位，国内消费外流严重。因此，以技术创新为根基推动国产品牌发展，是双循环新发展格局下体育产业获取竞争优势的主要路径，有助于国内产品的充分流通。其三，从制度层面上看，双循环新发展格局在畅通内循环、赋能外循环过程中，制度、政策、法律的完善、规则和保障是双循环战略下经济循环的激励及约束手段，是产业健康可持续发展的重要顶层支撑。在体育产业领域，推动体育产业园区建设、打造体育产业增长极和促进体育产业区域一体化发展都需要制度、政策资源的有效供给和补充。其四，在资源供给层面，经济活动除了生产资料（原材料）、能源等必要物质外，还需要工具、平台、数据等新型生产资料。随着数字经济的发展，产业网络化、信息化、智能化转型成为热点，导致数据、知识、信息等成为新型生产资料，并赋能产业高质量发展。如今，数据、知识、信息等资源的利用，加速了体育市场供需信息的精准获取，推动了体育产品的个性化、定制化推送。其五，在产品和货币层面，社会主义市场经济的产品循环，实际上是资本的循环、逐利的过程。对于体育产业而言，双循环新发展格局下体育市场的延伸和扩大都离不开货币（资产）的产品交换作用，都离不开资本的投融资作用。作为产业发展的血液，双循环新发展格局下的体育产业要重视资本的循环利用。

三、国际贸易学理论视角

作为双循环新发展格局的理论逻辑之一，国际贸易理论可用于对双循环联动发展模式下体育产业高质量发展的深层解释。2008 年，保罗·克鲁格曼在其国际贸易和地理经济学当中提出了著名的母国（本地）市场效应理论，认为本地市场规模的扩大和经济产出效益的增加会使企业不断向本国聚集，进而形成超大市场规模的比例选择区位，加之庞大的人口规模，超大市场随之成型。在本国形成超大市场规模后，本地企业会利用自身规模优势，将本国超大市场所产生的批量化产品出口到国外，以扩大外汇储备。当今的中国经济发展很大程度上利用了本地超大市场优势，实现了成熟产品的净出口。这种经济增长方式被称为外向型经济，即通过大批量出口获取规模经济效益。因此，在今后一段时间，我国会逐渐利用完善的工业体系和产业集聚优势，在经济明显的产业部门形成比较优势，从而形成出口经济规模明显的产品，而对于不明显的经济部门，将主要通过进口的形式构建对冲型的外贸进出口格局，这样有助于内外循环相互依赖，相互促进。对于体育产业而言，实现以内循环为主的经济发展格局不等于闭关自守，而是继续在体育用品制造领域扩大自身优势，丰富出口产品类型和数量，同时对于不擅长的市场领域要加强引进吸收，借以提升体育服务业的质量和增值效益。另外，国际贸易理论也认为，统一的国内市场是双循环联动的基础。一方面，以内循环为主需要完善且统一的国内市场，其目的在于保持规模经济增长优势，产品能够实现内部消化，而不至于过于依赖"两头在外"（原料及市场）的贸易格局。在此条件下，需要我国长期保持人口、资源、市场、资本方面的比较优势。目前，体育产业的总体发展状况是中速发展阶段，虽然有庞大的人口消费市场，但是人均实际体育消费增长缓慢，其产值规模占 GDP 比重仅为 1.1％左右，并不完全具备内循环消费的基础，因为产值规模能够较为直接显示体育产业的市场总量。对此，体育产业要在出口为主要增长模式的背景下实现内循环，扩大消费市场规模，就必须提高居民收入，建立一个具有较大规模的、细分市场完备的统一市场。另一方面，以国内市场带动国际市场，推动产能输出是我国体育产业实现双循环联动的有效途径，其中产业转移是具体表现形式。双循环新发展格局背景下，体育产业可搭载"一带一路"倡议的顺风车推动体育产业向海外扩展。由于"一带一路"沿线国家主要以亚非拉国家为主，其基础设施、工业制造、国际融资、市场开发等较为落后，而双循环发展战略的落实将有效实现中国体育产业与相关国家的资源互补，助力国内产业优化升级。

总之，畅通国内大循环、联通国内国际双循环就是要充分利用好国内国际两个市场、两种资源，形成互联互通、平衡协调的双循环市场格局。对此，学界应深刻把握双循环新发展格局下体育产业内循环、外循环和双循环联动发展等理论的提出背景和学理依据，进而对推动体育产业高质量发展起到一定的理论指导意义。

第四章 ｜ 双循环新发展格局下体育产业
高质量发展的宏观形态

当下，我国已经进入中国特色社会主义新时期，中国将面临更加复杂、更加严峻的内外部环境，国内经济社会的发展也有更高层次的新目标。为了与时俱进提升我国经济发展水平、扩大我国国际合作与竞争新优势，党的十九届五中全会提出要加快构建以国内大循环为主体、国内国际双循环相互促进的新发展格局的战略抉择，这是中央根据国内国际形势变化，从全面建成社会主义现代化强国的目标出发提出的重大发展战略，对今后经济高质量发展、高水平市场体系建设和高水平对外开放，都具有根本的指导意义。体育产业作为新时代中国经济转型发展的主体之一，具有资源消耗低、需求弹性大、覆盖领域广、产品附加值高、产业链条长、带动作用强等特点，能够创新性地与其他产业进行多方位融合。体教融合、体医融合、体旅融合等方面的发展会促进休闲、健康、娱乐消费的迸发，促使融合产业间的双向发展，对于推动体育产业供需两侧同步实现规模性扩张，以及挖掘和释放消费潜力、培育新的经济增长点、增强经济增长新动能具有重要的促进作用。在新发展格局的带动下，体育产业也需要尽快步入高质量发展阶段，逐步增强同其他产业融合发展的质量要求，进一步提升体育产业与其他产业相互融合发展所带来的经济与社会效益。基于此，本章对我国体育产业高质量发展所面临的国际环境、时代背景、现实挑战及未来机遇进行分析，总结我国体育产业高质量发展的宏观形态，从而推动我国体育产业在双循环新发展格局下的高质量发展。

第一节　百年未有之大变局：体育产业高质量发展的国际环境

一、世界多极格局形成，国际体系与国际秩序再调整

在过去的四五个世纪中，西方国家在综合国力方面占有较大的优势，具体表现在科学、技术、海洋等领域。主要原因在于，人类历史上前三次工业革命都由西方国家所主导，在此过程中西方国家完成实力积累，实现群体性崛起。15 世纪伊始，新航路的开辟为欧洲新生资本主义提供了对外扩张的新途径，紧接着爆发于 18 世纪和 19 世纪的两次工业革命奠定了资本主义世界体系。18 世纪起源于英国的第一次工业革

命以瓦特对蒸汽机进行改良为标志，工作机从此诞生，人类进入机器生产取代手工劳动制造的"蒸汽时代"。而在 19 世纪中期，电器得以广泛应用，内燃机投入生产工作，几乎同时发生在美、德、英、法等多个先进的资本主义国家的第二次工业革命带领人类进入了"电气时代"。20世纪中期，第三次工业革命展开，开创了以计算机与通信革命为主的"信息时代"。第二次世界大战后形成的雅尔塔体系取代了此前以欧洲为中心的世界格局，而在"冷战"结束后，随着东欧剧变、苏联解体，世界格局又转变为"一超多强"。事实上，世界格局并没有被两次世界大战打破，西方各国中始终进行着权力的转移继承。在政治经济的传统领域中，西方国家仍然占有主要优势，在国际分工中仍由欧美为代表的主要国家处于较高阶段，而在全球重要事务的治理体系中也是由西方资本主义国家掌握着主要话语权，这种国际秩序正是资本主义体系在全球范围内不断扩张的重要体现。进入 21 世纪以来，随着经济全球化的不断深入发展，新兴国家与发展中国家充分利用自身相对优势的部分，终于迎来了真正的发展契机，实现了以中国为代表的新兴市场国家的群体性飞跃。今天，第四次工业革命已经展开，第四次工业革命是以人工智能、新材料技术．分子工程、石墨烯、虚拟现实、量子信息技术、可控核聚变、清洁能源以及生物技术等为技术突破口的工业革命。这些新兴技术革命和产业变革为社会发展积蓄了力量，从中产生的大量新兴产业、新型业态、新的模式让世界发展和人类生产生活产生了翻天覆地的变化，这也就是所谓的"智能时代"。智能时代不同于之前的信息时代或是互联网时代，大数据和区块链作为智能时代的标志性产物具有共同的特征，即分布式。分布式表示着科学技术从权威到分散式分布的转变，逐渐使科学技术去除垄断。因此在国际政治方面，如今代表权威的是"共识"，而非此前的"强权"，智能时代的到来意味着中国及广大新兴国家、发展中国家都被赋予了"共识权力"。此时，主要的政治力量成为关注的焦点，世界目光都聚焦于区域性或全球性大国上，国际力量对比发生深刻变化，全球治理体系与国际秩序转型日益迫切。而如今，发展中国家的集体崛起再次撼动了世界原本格局。从经济方面来说，世界经济增长中五分之四的贡献率来自新兴国家和发展中国家，以汇率算法转化可知，这些新兴国家和发展中国家的经济总量几乎占世界经济总量的五分之二。如果目前的发展速度得以继续保持，到 2030 年新兴国家和发展中国家的经济总量可以达到世界经济总量的二分之一。新兴国家和发展中国家充满爆发力的增长势头使世界发展版图更加全面、更加平衡，不断巩固着世界和平发展的现实基础。但由于西方国际力量并未发生大的变动，相反于激烈变动的国际力量结构，世界治理体系和与之对应的国际秩序显示出了延迟变化，全球治理的"参与赤字"和"责任赤字"日益扩大，严重阻碍了全球治理的有效性。因此，加快构建与国际权力格局相适应的全球治理体系迫在眉睫。现阶段，国际体系与国际秩序一再调整的过程中，我国体育产业发展面临的国际外部环境具有以下特点：

第一，贫富分化加剧与民粹主义抬头。两次世界大战期间，资本主义国家通过战争及殖民的方式迅速积累资本，导致后期主权国家内部和不同国家间的贫富差距愈加明显，自此民粹主义盛行起来。民粹主义极端强调平民群众的价值和理想，把平民化和大众化作为所有政治运动和政治制度合法性的最终来源；依靠平民大众对社会进行激进改革，并把普通群众当作政治改革的唯一决定性力量；通过强调诸如平民的统一、全民公决、人民的创制权等民粹主义价值，对平民大众从整体上实施有效的控制和操纵。现阶段经济全球化带来经贸失衡、经济不平衡、分配不公平等问题，主权国家内部的不同群体间、地域间的贫富差距正在扩大。民粹主义具有相当程度的排他性，极端情况下甚至具有灭他性。贫富分化加剧将经济全球化进程中利益受损的群体聚集在一起，形成反全球化的力量，干扰社会经济的正常发展，进而导致民粹主义的盛行。西方发达国家中出现的民粹主义严重化倾向主要发生在 20 世纪早期经济大萧条与 2008 年全球金融危机时期。民粹主义不仅导致各国执政势力需要花费精力面向国内解决社会治安问题，而且侵蚀了国家之间政治互信的基础。尤其是在特朗普当选美国总统后奉行"美国第一"政策，同阶段英国脱欧，民粹主义之风愈加盛行。特朗普在作为美国总统的执政阶段，推崇贸易保护主义并频繁退出国际组织，不仅是对全球责任的严重推卸，更是对其他国家的不良示范，加剧了国家之间、热点地区之间的冲突，扰乱了世界政治秩序，多边体系受到挑战。而英国脱欧，则给全球多边合作治理工作带来了巨大考验，欧盟的全球影响力被削弱，新的阻力和不确定性影响着全球治理工作的进行。

第二，世界面临的挑战与风险更为复杂、应对的难度倍增。当前国际社会中，传统政治难题尚未得到根治，各种非传统安全风险又在经济全球化负面效应中频频发作。而且，此类非传统安全风险相较于以军事冲突为代表的传统政治难题而言，涉及更多元的领域，将会波及更广泛的范围，具有更高的潜在威胁性，不通过各个国家之间的协作很难协调解决。新冠肺炎疫情的全球大流行致使全球风险叠加，导致全球多元议题相互交织。此次公共卫生危机爆发伊始，各国和相关国际组织都缺乏有效应急策略，与医疗相关的物资紧缺，全球产业链收缩趋势明显。新冠肺炎疫情使得内外需求锐减，全球经济陷入困境。国际货币基金组织(IMF)于2020年6月发布的《世界经济展望报告》显示，全球经济负增长4.9%。经济合作与发展组织的报告指出，2020年全球经济活动下降6%，经合组织成员国的失业率升至9.2%。经济萧条加之失业率骤升，一些国家国内治理不力，企图将国内矛盾向外转移，地缘政治竞争随之加剧。新冠肺炎疫情让经济全球化面临的风险更为复杂，多种风险和问题的叠加不仅使得解决问题变得愈发困难，还使得一些国家之间的矛盾被加深、阻碍了国际的友好交流与合作。

第三，综合国力竞争焦点发生变化。在此百年未有之大变局之际，科技作为第四次工业革命的主要推动力是智能时代中的关键一环，国家决策与外部国际形势深受互联网等现代科学技术的发展的影响。互联网让社交媒体变得炙手可热，信息交互成本降低，民众可以从社交媒体中更加迅速、便捷地获得世界各地的新信息，随时参与社会热点的讨论。但所谓信息的快速流通是一把双刃剑，在低成本与迅速便捷背后，意味着民众可能先于政府决策的公布而在社交媒体上形成民意并以极快的速度传递至决策机构，这就要求政府及政治家们以极快的速度对民意给予重视并进行回应。国内外新的互动互通模式得益于现代科学技术的支持，一改传统民众间、国家间的沟通方式，还要求国家从政者甚至决策者在考虑更多因素的情况下进行决策。信息的广泛传播弱化了原本国家政府对政事决策的专有控制，限制了决策者的决策自由，降低了国家对内部的控制力；网络技术的发展促使信息传递速度加快、成本降低，非国家行为体掌握了越来越多的信息资源并更大程度参与到国际事务中。

　　2018 年 7 月 25 日，国家主席习近平应邀出席在南非约翰内斯堡举行的金砖国家工商论坛，并发表题为《顺应时代潮流实现共同发展》的重要讲话。习近平指出，当今世界正经历百年未有之大变局。对广大新兴市场国家和发展中国家而言，这个世界既充满机遇，也存在挑战。未来十年，将是世界经济新旧动能转换的关键十年，将是国际格局和力量对比加速演变的十年，将是全球治理体系深刻重塑的十年。未来十年，国际社会究竟作何发展至今是个未知数。近年来，社会主义中国能够越来越主动地参与世界格局与国际秩序的塑造。百年出现的世界性话题并非一两个国家能够解决的，当今世界，和平赤字、发展赤字、治理赤字是摆在全人类面前的严峻挑战。2008 年全球金融危机至今，经济上贸易保护主义愈演愈烈，政治上单边主义、民粹主义与右翼势力抬头，文化上美欧之间与欧洲内部价值观出现分裂。与之相对，中国成为全球治理的稳定性力量，在经济上通过"一带一路"倡议加强全球互联互通，政治上主动承担大国责任，文化上积极推动人类命运共同体建设。

　　在世界多极格局形成过程中，国际体系和国际秩序发生了深度调整。单就世界经济而言，2008 年以来，世界经济陷入疲态，2019 年世界经济增速仅为 2.47%，新冠肺炎疫情又加剧了世界经济衰退，2020 年全球贸易缩水 13%～32%，国际经贸摩擦加大，外需严重萎缩，国际大循环的外部环境已然发生变化。以习近平同志为核心的党中央基于对世界发展趋势进行全面分析，做出了"世界处于百年未有之大变局"的重要论断，深刻理解"变局"的丰富内涵和牢牢把握"变局"给体育产业带来的重大机遇，对于分析我国体育产业高质量发展的国际环境具有重要意义①。

二、新格局新挑战，中国体育产业走向世界

在"百年未有之大变局"的国际环境下，全球产业链和供应链政治化倾向严重、贸易和债务争端加剧，各国之间的产业竞争逐渐激烈，世界体育产业在面临发展机遇的同时，又充满了前所未有的不确定性。国际奥委会、足球联合会等国际体育组织也遭遇了财政资金短缺、成员国参与意愿减弱、议题政治化、协作难度增加等问题。全球经济态势走低这一趋势必然导致全球体育产业在消费和投资两方面受到冲击，受此影响，世界主要职业体育联盟、联赛所面临的诸如全球专业技术人才价值降低、体育赛事版权收入下滑、赞助商续约困难、劳资纠纷等问题也将不断凸显。欧洲和北美地区举办国际体育赛事的增长速度放缓，预示体育行业已趋于饱和，一些体育大国将把工作重心转向国内，主要集中在国内大众体育开展、国内赛事和本土职业联赛、健康运动促进等领域②。我国体育产业与欧美一些发达国家相比，尤其在国际化程度上还相差较远，主要是依靠引进国外赛事IP、知名职业联赛等方式来扩大体

---

① 沈克印. "双循环"新发展格局下体育产业高质量发展的宏观形态与方略举措[J]. 体育学研究, 2021, 35(02): 11-19.

② 牟柳, 田广. 我国体育服务业与体育制造业互动关系的实证研究[J]. 上海体育学院学报, 2020, 44(12): 90-98.

育消费，而国内的体育企业很难在国际体育市场中拥有话语权。

新时期国际形势的演变很大概率会导致保守主义、矛盾冲突与重构。国际社会在经历了新冠肺炎疫情之后，大国竞争愈加剧烈，会导致政治的保守主义出现，而新冠肺炎疫情带来的生产、消费乏力则导致了全球经济的萧条，债务与贸易争端更加剧烈。全球产业链、供应链政治化切割频发，同时政治与经济的困顿会带来国际文化交流上的僵化甚至封闭。保守主义下的全球政治、经济、文化关系必然会导致国际治理的困境，国际公共事务合作空间将会被压缩。同时，越来越多、越来越复杂、越来越紧迫的全球性问题不断出现，急需人类共同面对。

全球性问题对公共治理的需求日益增长，迫使全球治理体系进行重组，运行机制也需要调整，并要求建立更多的国际性非政府组织参与、多边合作为主要特征的新型全球治理体系。不同于以往的全球形势，新时期会有更多来自国际政治、经济、文化动荡的压力促使国际体育组织进行职能转变。同时国际主要体育组织还将面临更多政治化议题、财政赤字、成员国参与意愿减弱以及与其他国际体育组织竞争更激烈、协作难度增加等问题，这类体育组织将不得不选择缩减资助、减少数量以保证质量的生存方式。世界主要体育强国已将国内运作作为新时期的发展中心，重点发展本国群众体育、促进健康运动和维持国内和地方职业联盟，并减少参与或举办国际赛事数量，压缩国际体育和文化交流项目。在经济萧条影响下，世界各地的主要职业体育联盟已经进入了发展阻滞期。联盟和联盟国际市场纷纷面临扩张受阻、游戏版权收入减少、赞助商续约困难、频繁发生劳资纠纷等问题。

第二次世界大战后，以美元为国际货币的布雷顿森林体系被确立。

随后，全球经济失衡愈发严重，美国贸易逆差愈演愈烈。各经济体之间和经济行为体之间的长期失衡日益加剧，全球失衡濒临其可能达到的最大存量，各国寻求再平衡的努力过程给全球经济增加了许多不确定性。近年来，中美贸易失衡问题得到一定程度的缓解，但这并不能缓解美国的贸易不平衡。尽管上一任美国总统特朗普到处挥舞单边贸易保护政策，曾试图通过加征关税等贸易保护手段以缩小贸易逆差，但数据显示"贸易战"伤害了美国经济和就业，造成美国贸易逆差扩大和外国直接投资减少。而新冠肺炎疫情又严重削弱了全球对美国产品的需求，导致美国出口雪上加霜。美国以政治化手段处理经济问题，外化自身内部矛盾并借此带来贸易保护主义、地缘政治紧张、逆经济全球化等问题。同时，全球经济失衡使全球财富分配不平等的情况加剧，处在全球价值链顶端位置的发达国家将获得多数利润收入，发展中国家在依靠原材料与劳动力输出仅能获得少量收益的情况下还要承受资源紧张、环境污染等社会问题。全球一半以上的财富被全球富裕程度排在前十分之一的人所占有，且收入差距还在不断扩大①。全球总需求被全球贫富分化的加剧所抑制，进一步导致中国经济的外需疲软。对外开放利润率的下降导致对外开放红利的减少，同时个别国家贸易保护的举措要求中国在逆境之中寻求新的开放思路。推进全面对外开放，对对外开放质量提出更高要求，中国必须牢牢把握对外开放的主动权，实现渐进稳步发展。只有畅通国内的大循环，在全球经济中提升中国经济的质量和吸引力，我们才

---

① 鲍明晓."新冠疫情"引发的国际政治变动对全球体育的影响与中国体育的应对之策[J]. 成都体育学院学报，2020，46(03)：1-5.

能掌握主动权，更好地融入国际市场，利用市场和资源，实现国内经济的长期可持续和高质量发展，以新的全球化重新平衡全球经济。

体育产业的发展程度能够体现综合国力的发展程度，在构建双循环新发展格局的时代背景下，推动我国体育产业高质量发展，要清醒地认识到国际环境正在发生深刻变化，把握新格局所带来的重大机遇，借机开拓世界体育市场，引进世界高端体育人才，并购世界优质体育资产，有利于发挥我国规模和内需优势，畅通国内经济大循环。同时，与一些国家体育组织合作，引入国际体育赛事，让有实力的中国体育企业走向世界，有利于传播中国体育文化、讲好中国体育故事，引领国际体育产业发展。

第二节　中国特色社会主义进入新时代：
体育产业高质量发展的时代背景

一、中国进入全面建成社会主义现代化强国新阶段

我国社会主义现代化建设取得历史性成就，中国特色社会主义进入新的发展阶段，我国的发展环境、发展条件、发展理念和发展方式都发生了重大转变。我国正从大国向强国迈进，意味着中国特色社会主义道路、理论、制度、文化不断发展，拓展了发展中国家走向现代化的途

径，为解决人类问题贡献了中国智慧和中国方案①。目前，我国是世界第二大经济体、第一大出口国，历经改革开放 40 多年的发展，积累了大量的外汇储备。2019 年，我国对世界经济的贡献率达 32.37％，但自 2010 年以来，来自国外的需求不断减少，贸易依存度经历了 10 年的连续下降，2019 年降至 31.84％，商品服务出口占 GDP 的比重降至 18.42％。2019 年，我国人均 GDP 达 1.03 万美元，与高收入国家的差距逐渐缩小，来自投资和消费两个方面的国内需求对经济增长起到重要作用，特别是更加依赖于国内消费市场的增长。推动高质量发展，是适应我国社会主要矛盾变化和全面建设社会主义现代化国家的必然要求，是保持经济持续健康发展的必然要求，也是遵循经济规律发展的必然要求。

我国已迈向全面建成社会主义现代化强国的新阶段，经济发展模式从外向型向以内循环为主进行转变，对体育产业提出了新的时代要求。推动体育产业高质量发展是新时代赋予体育产业的新使命，是建设体育强国、促进经济高质量发展、满足人民美好生活需要的重大举措。在国务院印发的《关于加快发展体育产业促进体育消费的若干意见》等政策推动下，力争到 2035 年将体育产业发展成为国民经济支柱性产业。进入高质量发展阶段，体育产业面临着新的机遇和挑战。一方面，体育产业发展迎来了强劲的国家政策支持、数字经济赋能、人口红利和城市化进程加快、体育消费需求增加、体育新业态的出现、群众体育参与意识增

---

① 董志勇，李成明. 国内国际双循环新发展格局：历史溯源、逻辑阐释与政策导向[J]. 中共中央党校（国家行政学院）学报，2020，24(05)：47-55.

强等发展机遇；另一方面，体育产业发展面临着新运动项目争夺传统体育项目的消费者、新型多元素娱乐项目争夺体育消费者、跨界转播平台造成的专业性和专注度下降、消费总时间约束和娱乐消费总量停滞等新挑战[①]。

一、中国体育产业发展呈现新特点

在新时代，由于我国庞大人口基数背后的人口红利和全民健身相关政策影响下源源不断释放的全民健身潜力，体育产业将成为我国经济产业中的重要支撑部分，作为新时代幸福产业、绿色产业、健康产业和朝阳产业的代表，同时体育产业数字化也将成为体育产业的一大亮点。新时代，我国体育产业发展呈现出新特点。一方面，体育产业战略上升到了国家战略层面。2014年10月20日，国务院出台的《关于加快发展体育产业促进体育消费的若干意见》指出，到"2025年体育产业总规模超过5万亿元，成为推动经济社会持续发展的重要力量"，国家对体育产业的重视程度前所未有。另一方面，数字技术与体育产业的融合产业模式带来创新驱动力。伴随着数字技术的不断进步，以云计算、物联网和大数据为代表的新一代数字技术与体育用品制造业、体育竞赛表演业的悄然融合发展，成为当前中国国内体育产业的一大特色。数字体育产

---

① 栗战书. 全面把握中国特色社会主义进入新时代[N]. 人民日报，2017-11-09(002).

业、可穿戴运动设备、高端智能运动装备等产业在数字技术的繁荣带动下蓬勃发展，作为新动力不断驱动体育产业发展。

与此同时，"健康产业"也爆发出强大生机。体育健身产业又被称为幸福产业、健康产业、绿色产业、融合产业，从名称上就可以看得出体育健身产业的魅力所在，它折射出无限丰富的内涵。"健康产业"的到来源于中国社会和经济发展的成就所催生的社会需求与人民对美好生活的向往。目前，中国社会老龄化现象日趋严重，但同时中国已全面建成小康社会。党的十九大报告指出，"人民健康是民族昌盛和国家富强的重要标志。要完善国民健康政策，为人民群众提供全方位全周期健康服务""发展健康产业，积极应对人口老龄化，构建养老、孝老、敬老政策体系和社会环境，推进医养结合，加快老龄事业和产业发展"①。2021年8月3日，国务院发布《全民健身计划(2021—2025年)》，提出八项主要任务，包括加大全民健身场地设施供给、广泛开展全民健身赛事活动、提升科学健身指导服务水平、激发体育社会组织活力、促进重点人群健身活动开展、推动体育产业高质量发展、推进全民健身融合发展、营造全民健身社会氛围。同时明确，到2025年，县(市、区)、乡镇(街道)、建制村(社区)三级公共健身设施和社区15分钟健身圈实现全覆盖，每千人拥有社会体育指导员2.16名，带动全国体育产业总规模达到5万亿。这些都是"健康产业"强势袭来的重要信号。倡导全面健身与建设体育强国有多重意义，既关乎民众身体素质与健康生活，对经济发展也多有裨益。体育与健康的关系不必赘言，从经济角度看，体育产业

---

① 江小涓. 体育产业发展：新的机遇与挑战[J]. 体育科学，2019，39(07)：3-11.

乃朝阳产业和绿色产业，具有资源消耗低、需求弹性大、覆盖领域广、产品附加值高、产业链条长、带动作用强的特点。同时，体育产业还能融合一、二、三产业，在新旧动能转换中会不断涌现新产品、新模式、新业态。从现实看，我国体育事业近年持续进步，运动员也不断在种种国际赛事上争金夺银。但同时也看到全民体育状况还不尽如人意，体育产业规模占 GDP（国内生产总值）比重偏低，2019 年全国体育产业增加值为 11248 亿元，占 GDP 比重为 1.14%，既低于全球体育产业占 GDP 比重的 1.8% 左右，更不及欧美日韩等发达经济体的 2%～4%。综上，启动全民健身计划、建设体育强国，转变体育发展体制与观念在目前我国国情之下显得尤为重要，不应偏重竞技体育而忽视全民体育，需要两者并重或者更重视全民体育。未来，我国将加大对全民体育的资源配置与投入，以全民体育反哺竞技体育，壮大体育产业，促进经济发展。

体育产业的融合化是指体育产业与其他产业相互渗透、相互交叉、融合发展。体育产业与其他产业能够实现融合发展的基础在于两点：在供给端，体育产业与其他产业资源的通用；在需求端，体育产业与其他产业目标消费群的重合。在供给端，资源的通用性方面：首先，体育产业与旅游产业在自然资源上具有通用性。骑行、徒步、山地越野、攀岩等户外运动的场所大多位于雪山、峡谷、沙漠等风景优美或独特的自然风景区，而近年来迅速崛起的体育旅游产业实际上是以两个产业的资源通用性为基础。其次，体育产业与旅游产业在特殊事件资源上具有通用性。事件旅游是指以各种事件为核心旅游吸引物的一种特殊旅游形式，大型体育赛事作为特殊事件，一方面能吸引大量体育爱好者，同时也能吸引大量游客参与到赛事旅游中。四年一次的奥运会和世界杯既是高水平竞技运动的盛会，也是旅游业的盛会，大型赛事对旅游的影响在赛后可以持续很长一段时间。最后，体育产业与文化产业、旅游资源在场馆资源上具有通用性。一方面，体育场馆既能举办体育竞赛，也是进行大型文艺表演的最佳场所，美国洛杉矶市的斯台普斯中心既是 NBA 湖人队和快船队的主场，也是北美职业冰球联赛国王队的主场，同时还是美国最负盛名的格莱美音乐奖仪式的主办地，年均拥有近 400 万人次的游客；另一方面，很多大型体育场馆本身就是旅游景点，如北京国家体育场"鸟巢"和国家游泳馆"水立方"。其他诸如大型滑雪场、赛车场、网球场等也是运动爱好者的旅游目的地，举办 F1 中国大奖赛的上海赛车场平时也是国内外车友热衷的休闲娱乐目的地。在需求端，目标消费群一致性方面：首先，消费者对健康的追求促进了健康产业与体育产业的融合，健康产业满足的是消费者的健康需求，其涵盖的范围比较广，既包括事前预防性质的健康咨询、保健和营养产品等健康服务与产品，也包括医药产品和医疗器械等事后治疗性质的健康产品与服务。体育产业中的健身休闲产业实际上是事前预防性质的健康服务，具有成本低的优势，与健康产业相得益彰，能够最大程度发挥促进消费者健康的功效，未来健身休闲产业将会更深入与健康产业融合发展，如运动康复产业与养老产业的结合等。其次，消费者消费结构的升级促进了体育产业与其他产业的融合。以旅游业为例，现有观光旅游的单一需求已经被观光、休闲、度假等多元需求格局所代替，旅游者更加注重旅游活动的参与性和体验性，体育旅游恰好能满足这些需求，骑行、攀岩、徒步穿越等户外运动，高尔夫、马术与滑雪等休闲运动逐渐成为旅游产品的重要组成部分。

三、体育产业与相关领域协同发展新格局

中国特色社会主义步入新时期，从国内环境整体上而言我国体育产业发展面临呈现完善政策保障、强有力经济支撑、全方位社会协同、促进文化繁荣、符合生态环境建设要求的新格局。

在政治建设层面，在新时代中国特色社会主义政治建设中，我们将更加自觉和坚定地坚持社会主义方向，坚持中国共产党的领导，走中国特色社会主义政治发展道路。进一步健全和完善中国特色社会主义政治制度，充分坚持人民主体地位，完善中国特色社会主义伟大事业主要创造者、开发者和管理者的制度权力和责任，全力推进国家治理体系和治理能力现代化，积极推进政党治理，全面健全政府治理，优化社会治理，不断把制度优势转化为治理有效性。适应时代发展，适应时代要求，让政治建设为体育产业的高质量发展提供更强的政治保障，实现体育产业的领导力和体育体制的优化。

在经济建设层面，新时期中国经济总体发展正处于加速转型期、结构转型期、全球收缩期和外部不利因素频发期，实现高质量发展的难度和阻力不断增人，经济总体发展在保持稳定的同时将带来新的变化和突破。总体趋势是经济总量稳步增长，但增长速度稳步放缓，新旧动能不断替代，增长动能不断增强；产业结构进一步优化，服务业比重显著提高，产业竞争力稳步提升，战略性新兴产业跨越式发展，人均收入进入高收入门槛，消费多元升级，区域高质量发展稳步推进，区域差异化趋势持续；人口老龄化问题进一步凸显，劳动力供给

压力加大，绿色发展取得突破，但环境压力仍然较大，开放程度进一步加强，开放质量明显提高。经济建设是体育产业发展的财政基础和生命力源泉。未来 5 年，经济发展可以为体育产业的发展提供稳定的金融支持，但增量不大。体育部门要更加自觉、积极地发展体育产业，不仅要稳定经济、保障就业，而且要提高体育的自我保护和自我发展能力。

社会层面的建设，新时期中国社会建设将面临更加复杂多变的内部和外部环境，许多挑战和困难都会出现，但总的来说将维持其战略重点，动员社会力量稳定民生安全并进行社会治理。重点是实施更加积极的就业政策，首要任务是保持就业稳定；不断进行收入分配结构的优化，促进收入分配更加合理有序；全面建设覆盖全民的多层次社会保障体系，巩固脱贫攻坚成果。深入实施健康中国战略，倡导健康文明生活方式，防控重大疾病，实施食品安全战略。积极应对人口老龄化，加快培育养老事业产业，构建共建共治共享的社会治理格局，努力提高社会治理的社会化、法治化、智能化、专业化水平。体育是社会事业的重要组成部分，是社会建设的积极动力。社会建设的成果可以支持体育产业的发展，为体育产业的发展提供更好的环境和内生机制；体育产业的发展还可以促进社会建设，特别是在扩大社会就业、活跃社会组织、完善社区功能、促进中国健康深入发展等方面发挥着独特的作用。中国特色社会主义新时期的社会建设任务繁重，体育产业与社会主义新时期的社会建设保持更加积极、协调的发展显得尤为重要。

在社会建设层面，新时期我国社会建设将面临更加复杂多变的内外环境，挑战众多，困难不少，但整体上仍会保持战略定力，在民生保障和社会治理两端发力。社会建设肩负着化解新时代社会主要矛盾的使命和功能。党的十九大明确提出中国特色社会主义进入新时代，社会主要矛盾已转化为人民日益增长的美好生活需要和不平衡不充分的发展之间的矛盾，虽然不平衡、不充分发展体现在各个方面和领域，但最根本的还是"民生短板"。党的十九大报告中两次提到"民生短板"问题，而民生事业是社会建设的首要工作。解决好民生中的不平衡、不充分发展问题，补齐民生短板，促进社会公平正义，使全体人民都能分享到改革开放和发展的成果，提升人民的生活质量，增强人民的获得感、幸福感。新时代社会建设的系统性得到明显加强。一方面，社会建设内部的系统性，包括基础设施建设、公共服务、社会组织发展、社会治理专业化和精细化、协商民主机制以及优秀传统文化资源挖掘等，彼此相互关联和支持，形成有系统的建设过程。另一方面，社会建设与其他四大建设之间形成系统关系，也就是"五位一体"的总布局，这一表述充分说明了它们之间具有系统的、密不可分的联系。体育是社会事业的重要组成部分，是社会建设积极的推动力量。社会建设的成果能托底体育产业发展，为体育产业发展提供更好的环境和内生机制；体育产业发展也能助推社会建设，特别是在扩大社会就业、活化社会组织、完善社区功能、推动健康中国纵深发展方面具有独特作用。中国特色社会主义新时期社会建设任务繁重，体育产业与之保持更加积极主动的协同发展尤为重要。

在文化建设层面，新时期的文化建设将面临更加复杂多变的内外部环境。世界大国的政治集权化、全球经济衰退和社会保守主义化将导致价值观和文化冲突在全球范围内更加激烈，并通过多种渠道对国内传播，直接或间接地影响中国的改革和发展，对文化建设提出了新的更高要求。未来五年，文化建设的核心任务是保持战略重点，增强文化自信，全面提升文化建设的强大价值领导力、文化凝聚力和精神动力①。文化建设是民族发展和民族振兴的精神，中国特色社会主义新时期的文化建设进入了一个新阶段，与体育产业相互作用、相互影响。一方面，新时期的文化建设将为体育产业的发展提供强大的文化和精神支撑，另一方面，文化建设也需要体育产业提供更加生动、强大的民族凝聚力和精神向心力。

在生态环境建设层面，新时代的生态环境保护新阶段应是中国新动能发展壮大的时期，是质量型国家和质量型社会建设的时期，也是更高的环境保护要求与经济社会艰难协调发展的攻坚期。攻坚期也是重大机遇期，目前我国处于转型期，也是到了有条件有能力解决生态环境突出问题的窗口期。我国未来将加快建立健全以生态价值观念为准则的生态文化体系，以产业生态化和生态产业化为主体的生态经济体系，以改善生态环境质量为核心的目标责任体系，以治理体系和治理能力现代化为保障的生态文明制度体系，以生态系统良性循环和环境风险有效防控为重点的生态安全体系。在绿色发展和绿色生活方面，将全面推动绿色发展，重点调整经济结构和能源结构，优化国土空间开发布局，调整区域流域产业布局，培育壮大节能环保产业、清洁生产产业、清洁能源产

---

① 池建. 历史交汇期的体育强国梦——基于党的十九大精神发展中国特色社会主义体育强国之路[J]. 北京体育大学学报，2018，41(01)：1-8.

业，推进资源全面节约和循环利用，实现生产系统和生活系统循环链接，倡导简约适度、绿色低碳的生活方式。在环境污染防治方面，将把解决突出生态环境问题作为民生优先领域。在生态环境风险防范方面，把生态环境风险纳入常态化管理，系统构建全过程、多层级生态环境风险防范体系。新时期我国生态文明建设的全面提速，对体育产业的绿色发展提出了新要求，包括体育设施节能减排、体育用地集约使用、体育污染源综合治理等，体育产业发展的生态责任将成为新要求、新标准[①]。

四、体育产业改革开放迎来新形势

习近平总书记在 G20 大阪峰会上的重要讲话中，提出了一系列重大改革措施，其中第一项是进一步开放市场，开放我国农业、矿业、制造业和服务业。与发达国家相比，我国服务业发展起步较晚且发展动力不足。20 世纪 90 年代，服务业的增加价值在美国超过 90％，在德国接近五分之四，到了 20 世纪初，日本服务业占比已经超过五分之三，但我国一直到 2018 年服务业占比仅有二分之一[②]。从 20 世纪末开始，全球服务贸易的增长速度就已远超货物贸易，服务贸易在货物贸易总额中所

---

① 王智慧. 民族传统体育文化自信何以成为可能？——基于文化自信生成理论基础与实践逻辑的分析[J]. 体育与科学，2019，40(01)：28-38.

② 季春美，刘东升，杜长亮. 体育强国建设背景下生态体育发展研究[J]. 广州体育学院学报，2020，40(04)：1-5.

占的比例由 1980 年的不足五分之一上升至 2013 年的四分之一，越来越多的跨国公司跻身于服务业投资行列，发展服务业成为世界经济的共同取向。在开放经济高质量发展的时代，作为重点发展对象的服务业在我国却略有滞后，所占比重相对较低。2017 年数据显示，体育用品及相关产品制造业总产值达 13509.2 亿元，在体育产业总产值中的比重超过五分之三。与体育用品制造业的产值相比，体育服务业的总产值远远低于体育用品及相关产品制造业的总产值。在开放经济高质量发展的时代，政策的积极引导为体育产业保驾护航，提供了上层建筑的全面支撑与财政经济方面的强有力保障，自由市场逐渐开始加入并参与服务业的发展与竞争，为体育产业指明了发展方向和重点，经济全球化趋势为体育产业的对外国际交流和合作带来了更广阔的空间。

开放型经济模式扩大了中国对外开放水平，加深了中国与周边地区国家的联系，加强了区域之间的交流融合。自改革开放战略实施以来，中国在全球范围内形成合作关系(如"一带一路"倡议)方面取得了巨大成就。不仅如此，自 2013 年上海自由贸易区建立以来，中国先后在天津、广东等地设立了多个自由贸易试验区，为经济发展的区域合作提供了良好的环境。建立中韩、中澳自由贸易区，提高我国经济开放水平。我国的开放型经济战略不仅强调国际层面的区域合作，而且高度重视国内层面的区域一体化发展。长江三角洲、珠江三角洲、京津冀城市群打破了区域边界壁垒，提高了经济发展的核心竞争力。2020 年 11 月 15 日，RCEP(《区域全面经济伙伴关系协定》)第四次领导人会议期间，东盟十国、中国、日本、韩国、澳大利亚和新西兰正式签署协定，标志着世界上人口最多、经贸规模最大、最具发展潜力的自由贸易区正式启航。

RCEP 签署后，中国先后与 26 个国家和地区签署 19 个自贸协定，与自贸伙伴的贸易额占比由此前的 27％扩大到 35％左右，与现有自贸伙伴的双向开放水平也得到提升。RCEP 签署有助于推动共建"一带一路"高质量发展，全面提高对外开放水平①，推动开放型世界经济建设和构建人类命运共同体。随着我国对外开放的不断深入，区域合作将为未来区域发展带来新的动力，为体育产业带来更多的发展机遇，无论是在国际层面还是在国内层面，区域合作都有助于优化体育产业的空间布局，实现产业空间的梯队配置，形成以强合作为主、以弱连结为辅的发展模式；可以促进体育产业的转型升级；还可以促进体育产业的协调发展，提高产业的核心竞争力。

2013 年，习近平主席提出的"一带一路"倡议作为我国实施开放型经济过程中的重大决策，是推行开放型经济的着力点。众多新兴国家及"一带一路"倡议中的受惠国纷纷表示对"一带一路"倡议的支持和认可。"一带一路"倡议促进了"一带一路"国家之间的政策沟通、基础设施互联互通、贸易畅通、金融交流和人文交流。中国的对外合作得益于此呈现出积极态势。2014—2018 年的四年间，我国外贸呈现企业低成本、高出口指数、高订单指数的大好形势，"走出去"战略成果显著。海上丝绸之路贸易指数呈现高出口、高进口以及综合上升的进出口贸易指数趋势，实现了"走出去"与"引进来"并重发展。除此之外，不仅吸引了 1290 亿美元的外商直接投资，而且让我国首次成为全球最大的外商投资接受

---

① 侯昀昀，张钊瑞，肖淑红. 新型冠状病毒肺炎疫情对我国体育赛事行业的影响及应对策略[J]. 北京体育大学学报，2020，43(03)：106-112＋148.

国，"一带一路"倡议为中国深入参与世界经济发展和治理提供了重要平台。借助这一平台，我国将积极推动体育服务业的发展，优化产业结构，激活产业贸易和进出口发展的活力，以体育为交流手段，加强区域间合作，从国内区域一体化到国际区域协同①。"一带一路"倡议是体育产业联通世界、联通区域、"走出去""引进来"的重要手段，极大地促进了沿线国家资源优势的互补性，重点关注周边国家命运共同体的建设，为经济开放提供顶层设计和周边保障，帮助我国体育企业了解国际市场需求，激活产业创新发展和科研开发的新动力。

改革开放40多年来，国家对发展体育产业的政策支持力度不断加大，体育产业发展迅猛，但发展模式主要依赖要素投入、外需拉动和规模扩张，体育产出结构与体育需求结构不匹配，主要表现为体育产业发展质量和效益不高、体育产业结构和城乡区域发展的不平衡问题，无法满足广大人民群众的美好生活需要。2019年，我国体育产业总规模（总产出）为29483亿元，增加值为11248亿元，增速远远高于同期全国整体GDP的增长速度，凸显出巨大的市场潜力和空间，但在国民GDP中仅占1.14%②，与2025年的"总规模达到5万亿元"和2035年"体育产业成为国民经济支柱性产业"的发展目标仍有很大差距。我国体育产业受制于城乡二元结构等因素影响，在城镇乡村间、东中西部区域间的发展极不对称，中西部地区和农村的体育资源投入较少，体育产业发展明显

---

① 荆文君，孙宝文. 数字经济促进经济高质量发展：一个理论分析框架[J]. 经济学家，2019(02)：66-73.

② 武东海. 我国区域体育协同发展研究[J]. 体育文化导刊，2020(05)：10-15.

落后①。解决新时代我国体育产业发展中出现的"不平衡"和"不充分"问题，需要贯彻新发展理念，基于构建双循环新发展格局的时代要求，坚持"以人民为中心"的发展思想，充分发挥体育消费的基础性作用，加快形成强大的国内体育市场，以体育产业供给侧结构性改革为主线，提高体育产业质量和产业效益，实现体育产业高质量发展。

第三节　新冠肺炎疫情肆虐：体育产业高质量发展的现实挑战

一、全球体育产业的冰封与萧条

新冠肺炎疫情使世界各国面临供给不畅和需求不足的双重压力，多数国家面临着比全球金融危机时期更为严峻的发展难题和增长冲击。在全球体育价值链分工的背景下，新冠肺炎疫情的不断肆虐对全球体育产业价值链和供应链造成了相当规模的影响，形成了全球性的体育产业供给冲击。新冠肺炎疫情对体育产业供给侧的冲击具体体现为三个方面：一是体育产业供给侧冲击的短期性，体育产业从全面停摆、全面停业到基本恢复、全面开放持续时间为 3 个月左右，新冠肺炎疫情造成冲击表现为持续时间的短期性；二是全球性，新冠肺炎疫情不仅仅是在全国范

---

　　① 沈克印，吕万刚.体育产业供给侧改革：投入要素、行动逻辑与实施路径——基于社会主要矛盾转化研究视角[J].中国体育科技，2020，56(04)：44-51＋81.

围内造成影响，更是对全球大多数国家造成较大冲击，从而使全球的体育产业链遭到严重断裂；三是高强度性，新冠肺炎疫情本身的高传播性和危害性使得对体育产业的短期影响是致命的，造成了对体育产业供给侧冲击的高强度性。

全球体育在新冠肺炎疫情暴发以来展现的冰封与萧条可以说是史无前例，来自全球各地的体育从业者和爱好者、体育组织、体育企业与体育机构遭受着前所未有的巨大损失。在经济全球化高速发展的时代，全球体育秩序一般由各大国际体育组织掌控并维持其正常发展，包括体育大国在内的主权国家一般采取放任自流的态度对待国内外体育事务，很少过多干预或是参与遏制。由于新冠肺炎疫情在全球范围内的暴发以及出于各国对抗这一流行病的需要，此前这种态度不复存在。《纽约时报》专栏作家、《世界是平的》(The World is Flat)一书作者托马斯·弗里德曼(Tomas Friedmann)表示：世界正在从新冠肺炎疫情前的"平且大"变成疫情后的"陡而小"。民族主义，甚至民粹主义和孤立主义的兴起，贸易保护主义的高涨，以及反全球化思潮的涌动，都在新冠肺炎疫情中逐渐出现，不同体制下的国家形态也都纷纷加强了对国家权力的控制。正如哈佛大学国际关系学教授斯蒂芬·沃尔特(Stephen Walter)所说的"开放、繁荣和自由的倒退世界"①。在应对新冠肺炎疫情暴发带来的直接和间接风险的过程中，世界各国不得不采取内向型和自私自利的保守主义政策，包括更封闭和保守的体育政策。因此，许多国家将关注国内体

---

① 沈克印，寇明宇，王戬勋，张文静. 体育服务业数字化的价值维度、场景样板与方略举措[J]. 体育学研究，2020，34(03)：53-63.

育事务，减少对国际体育的参与，缩小以道德和全球责任为基础的国际体育合作空间，从而打破国际体育组织控制全球体育事务的格局，使全球体育重新回到主权国家控制的新阶段。全球体育事务和体育问题有可能被列入大国之间的战略竞争范畴，甚至国际体育事务也有可能围绕中美之间的全球领导地位竞争而两极分化。不管怎样，目前国际体育组织控制全球体育事务的轻易状态将是不可持续的。

奥林匹克运动会是当今世界上最成功、最盛大的文化盛会。很少有人能够想象是否某一天奥运会将离开社会，走向历史的尽头。但是全球暴发的新冠肺炎疫情使人们见证了奥林匹克运动会的无助和脆弱。东京奥运会的推迟也许是一个信号，它可能是一个全球危机的前奏。事实上，现代奥林匹克运动会百年的历史并非一帆风顺。奥运会仅仅在 20 世纪就经历了 1929 年的世界经济危机、两次世界大战和"冷战"期间的意识形态斗争，它还遇到了与自身规模相当的金融陷阱等，一路跌跌撞撞，直到 1984 年，胡安·安东尼奥·萨马兰奇和尤伯罗斯在洛杉矶举办了一场奥运营销盛会，全世界对奥运会的热情被奥运会的财富效应所点燃。究其根本，经济全球化带来的全球经济繁荣以及大量可与富裕国家相匹敌的跨国企业的迅速增长才是 1984 年至今奥林匹克运动会取得商业成功背后的逻辑，在某种程度上也可以说，这是国际奥林匹克委员会代表的全球体育组织获得经济全球化红利的结果。目前，世界各国主流学者几乎一致认为，新冠肺炎疫情的全球蔓延将严重损害经济全球化进程，一些国家正在以维护国家经济主权、切断全球产业链的名义实行贸易保护主义，供应链的实践将难以遏制。如果新冠肺炎疫情进一步恶化，世界经济将大幅下滑，经济全球化将大幅回落，奥运会持续繁荣背后的根本动力将逐渐丧失，奥运会的繁荣将发生逆转。另一方面，在国际体育组织之间这种自私自利的斗争中，国际奥委会相对被动的地位，无法控制运动员和裁判员等核心资源，也会导致奥运会在逆境中的衰落。

奥运会等世界顶级品牌赛事在新冠肺炎疫情的冲击下或许可以依靠自身长期的实力积累，通过自我有限的改革来规避一定的风险，但如青年奥林匹克运动会、大学生运动会、世界各大洲的多项运动会，以及非流行运动项目的世界锦标赛和其他国际体育赛事，面对这种流行病及其次生灾害带来的生存危机就显得有些无能为力。虽然出于追求经济效益及挽回损失的目的，一些国家仍在积极申办和举办这些活动。然而在新冠肺炎疫情的泛滥下，所有国家都面临着包括经济和社会发展在内的多重困难，这些活动很有可能被推迟或取消。与此同时，在这次新冠肺炎疫情的影响之下，纵然是拥有全球品牌和世界各地联赛的专业体育赛事也很难幸免，新冠肺炎疫情导致游戏版权出售困难，球员交易受阻，俱乐部、赞助商和供应商的工资减少，续约成本大大增加，竞赛门票销售收入下降以及其他困难。更严重的是，如果出现新型冠状病毒与人类社会长期伴随，新冠肺炎疫情防控常态化的情况下，全球体育事件将长期停摆，体育在人类社会的生存方式和存在价值将发生根本性的变化。尽管出现这种极端情况的可能性很小，但新冠肺炎疫情暴发后，全球体育前景的可能性降低了。

体育产业是一种以离线体验和观看为主要服务内容的健康娱乐产业，产业集中度不高并且以中小微企业为主。新冠肺炎疫情对体育产业的打击是全球性的：主导产业——竞赛表演产业和健身休闲产业由于线下聚集消费者难以实现而只能推迟或取消；体育旅游和户外运动被"禁飞"；冰雪产业由于雪季结束而无法恢复营业；许多体育场馆被改造成"方舱医院"或集中隔离点而无法运营。更不利的是，即使在复工和生产调度方面，体育产业也需要大量人员聚集。温布尔登网球锦标赛的取消，东京奥运会和欧洲足球杯的推迟，欧洲五大联赛、美国四大职业体育联赛、美国高尔夫巡回赛、一级方程式赛车以及中国"中超"和CBA职业联赛等品牌赛事遭受巨大损失，直接和间接损失难以估计。同时，大量低风险能力的中小型体育健身俱乐部、体育公司纷纷倒闭，裁员、减薪或停业的情况随之出现。随着新冠肺炎疫情在全球的传播和疫情防控的规范化，全球体育产业的衰退已成定局。

二、我国体育产业全产业链遭受冲击

2020年年初，新冠肺炎疫情突如其来，2月23日，习近平总书记在统筹推进新冠肺炎疫情防控和经济社会发展工作部署会议上强调，此次新冠肺炎疫情是新中国成立以来在我国发生的传播速度最快、感染范围最广、防控难度最大的一次重大突发公共卫生事件，全国大部分地区启动了紧急一级响应措施，各行各业遭遇暂时性停摆危机[①]，这对我国体育产业的发展乃至整个社会经济都是一个严峻的挑战。但在本次抗击

---

① 张宇燕，倪峰，杨伯江，冯仲平. 新冠疫情与国际关系[J]. 世界经济与政治，2020(04)：4-26＋155.

新冠肺炎疫情的过程中，数字经济在体育产业高质量发展新动能方面发挥了强烈支撑作用，一定程度上降低了新冠肺炎疫情对体育经济造成的巨大负面影响。

新冠肺炎疫情造成我国体育产业生产大面积停产，带来了不可估量的损失。2020年，本该为"体坛大年"蓄势的中国体育产业受新冠肺炎疫情的影响，各领域都受到一定程度的波及。2020年，我国本该举行的重大国际赛事，跳水世界杯系列赛、田径世锦赛和东京奥运会部分项目资格预选赛等因新冠肺炎疫情被迫延期或异地举行。中超、CBA、排超等职业赛事官方宣布赛事暂停，开赛时间待定。羽毛球、乒乓球、电子竞技等众多国内赛事也都纷纷喊停，其中还包括全国各地50多场马拉松赛事，这对我国体育竞赛表演业的发展影响相当大。几乎所有的体育场所均挂牌歇业，包括室内运动场馆、健身房和体育培训机构等，由于行业的特点，人群聚集性抑制了体育场馆主营业务无法迅速恢复，对体育教育培训业和体育场馆服务业也都造成了不小的影响。对于体育休闲健身业而言，除了暂停一切体育休闲活动之外，局势最为严峻的莫过于冰雪产业，据《中国滑雪产业白皮书（2019年报告）》，2020年我国营业的滑雪场总数会从770家降低至720家左右，滑雪人次则会降低至1100万左右，同比下跌47.37%，按2019年滑雪人次年增长率估计，行业短期内收入损失约为81.5亿元①。

受到产业链复工复产延期或不充分、物流不畅、员工返岗难以及行

---

① 刘米娜. 变与不变：体育世界的当下与未来——《体育与科学》"新冠肺炎疫情下的体育"云学术工作坊综述[J]. 体育与科学，2020，41(03)：1-8+16.

业聚集度高等因素的影响，又面临着去库存和供需不平衡的行业压力，体育用品制造业的经济损失也是不可低估的。此前安踏、李宁、特步和361°四大品牌发布的运营情况公告中均提及新冠肺炎疫情带给行业和集团的财务损失是无法避免的，四大运动品牌 2017—2019 年中期净经营溢利，根据其 3 年内年增长率计算（按 20% 线上业务和 10% 其他业务增值），四大品牌在 2020 年中期亏损约 51.56 亿元、15.97 亿元、5.99 亿元和 4.92 亿元，在 2020 年中期我国体育用品业绩出现了严重的"缩水"现象。对于新冠肺炎疫情造成的体育产业暂时性危机，各省市体育局高度重视，采取了相应的抗疫情、稳发展的补救措施，如促进体育企业税收优惠、信贷支持和社保缴费等相关政策的落实，减免企业场馆房屋租金，给予赛事企业补贴，拓展公益配送服务，鼓励以数字技术为媒介的体育新业态、新消费，支持体育彩票销售和优化企业服务机制等。尽管新冠肺炎疫情带给体育产业不小的冲击，不可否定的是新冠肺炎疫情对中国体育产业发展的影响只是阶段性和暂时性的，新冠肺炎疫情结束后体育经济和体育产业各细分领域必将持续保持高质量发展。

我国体育产业市场以中小企业为主，目前，我国体育产业组织呈现出"规模小、数量大、增长快"的特点。2017 年，中国体育产业从业人员 440 多万人，包括体育企业、协会、合作组织或个体工商户在内的体育产业组织近 20 万个，从业人员 50 人以下的体育产业组织超过五分之三，反映出中国体育产业组织规模较小。根据泽普创智对 57 家体育用品公司的调查，在 50 人以下的公司中，有 75.35%（57 家公司，其中 44 家由创始人填补）现金流只能维持 3 个月，达到 43.48%，反映出中国体育市场整体上仍然相对疲软。调查还显示，47.37% 的主要企业在目前对新冠肺炎疫情的反应中持观望态度：安全第一，许多企业面对新冠肺炎疫情的影响缺乏有效的应对措施，增加了体育企业未来融资的难度。自 2014 年国务院第 46 号文件颁布以来，资本对体育产业表现出异乎寻常的热情，许多体育初创企业在资本的帮助下得以生存和发展，对体育初创企业的资本投资基于可预测性、营利性和快速盈利的逻辑。然而，在新冠肺炎疫情的冲击下，许多资本更加清楚地认识到，体育产业是一个需要时间的产业，是一个需要长期培育的产业，而不是一个赚快钱的产业，这将使体育领域的筹资更加困难，特别是在资本市场对于体育产业已逐渐趋于理性的背景下，当然这种影响也会在产业内部显示出分化的情况。在新冠肺炎疫情危机中，我国体育产业积极寻求新出路。危机与契机总是并存的，新冠肺炎疫情除了带来巨大的冲击之外，也给我国的体育产业带来了很多机遇，最显而易见的是新冠肺炎疫情催生了体育产业线上和线下结合的消费模式。由于隔离防控措施的限制，给我国庞大的用户群体提供了足够的消费时间和空间，腾讯和京东大数据显示，电子竞技行业用户设备成交额及点券充值金额同比增长 470％和 230％，腾讯旗下的《王者荣耀》用户日均使用时长超过 3 小时，同比增长 68％。在线健身、线上培训和电商体育等业态成为体育产业发展的新经济模式。新冠肺炎疫情期间，抖音和快手 App 上组织全民健身的活动和赛事的累计播放量超过了 26 亿次，在腾讯体育的转播平台中，场均观赛的人数同比增长了 151.4％，同时，消费者购买居家健身器材的人数持续高涨，京东平台大数据显示，羽毛球、乒乓球球拍、哑铃和跳绳等运动器材的成交额同比增长 70％，拉力器、划船机等健身器械的成交额同比增长 110％和 160％，京东自营瑜伽垫的成交额更是高达去年同期的 6 倍。新冠肺炎疫情的影响阻断了传统的线下销售，各体育用品企业开始尝试"线上＋线下"的消费模式，以固定的时间开始在网络直播间、微信公众号和小程序中进行销售，虽然网络经济很早就已经出现在消费者的视野中，但此次新冠肺炎疫情更是滋生出新的体育产业消费模式，随着复工复产的陆续进行，"线上＋线下"的体育销售模式或将成为体育经济发展的新引擎。

居民对体育与健康的关系有了进一步的认知，尤其在钟南山院士分享"健身秘诀"，提倡"坚持锻炼，增强身体抵抗力"，以及张文宏教授提出"人体免疫力是抗击病毒最好的药物"等号召下，"全民运动，增强体质"成为广泛的社会共识，居民开始居家运动，进行室内跑步、跳绳、踢毽子、操舞、瑜伽等身体活动，于是"线上体育培训课""客厅健身房""卧室瑜伽区"等拉开了全民健身的帷幕，居民们通过强身健体度过漫漫的"宅家时光"。为进一步贯彻落实新冠肺炎疫情防控工作的战略部署，国家体育总局以"一手抓疫情防控，一手抓全民健身"为要求，召开全民健身的网络视频会议，强调新冠肺炎疫情期间，积极开办居家健身项目和线上健身赛事的推广普及。国家体育总局也及时推广健身的科学方法，动员知名运动员、教练员制作健康科普知识短视频以促进居家全民健身活动的开展，提倡要进行科学有效的健身活动增强身体的抵抗力和免疫力。同时作为《体育强国建设纲要》中体育志愿服务工程的实施责任单位，国家体育总局人力资源开发中心倡议广大的全民健身志愿者以及体育爱好者，要积极推广居家全民健身，坚持奉献社会，做中华体育精神的传播者。相信新冠肺炎疫情结束后，以促进身心健康为目的的体育交流活动必将会成为体育产业发展的新动力。

在此背景下，党中央和国务院提出了"六稳"举措，针对困难中的企业出台了诸多扶持政策。地方政府也深入贯彻中央决策部署，利用制度优势，发挥积极性和创新性，针对体育产业发展所遇到的问题，出台了一些帮助体育企业复工复产的帮扶政策，为体育企业减轻"负担"。为应对新冠肺炎疫情的冲击，体育企业也积极开展"自救"，化新冠肺炎疫情之危为创新之机，通过产业升级和创新商业模式，利于互联网技术从线下走向线上开展经营活动，不断提高自身的生存与发展能力。新冠肺炎疫情在短期内对我国体育产业造成了冲击，但不会改变体育产业高质量发展的基本趋势，反而推进了体育产业数字化进程，催生了体育产业的新业态和新模式。

第四节　数字经济兴起：体育产业高质量发展的未来机遇

一、数字经济催生体育产业新模式与新业态

数字经济是一种新的经济社会发展形态，是一个阶段性的概念，其具有内涵和外延不断演化以及融合性经济的特征[①]。数字经济包括数字产业化（信息通信产业）、产业数字化（数字技术赋能传统产业）和数字化

[①] 叶海波. 新发展阶段数字经济驱动体育产业高质量发展研究[J]. 体育学研究：1-20[2021-07-31].

治理(利用数字技术提高治理能力)三部分内容①。数字经济早已渗透在经济社会的各个领域，逐步推动产业数字化发展，有利于产业跨界融合和提高产业效率。《体育强国建设纲要》提出，"加快推动互联网、大数据、人工智能与体育实体经济深度融合"，打造现代产业体系，培育经济发展新动能。一方面，在新科技革命和产业变革背景下，数字经济快速发展。2019年，我国数字经济增加值达到35.8万亿元，占GDP比重超过1/3，其中产业数字化加速增长，增加值约为28.8万亿元，占GDP比重为29.0%，服务业的数字经济渗透率为37.8%②，数字经济对经济增长的贡献率达到67.7%。另一方面，在多重利好政策推动下，我国体育产业快速发展，在国民经济中的地位和作用显著增强。2019年，体育产业总规模为29483.4亿元，体育产业增加值占GDP比重超过1%，预计到2035年我国体育产业总量占GDP的比重将达到4%左右。数字经济是信息技术革命的产业化和市场化，其核心在于新一代信息技术与实体经济融合，通过改变原有信息传递方式和供需匹配模式，重构产业生态规则③。体育产业不仅是实体经济的组成部分，也是现代化经济体系的组成部分。通过将现代信息技术运用于体育产业领域，挖掘体育产业发展新动能，拓展体育产业发展新空间，催生体育产业发展新业态和新模式。

---

① 任波. 数字经济时代中国体育产业数字化转型：动力、逻辑、问题与策略[J]. 天津体育学院学报，2021，36(04)：448-455.

② 刘淑春. 中国数字经济高质量发展的靶向路径与政策供给[J]. 经济学家，2019(06)：52-61.

③ 任波，黄海燕. 数字经济驱动体育产业高质量发展的理论逻辑、现实困境与实施路径[J]. 上海体育学院学报，2021，45(07)：22-34＋66.

　　全球新一轮产业变革的重要特征是新一代信息技术持续创新并与传统产业融合，从量的积累到质的转变，从生产变革到组织创新，赋能传统产业进行数字化、网络化和智能化发展，推动传统产业在创新主体、创新运行流程、创新运行模式等方面的深刻变革。在数字经济作用于体育市场主体的创新层面，中小微企业通过应用移动互联网、大数据等信息技术，推动体育企业向小型化、分散化和创客化等方向发展，创新组织运行方式；体育骨干企业通过应用数字技术，打造一批具有国际竞争力的龙头企业[①]。在体育市场运行流程的创新过程中，具有去中心化特征的体育互联网企业能直接实现供需有效对接，降低交易成本，提高资源配置效率。在体育市场运行模式上，体育产业包括多个相关业态，通过应用数字技术，体育培训业能实现线上线下一体化运行模式；体育场馆业能发挥智能体育场馆在服务全民健身中的作用；体育用品制造业能实现全流程生产与定制化服务。数字经济与体育产业深度融合，能够加速体育产业链整体的分工与重组，催生出体育产业新模式、新应用、新业态，体育产业分工向精细化趋势转化、体育产业生产协同向智能化趋势转化。随着5G网络的逐渐铺开，其低时延、大连接等特点，能够促进远程体育培训业、智慧体育场馆业等快速发展，体育产业分工愈发精细；人工智能、虚拟现实等信息技术应用到体育产业领域，推进体育产品与服务的协同化生产。通过打破传统意义上人与人之间对体育产品与服务供需诉求互动模式，逐渐转向人与物之间的多维度场景化互动，重

[①] 黄海燕，朱启莹. 中国体育消费发展：现状特征与未来展望[J]. 体育科学，2019，39(10)：11-20.

构供需之间产生的经销、营销等传统供应链环节，创造个性化定制、精准化服务等体育产业新模式，加速体育产业创新发展。

在 2035 年体育产业将发展成为国民经济支柱性产业的大背景下，推进数字经济与体育产业深度融合，提升体育要素市场的资源配置效率，有利于提高体育产品与服务供给质量，拓展体育产业发展新空间。体育消费是体育产业发展的前提和基础，移动互联网、人工智能以及5G 网络的全面铺开，使数字技术不断向体育产业领域渗透，影响和改变着大众的消费习惯、消费模式和消费方式，如体育制造业领域的智能可穿戴设备、体育健身休闲业领域的线上网络课程、体育培训业领域的健身 App 等被大众普遍接受与应用[①]。数字技术应用于体育产业领域而催生出的体育新业态，能有效满足大众体育消费结构升级的现实需求，为体育产业发展带来新的广阔空间。另外，数字经济拓宽了体育投资空间。万达、阿里、腾讯、苏宁、中国移动（旗下咪咕公司）等"商业巨头"纷纷布局体育产业，如苏宁已拥有 80 多项赛事版权、5000 万体育用户，付费体育会员数已突破 150 万人。拥有强大引流能力的互联网企业通过拿下赛事版权，借助网络提供服务，带来流量、广告等收入，形成线上线下联动的数字技术赋能体育产业发展的新商业模式，进而吸引更多互联网企业投资发展体育产业。

数字经济赋能体育产业能有效激发体育企业的创新活力，催生体育产业形成新业态和新商业模式。特别是在新冠肺炎疫情影响下，倒逼体

---

① 蔡建辉，李增光，沈克印. 体育用品制造业高质量发展的动力机制与推进路径——以安踏体育用品有限公司为例[J]. 武汉体育学院学报，2020，54(12)：53-60.

育产业数字化转型，催生出体育产业新业态和新商业模式。如在体育用品销售方面，利用人工智能和大数据等信息技术，深耕用户浏览痕迹、消费数据等，掌握消费者的消费偏好，为消费者打造个性化、定制化运动产品，提高"线上体育"营销效率，增强消费者的购买转化率；在体育场馆开发方面，利用5G、VR（虚拟现实技术）等信息技术，增强观众的沉浸式、场景化、互动型体验，推动传统体育场馆的数字化转型。以安踏体育用品有限公司为例，受到新冠肺炎疫情影响，2020年安踏实现全渠道的数字化转型，通过微商城连锁，各分销商独立运营网店，实行自主的个性化管理，形成"线上连锁"的矩阵模式①。此外，安踏通过直播卖货转型生成新的商业模式，借助数字技术，在"危"中寻"机"。数字技术的一个重要价值作用是网络用户黏性及其网络用户端的连接数量，与网络的外部性相关。在体育产业领域，突出体现在赛事直播平台的热门直播赛事，如欧洲冠军联赛、美国职业篮球联赛、世界杯预选赛中国队比赛场次等，在线人数达千万人次，催生了商业赞助、短视频开发、广告植入等。网络技术的高速发展，带来的数字技术网络外部性，通过在体育企业与体育消费群体之间建立广泛联结，发挥平台经济作用，带动体育消费群体所得效用呈几何倍数增长，形成正外部性经济效应，助力体育产业高效发展。

　　数字经济的产业数字化体现在数字技术赋能传统产业所带来的生产数量和生产效率提升的过程。由于我国体育产业是在计划经济体制向市

---

① 王鹏，焦博茹，贺圣楠. 新基建背景下体育健身消费的数字化应用与发展路径 [J]. 西安体育学院学报，2021，38(01)：70-78.

场经济体制转变进程中不断发展起来的，体育产业起步相对较晚，与美国等西方发达国家体育产业发展相比，还有一定差距。在我国数字经济快速发展的背景下，体育产业迎来较大的发展机遇。由于体育产业具有产业关联度大、需求收入弹性大、生产率上升率大等特征，数字经济具有高成长性、强扩散性、降成本性等特征①，数字经济与体育产业具有融合发展的现实条件，催生出体育产业数字化形式。如数字技术应用于竞赛表演业，能够催生出新的体育商业模式变革；数字技术应用于健身休闲业，能够催生出新的健身休闲服务模式；数字技术应用于体育用品业，能够催生出新的线上销售服务形态；数字技术应用于体育场馆业，能够催生出新的科技化、智能化体育场馆新模式等。产业数字化主要涉及数字技术在经济运行和发展中的应用，同时涉及数字技术对传统产业的改造。基于上述分析，结合体育产业现实状况，可以看出体育产业数字化是数字经济与体育产业融合的产物，是随着数字技术不断应用于体育产业领域，而给体育产业带来的生产数量以及生产效率的提升，并衍生出体育新业态、新模式、新服务、新产品、新消费的过程。

在数字经济快速发展的背景下，体育在线上线下也呈现出互动发展的格局。受到新冠肺炎疫情打击的体育产业在数字经济的影响下，反而在线上迸发出勃勃生机。第一，体育传媒产业全面爆发。新冠肺炎疫情暴发期间，由于人们越来越多地待在家里，需要消磨居家隔离时间，媒体产品出现了过度需求，参与式体育的取消、推迟和限制促使更多的人

---

① 褚新宇. 新媒体环境下黄骅市疫情期间基础体育教育[D]. 上海体育学院, 2020.

转向线上媒体，用体育观赏作为体育参与的替代品。根据 PP 体育最新发布的数据，在免费直播和新冠肺炎疫情的影响下，春节期间的平均出席人数显著增加，2020 年春节期间的平均出席人数比去年同期增加了151.4％，其中奥特大屏幕终端"聚运动"的出席人数增长超过300％。而电子竞技则是利润丰厚，近年来，电子竞技界爆发出"王者荣耀"的热潮，新年前夕的流水达到了约 20 亿元，每月还将打破 71 亿元的纪录，可见"宅体育经济"的繁荣景象。第二，网络健身培训开始爆发。由于线下接触的限制，市场主体也开始提供线上体育训练服务，在线体育应用的下载量增长迅速，许多体育赛事也开始在网上安排。第三，网络体育产品的销售表现出家庭健身产品和户外产品的两极分化。虽然新冠肺炎疫情限制了原始体育人口参与体育运动，并导致原始形式体育用品的消费减少，但由于长期待在家中的"食动失衡"促进了众多"家庭体育"的出现，家庭健身活动急剧增加，人们对家庭健身器材的需求大幅增加，哑铃、跑步机、动感单车的网上销售量越来越多。当然，由于物流和生产力的影响，体育用品的网上销售还没有出现普遍爆发式的增长，随着网上购物体验和培育的流行，人们对体育的恢复和推广，体育用品的网上销售将进一步升级。

二、数字经济融合体育产业，优化资源配置

数字技术已经改变了企业在商业市场上的销售内容和销售方式。近年来，我国体育产业内部业态快速发展，为数字经济与体育产业融合发

展提供了基础，也为体育企业创新商业模式提供了保障。其一，体育用品制造业发展。2015—2018年，体育用品制造业增加值由2755.5亿元增长至3399亿元，年均增长率达到7.2%。通过数字经济赋能体育用品制造业发展，能够为体育用品制造业数字化发展提供基础，如体育用品制造业能够催生出体育新零售、体育O2O等商业模式。其二，数字经济赋能体育教育培训业发展。2015—2018年，体育教育与培训业增加值由191.8亿元增长至1425亿元，年均增长率达到95.1%。通过数字经济赋能体育教育培训业发展，能够为体育培训业数字化发展提供基础，如体育培训业能够催生出体育短视频、体育线上指导等服务。其三，体育竞赛表演业发展。2015—2018年，体育竞赛表演业增加值由52.6亿元增长至103亿元，年均增长率达到25.1%。通过数字经济赋能体育竞赛表演业发展，能够为体育竞赛表演业数字化发展提供基础，如体育竞赛表演业领域催生出的足球运动VR技术、网球鹰眼技术、赛事直播垂直化和场景化应用等智能化服务。其四，体育健身休闲业发展。2015—2018年，体育健身休闲业增加值由129.4亿元增长至477亿元，年均增长率达到54.5%。通过数字经济赋能体育健身休闲业发展，能够为体育健身休闲业数字化发展提供基础，如体育健身休闲业能够催生出健身App、线上健身直播模式等。整体而言，数字经济赋能体育产业发展的作用不断增强，数字经济与体育产业融合呈现出良好发展态势。

近年来，数字经济快速发展使平台成为资源配置的主导者，数据作为新的核心生产要素，能扩大资源配置范围，使市场、企业和政府三者在资源配置中发挥优势互补作用。将数据列为新型生产要素，能为我国体育产业数字化发展提供动力。数据是高流动性生产要素，具有高初始固定成本、零边际成本和累计溢出效应等特征，可通过数字经济赋能体育产业，重构体育资源配置方式。以体育用品新零售模式为例：通过持续布局线上电商平台，引流线下消费群体，推进线上线下深度融合，实现线上线下在价格、产品、销售等方面的统一；通过智能化大数据，准确定位体育市场，深挖消费者偏好，掌握体育市场需求变化，精准匹配体育供给与需求；通过零库存，极大降低体育市场运行成本，提升体育企业效率；通过科技赋能，运用 VR、AR、人工智能等信息技术，打造特定运动场景，实现体验式消费；通过深挖消费者需求，致力于提供定制化产品和个性化服务。这在一定程度上改变了传统的体育市场资源配置方式，使数据成为体育市场的核心生产要素，不断充实和完善体育要素市场化配置。

我国供给侧结构性改革既强调供给又关注需求，在适度扩大总需求的同时，从生产领域加强优质供给，使得供给体系可以更好地适应需求结构的变化。当前，基于我国体育消费能力不强、体育市场较薄弱的情况，体育产业发展存在供需错配和结构性矛盾等问题，给体育产业供给侧结构性改革造成了一定的困难。通过运用大数据、物联网、云计算等新一代信息技术，打破传统供需调配模式，转向个性化、定制化的新型供需匹配方式，做大做强体育市场；通过推进健身休闲业、竞赛表演业等体育主要产业与数字经济的融合，发挥平台经济优势，促进体育产业结构向合理化和高级化发展。在整体上，数字经济通过改变传统体育供需配置方式，深化体育产业供给侧结构性改革，促进体育产业高质量发展。

数字经济时代的核心生产要素是数据，数据成为连接物理世界和数字世界的桥梁，是数字化转型的主线，能催生出新的技术经济特征。当前，由于市场化配置体育资源的效率相对不高，体育产业发展依赖的生产要素主要是土地资源、劳动力、技术和资本。数字技术不仅能够降低企业信息采集、处理、应用成本，而且能够降低企业运行的交易成本。在市场上，企业运行成本的降低，意味着能够获得更多的经济效益，同时能够更好地参与市场竞争。体育企业亦是如此，随着大数据、人工智能、物联网等信息技术不断渗透到体育产业领域，能够促进用户与体育产品更好地连接，降低体育消费的技术性门槛。如数字技术运用于体育用品零售业，能够减少库存、减少实体店面数量、减少货物中转次数等，降低运行成本。在市场机制下，供给与需求合理调配，降低企业运行成本，最终受益的是消费者。此外，数字技术运用于体育制造业，能够增强体育制造企业的灵活性和市场应变能力，缩短产品生产周期，提高生产柔性化水平和生产效率。在工业经济时代向数字经济时代转变的过程中，数字技术赋能体育产业，体育产业数字化转型成为发展主线。其基本流程是：通过对体育产业领域的数据进行采集、存储（如竞赛表演业的观众信息、观众收视偏好、核心球员技术统计等数据，健身休闲业的大众运动爱好、体质健康等数据，体育用品制造业的大众运动健身器材选取、运动服务偏好等数据），并打通、整合（如以用户需求倒逼企业创新，提供个性化、精准化的体育产品与服务），再对其进行分析与应用（如优化生产流程、降低交易成本等），进而以数据为核心生产要素、以数字化赋能要素供给，实现体育资源的优化配置，驱动体育产业高质量发展。

    "十四五"时期要抓住新一轮科技革命与产业变革，在构建双循环新发展格局的国家战略下，推动体育产业高质量发展，要以体育科技创新为引领，不断提升体育企业的自主创新能力和科技创新水平，全面开启技术升级、质量升级、产品升级、功能升级的全新征程。

第五章 | 双循环新发展格局下体育产业高质量发展面临的问题

对于当前的体育产业来说，机遇与挑战并存。数字经济时代的到来和 2022 年北京冬奥会的举办会给体育产业发展带来许多机遇，而因为新冠肺炎疫情导致的全球经济下滑与国际形势变化则给体育产业的发展带来不少挑战，面对国际形势不确定性增加与国内社会的主要矛盾的变化，中国适时提出了构建国内国际双循环新发展格局①。双循环新格局下体育产业的高质量发展会有新的发展任务与发展目标，同时也会面临新的问题，要实现体育产业高质量发展可以从我国体育产业发展面临的新老问题出发，继而提出解决

① 人民网. 关于加快构建双循环相互促进的新发展局[EB/OL]. [2020-07-15] http：//theory. people. com. cn/n1/2020/0715/c40531-31783726. html.

问题的方法和推进路径。由于体育产业包含众多子产业，以及体育产业与其他相关产业不同程度的融合的差异性，导致体育产业面临的问题也不尽相同，既有总体体育产业面临的共性问题，也有各个主要子产业面临的个性问题，探究体育产业高质量发展相关问题是针对性找寻双循环新发展格局下体育产业高质量发展实现路径的重要前提。

第一节　双循环新发展格局下总体体育产业高质量发展面临的问题

一、体育产业发展内部状况问题

（一）产业结构有待优化

体育产业结构失衡，体育产业各个层次之间缺乏有效的关联性，且存在比例失调、产业结构交叉混乱等情况，一直都是体育产业高质量发展面临的主要难题，在双循环新发展格局下体育产业结构更是有待优化。产业结构从经济形态上进行划分，可分为服务业及其附属子业态、制造业及其附属子业态和农业及其子业态。在服务业领域，按照功能属性进行划分，又分为生活性服务业和生产性服务业。而制造业按照价值属性和产品形态进行划分，又可分为轻工业、重工业和手工加工业。在农业领域，按照生产方式进行划分，可分为畜力农业和机器化现代农业。通过分析产业结构在国民经济中的结构占比情况，我们能够较为清晰地了解出一国生产力发展状况。此外，产业结构的构成能够反映一国经济发展的历史阶段和经济重心。按照马克思主义经济学和产业经济学理论，产业结构是一个由低级向高级发展的过程，经历了从农业到工业，再从工业到服务业的发展过程，产业结构越是向第三产业发展，生产力结构越是高级，产业价值所创造的经济效益越高。目前，我国的产业结构集中在制造业，经济增长的重心也在制造业，并且产业结构正逐步向服务业倾斜，这是经济发展模式的普遍规律。根据宏观经济学等理论对于产业结构的阐述，体育产业结构的定义可归纳为体育产业中具有相同要素特征的各细分业态在体育产业中的总体占比比例。任波等从市场结构的角度出发，对体育产业结构进行了定性研究，认为体育产业大致分为体育服务业、体育用品及相关制造业以及体育场地设施产业①。2019 年，国家体育总局和国家统计局对《国家体育产业统计分类（2015）》进行了修订，将体育产业分类为 11 个大类、37 个中类和 71 个小类，其中体育制造业包括了健身休闲业、竞赛表演业、体育管理、体育中介、体育传媒与信息服务、体育培训与教育、体育场馆服务以及体育用品销售及贸易等主要产业业态，相比于体育服务业，体育用品及其相关制造业主要由两大部分构成，分别是体育用品制造和体育器材设施制造，而体育场地设施业作为单独一大类进行了统一②。

　　从目前体育产业产值上看，我国体育产业结构总体呈现"小而弱"的

---

　　① 任波.中国体育产业结构优化的经济增长效应——基于 2006—2018 年时间序列数据的实证[J].吉林体育学院学报，2020，36(05)：32-37.

　　② 刘晴，罗亮，黄晶."双循环"新发展格局下我国体育用品制造业高质量发展的现实困境与路径选择[J].体育学研究，2021，35(02)：29-38.

现状，虽然体育产业占 GDP 的比例达到了 1.1%，但是和美国、日本、欧洲其体育产业占国民经济的 3%～4% 相比，相差甚远，对于国民经济的增长贡献率仍然较低，造成我国体育产业增长动力不足。究其原因，关键在于产业结构不合理，难以有效开拓多元的体育消费市场，调动产业的市场规模效应。根据国家统计局 2020 年发布的《2019 年全国体育产业总规模与增加值数据公告》，体育服务业虽然超过体育用品制造业成为增长速度最快的产业业态，但是在细分市场领域，单一体育服务业态的产值规模依然低于体育用品及其相关制造业，体育用品及其制造仍然占据着体育产业的半壁江山。体育用品制造业作为体育产业发展的重心，其仅仅起到代工贴牌的作用，主要以低端产业链为主，总体处在全球体育产业链的中下游，结构有待高端化。从体育服务业产业结构上看，作为体育产业核心的体育竞赛表演业的产值规模只有 900 亿元，明显低于其他产业业态[①]。按照体育产业结构的特征分析，体育产业的结构主要体现在产值结构、就业结构、供给结构和需求结构四个方面[②]。而结合产业经济学和相关学者对体育产业结构特点的概括总结以后，体育产业结构不合理、结构增长效益不高的现实状况可从以下五个方面进行阐释。一是产值结构。2019 年体育产业总规模为 29483.4 亿元，其中体育服务业产值规模为 14929 亿元，而体育用品及相关制造业产值规模为 13614.1 亿元，两者产值总规模比例较为均衡，但是体育服务业核心业

---

① 国家统计局. 2019 年全国体育产业总规模与增加值数据公告[EB/OL]. [2020-12-31]http：//www. stats. gov. cn/tjsj/zxfb/202012/t20201231_1811943. html.

② 任波，黄海燕. 中国体育产业结构优化的机制、逻辑与路径[J]. 首都体育学院学报，2020，32(05)：417-422＋467.

态发展乏力，并与健身休闲业等业态拉开了差距。据方正证券数据显示，美国竞赛表演业、用品业、服务业占比为 1∶3∶6，因此，体育服务业各产业业态的增长潜力有待进一步释放。二是市场结构。相关数据显示，中国体育消费市场规模从 2015 年的 4760.1 亿元增长到 2019 年的 11654.8 亿元，年复合增长率为 19.61％，其中健身休闲、体育教育培训和体育鞋服用品成为重要消费市场领域，占到总体体育消费的80％以上，而场馆服务、竞赛表演业、体育博彩、体育中介等市场发展缓慢，新兴体育消费项目，如电子竞技发展迅猛，其市场规模增长速度超过传统体育产业态部门，2019 年市场规模达到 1175.3 亿元，用户规模更是突破了 5 亿人①。三是业态结构。目前，除了体育用品制造与销售产业以外，体育服务业的主体业态包括健身休闲、场馆服务、竞赛表演和体育培训，而体育风投产业、户外运动、数字体育产业等特种体育产业、新兴产业发展有待加速推进，体育特色小镇等产业新空间有待多元化、普惠化发展，业态多样性有待丰富。四是供需结构。目前，我国的体育产业存在供需结构性失衡的问题，供给与需求无法高效精准匹配，且无效供给和低端供给多，产能出现过剩，与此同时，人民群众的体育消费需求又在不断升级，这导致体育产业领域出现了供给侧与需求侧不相适应的矛盾问题②。五是关联结构。由于体育产业具有强关联性特征，体育产业不仅能够与其他产业进行融合，进而形成新的产业业

① 观研报告网. 2021 年中国体育行业分析报告-产业现状与发展趋势预测［EB/OL］.［2021-01-15］http://baogao.chinabaogao.com/wentiyule/424864424864.html.

② 任波，黄海燕. 我国体育产业结构性失衡与供给侧破解路径［J］. 体育学研究，2020，34（01）：49-58.

态、产品和商业模式,而且体育产业能够衍生和延伸产业链,与传统服务业形成附带产业关系。如今,体育旅游、体育康养、体育休闲产业融合水平不断深化,扩展了体育产业的经济活动服务,推动体育产业形成了范围经济,同时体育产业的发展更是带动房地产、酒店、餐饮、市政基础设施产业的发展,提高了产业的规模经济效益。然而,体育产业关联业务的延伸主要集中在传统服务业,尤其是生活性服务业领域。在生产性服务业,如产业信息咨询、产品开发与技术研发与运维等创造高附加值的业态领域开发不够,融合深度不够。总而言之,我国体育产业构成主要以体育用品及其相关衍生业为主,其比重达到 75% 以上,而体育服务业占比相对较小,体育服务消费有待提高,推动体育产业从工业经济向服务经济转变依然有很长的路要走。因此,双循环新发展格局下的体育产业高质量发展必须解决产业结构失衡问题,助力体育供给改革,提升体育产业供给的质量和水平。

(二)产业供需矛盾突出

在供给层面,在体育消费不断升级的市场环境下,以传统低端制造为生产内容的体育产业发展已无法满足人民群众对美好生活的多元化需要。从产业供给结构上看,相比于体育用品制造业,体育服务业产品服务供给质量和效率普遍不高,且在体育产业中的结构占比也并不具有显著优势。从供给内容上看,我国体育产业存在业态发展不平衡的问题,具体表现为产品和服务消费主要集中在健身休闲、项目培训和运动鞋服等领域,竞赛等主体产业规模较小。在需求层面,我国体育产业需求侧面临着四大矛盾。一是无效供给过剩与消费动力不足;二是体育产业发展速度与人民群众高质量体育需求的提升速度不同步；三是消费人群、消费层次的两极分化与产品流通渠道不完善、分配不精确之间的矛盾；四是传统体育需求与数字科技新需求之间的矛盾。上述各种矛盾的存在决定了体育产业在扩大国内市场、刺激体育消费方面具有任务的艰巨性和急迫性。党的十八大以后，为淘汰落后产能，体育产业供给侧结构性改革的重点更加侧重于供给结构的调整，以增加高质量有效供给，而对需求拉动经济增长的重视程度不够，这在一定程度上影响了国内体育市场的发掘。总的来说，体育产业供给端结构性改革目前尚未完成，供给引领需求的效果不突出，而需求端扩大内需的战略与体制机制尚未建立，内需拉动消费作用并不明显，产业供需矛盾突出导致国内市场的循环速度较慢，体量不大。

从国内国际市场开发层面上看，畅通国内大循环、联通国内国际双循环就是要充分利用好国内国际两个市场、两种资源，形成互联互通、平衡协调的双循环新发展格局，为实现这一目标，需要搭建畅通的国内国际市场的联结通道，"一带一路"倡议与实践层面的产业转移就是一种重要方式。习近平总书记指出："要把生产和消费在更大范围联系起来需要建立高效流通体系，扩大产业交易范围，推动分工深化，提高生产效率，促进财富创造。"①从内循环对应的国内产业转移层面，郭晗等学者认为，我国的体育产业区域发展较不平衡，总体自西向东呈现阶梯式分布，东部沿海发达地区体育产业规模优势明显，尤其是在体育用品制造领域，因此推动体育产业由饱和地区向不饱和地区转移以平衡地区发

---

① 郭晗，任保平. 新时代我国体育产业的高质量发展：逻辑生成与路径选择[J]. 西安体育学院学报，2020，37(03)：291-297.

展差距显得格外重要①。需要注意的是，体育产业转移不能实行"一刀切"式的转移，而是在不影响当地体育服务与消费的情况下，通过大力发展高端体育制造业和服务业，倒逼落后产业链和过剩要素环节向内陆转移。从外循环对应的国际产业转移层面来说，"一带一路"倡议的实施虽然为体育产业向海外扩展提供了重要机遇，但受限于体育产业自身实力的弱小和国内体育消费能力的不足，体育产业在高端产业链引进来和低端制造业走出去的结合程度并不高，加之去年受新冠肺炎疫情影响，体育产业国内国际双循环的实际效果着实有限。

从国内体育层面上看，体育消费人口不仅是体育产业发展的主体支撑，也是体育产业的市场开发的对象，推动体育产业双循环发展实质上是要依托消费拉动内需增长以实现国内大循环。目前，造成体育消费拉动作用不明显的主要因素集中在四个方面：一是居民收入问题。根据有关调查研究，体育消费水平与收入水平的增长呈现正向相关关系，国民经济水平和人均可分配收入的增长能够提振人民群众的消费信心，随着人们可支配收入的增加，用于体育支出的费用也会相应增加。现今，我国已实现了全面小康，但是人均年收入却不过 15000 美元，排除子女教育、医疗、住房支出后，可用于体育消费的收入寥寥无几，总的来说体育消费在居民的消费结构中占比较小。二是时间问题。可享受闲暇时间的长短直接影响着居民的体育消费意愿。当前，我国的体育消费主体以城市白领为主，健身休闲消费是主要消费方式，在如今"996"的工作环境下，加班过多的社会风气挤占了人们的闲暇时间，闲暇时间变短后严

---

① 荀伸文. 新中国体育 70 年［N］. 中国体育报，2019-09-24(001).

重压缩了人们参与体育运动的时间，从而间接影响了体育消费。三是乡村地区体育产品供给渠道和基础设施的不完善造成体育消费选择有限，乡村地区的体育服务和产品都严重不足，乡村居民的体育消费意识也不强，广场舞、棋牌活动等耗费较少的活动仍是乡镇居民的主要体育参与。四是体育服务保障措施建设滞后。体育产品售后服务和技术指导的缺失严重影响消费体验，导致消费者后继消费动机不足。

(三)供给质量有待提升

我国体育产业在供给层面上仍处于初级阶段，体育产业的相关产品和服务在"量"和"质"上的供给都严重不足，尤其是体育产业供给质量有待提升。随着近年来体育热和健身潮的兴起，体育产业也随之得到迅猛发展，但在快速发展的过程中体育产业的供给质量参差不齐，尤其体现在体育产品差异化不足，同质化严重，反映了体育产业自身创新动力不足，创新能力存在多重短板。在新时代，高质量发展体育产业，不再只是单纯追求经济数量，而是更重视质量品质，因而能否有效解决民生问题，人民的获得感、幸福感、满意感成为衡量体育产业发展质量的重要指标。在体育产业的各个子产业中，供给质量有待提升，竞赛表演业因为缺乏高水平、有对抗性和观赏性的重大赛事，使得我国竞赛表演业市场萎靡，与国外大型赛事相比，无论是知名度、受欢迎程度还是竞赛表演的质量都存在差距，我国体育竞赛表演业在供给方面需要同时提高质量和数量。健身休闲业中的健身产业相对于休闲产业发展得较好，但是传统健身房现在也面临着巨大的压力，因为新冠肺炎疫情原因导致大部分线下健身房收入惨淡，因而没有足够的资金流通，又因为资金短缺导致提供的服务质量下降，虽然也涌现出一批线上健身 App，但其中不乏同行之间恶性竞争的情况。以健身休闲业为例，健身房行业快速发展壮大的同时，面临严重的同质化经营问题。首先，在同等健身器材设施质量和健身空间条件下，其会员数量，健身服务产品质量，如健身私教、团体课程，将成为行业竞争的核心。一般情况下，会员的数量越多，就越能缓解健身中心资金流问题，因此，健身行业都会以各种营销手段来发展会员，主要包括月卡、年卡、终身 VIP 销售及节日折扣促销。交易成功后会出现一个问题，由于健身房一般不会给予会员动作指导、营养建议、健康评估和动作纠正，加之会员自身没有锻炼约束力而经常性旷到，其健身效果会明显不佳，久而久之，会员会因为信心受损而放弃健身计划，最终导致会员流失。其次，在私教课程服务上，除了定制课程研发骨干拥有丰富的健身指导经验和设计优质课程的能力，大多数健身教练提供的课程质量较低，重经验教学，这主要是由于教练员自身科学健身理论不足造成的。此外，健身房行业普遍存在着严重依赖国外精品健身课程进口的问题，一是受消费心理影响，客户普遍认同国外健身服务产品质量比国内好，产品价值高，具有较强的品牌影响力和质量保障。二是在定制化的健身课程研发上，我国起步较晚，相关健身指导课程开发的人才匮乏。最后，在健身房运作模式上，健身房行业普遍遵循着以线下健身用品销售、会员扩张、私教服务、营养套餐供给为一体的运作模式，这种运作模式不利于差异化经营。

在数字化、网络化高度发达的今天，健身房应该更加注重促进销售方式的转型，注重线下线上相结合，通过各种渠道宣传自身产品及服务优势，同时打造各种健身和健康 App 产品，形成新业态；及时获取各种反馈，了解客户需要，提高服务质量；积极进行相关数据分析，精准定位市场需求。在场馆服务业高质量供给方面，一是场馆数量供给有限，供给方式单一。截至 2019 年，我国体育场馆和场地数量只有 310 万个，且以政府投资场馆为主，其中免费或低价开放补贴的大型场馆只有 1300 多个，和我国庞大的人口基数相比明显不足，因此为了"健康中国战略"的有效推进，必须加快公共体育场馆及配套设施的建设，同时鼓励社会力量参与场馆的建设和运营①。二是场馆服务内容的多样化开发力度不足，场馆利用效率不高，供给内容未充分兼顾全民健身、赛事活动、体育培训、体育康复、用品销售、体育会展等多元业态的接续开发。

(四)体育产业人才缺乏

当前，体育人才的匮乏已经成为制约我国体育产业健康发展的重要瓶颈，人才的匮乏突出表现为体育产业人才培养的数量、质量与结构等与快速发展的体育产业需求不匹配。一是体育产业人才总量不足。从竞技体育和竞赛表演方面来看，世界认可度高、观赏性强、备受关注的"三大球"运动目前仍然是我国的短板，足球、篮球等运动项目教练员、裁判员的市场需求大，尤其是国际级裁判数量不多，优秀运动员数量更是严重不足。从健身休闲产业方面来看，优秀健身教练、运动康复师等人才缺口较大，专业教练员、退役运动员等优质人才资源在体育产业发展中作用发挥不充分。这与蓬勃发展的体育产业实际需求相比有巨大差

---

① 冯金虎，陈元欣. 体育场馆服务业发展报告[M]. 北京：社会科学文献出版社，2019.

距。二是体育产业人才质量不高。目前，我国既缺乏"懂体育、善经营、会管理"的复合型体育经营管理人才，也缺乏赛事运作、场馆运营、体育经纪、体育培训、体育装备研发等各个不同领域高素质的专业人才。

体育产业融合是最近体育研究的热门问题，体育产业融合是当下体育产业高质量发展的一个重要突破口，是体育产业与其他产业融合后形成的新业态，新业态对运营管理人才的要求高，要求既了解体育，又了解相关融合产业的复合型人才。从我国的体育产业人才结构来看，体育专业的人才和融合专业的人本来就有所欠缺，加上体育产业要与相关产业融合，从事这些体育新业态的人，同时还需要具备其他相关产业的技能和管理经验，这样的复合型人才，在体育产业人才市场有极大空缺。体育融合产业的协同聚集发展，募集人才工作做得不够，各级政府部门也没有很好地协助各类机构用好现有人才，积极培养推进人才转型，分配合理且使用效率高的人力资源流通系统尚未完善。从目前来看，相关人才的培养募集工作和相关部门制定的相关人才引进政策，有在逐步推进，但是这种方式不能根治体育产业人才缺乏的问题，只能在短时间内解决人才短缺的问题，可持续性较差。最根本的方式是要推进体育与融合产业相关的专业化教育。以体育旅游为例，已经有相关院校针对这个新兴业态开始进行专业化教育，进行专业化培养。体育旅游从业者的素质与体育旅游产品的质量直接相关，要根据市场需求和时代特点，培养和引进集理论研究、实践操作、管理经营能力为一身的体育旅游专业人才，进而创造出质量更高的体育旅游产品。利用高校作为高层次专业人才培养的主阵地的优势，加快高校体旅融合人才培养。国内部分高校已经意识到培育体育旅游复合型人才的重要性，在体育旅游人才的培养方面，我国顶尖的两个体育学院先迈出一步，如北京体育大学体育休闲与旅游学院，在旅游管理本科专业设置了"体育旅游规划设计"和"体育旅游运营管理"方向，休闲体育专业设置了"户外教育"方向；上海体育学院拟推出体育旅游管理专业硕士，均反映了体育旅游市场需求对高校人才培养的影响①。但是这也仅仅只是教育专业化培养的起步阶段，并且还算是体育复合型人才专业化教育培养走在前端的产业。又以体医融合为例，体育领域的运动康复业与卫生医疗业之间存在较强的融合性，体育类院校与医学类院校有条件培养具备医学和体育知识的复合型人才，但是这两类院校的合作程度并不高。再者，让学生同时扎实掌握体育学和医学两方面的知识，难度不小，在培养人才的过程中，也要注意到学科交叉发展的使然性和满足社会健康需求的必要性。在具体实施专业化教育培养时，还存在培养思路和培养目标不明确的情况，体育院校没有梳理大健康管理师体系，促进健康理念融入专业人才培养并付诸实践的思路尚不明确，以运动技术培养专项健康技术还有难度，难以将运动技能教学渗透到健康技能教学。

二、体育产业发展外部环境问题

(一)体制政策环境

第一，我国现行体育行业最基本的管理体制是举国体制，整体体育

① 黄益军，吕振奎. 文旅教体融合：内在机理、运行机制与实现路径[J]. 图书与情报，2019(04)：44-52.

行业的发展不是由消费主体和市场主体决定，大部分体育产业的资源都被政府垄断，由政府财政资金拨款以及行政计划对体育产业进行调控及推动。我国的体育系统中分别包含体育事业与体育产业两个部分，在举国体制的大环境下体育事业的发展是侧重点，相比之下体育产业发展有所欠缺。双循环新发展格局要求国内市场要充分发挥超大规模市场主体的优势，扩大内需，使国内市场在提高消费质量，加快消费转型升级等方面发挥消费推动经济增长的基础性作用；至于国际市场，保持市场对外开放，积极融入国际市场，使国际循环为国内循环供能，确保生产、分配、流通、消费等步骤进一步深度融入国际分工体系[①]。在双循环新发展格局下，市场必然要发挥重要作用，然而，首先，受举国体制的影响，我国体育产业现行的管理体制也由政府主导，市场参与率不高，而且政府过分参与容易导致管办和政企不分的现象出现，在一定程度上，促进了政府垄断和行业垄断的现象。政府过多管制，没能及时反控市场，容易导致市场规划无效或者失灵，造成体育产业资源方面的浪费，也给体育企业带来负担。其次，由于体育管理部门以及各级体育组织没有处理好现有的有形资产和无形资产的关系，导致产权关系不明，限制了体育产业的市场化发展。产权关系不明对资产经营产生不利影响，资产经营的处置权及受益权不明，使得部分资产要么出现多头管理要么出现无人管理的现象，因为多个部门共同管理，导致权责不清，相互扯皮或无人管理，因而造成资产闲置或资源浪费，没有及时流入市场参与市

---

① 周文福. 我国体育产业融合发展面临的问题及发展策略研究[J]. 南京体育学院学报，2020，19(06)：11-20.

场循环①。

第二，在体育市场机制建设方面，我国在有效市场和有为政府建设上存在关系混乱问题，长期以来"强政府""弱市场"是我国体育产业发展的瓶颈，在协调治理机制构建上缺乏工作联动，政策主导产业治理一定程度上制约了市场竞争机制的有效发挥。计划经济的遗留问题导致国家对体育过分干预，也使得体育资源过度集中于国家，挫伤了社会力量办体育的热情，阻碍了社会资本投入体育产业，导致体育产业投资形式单一。近年来，体育改革全面深化，体育公共服务水平不断提升，全民健身蓬勃发展，竞技体育成绩显著，体育产业日益壮大，尽管体育产业拥有许多优势，但其在中国的发展并非一帆风顺。国家对体育过分干预，严重影响了体育产业市场的起步与发展。我国体育产业目前还处于初级发展阶段，在外在环境和内在动力都发生了深刻变化的双循环格局之下，需要通过不断的完善体育体制机制，增强体育科技创新能力②。

第三，体育产业政策落实不到位，执行力不够，未能达到预期效果。虽然自 2010 年起，国务院就下达了《关于加快发展体育产业的指导意见》，但是我国体育产业并没有按照预期的要求达到标准，体育产业总体的规模仍旧不够，体育产业的市场活力也不强，一些体制政策方面的问题仍然存在，这是双循环新发展格局下我国体育产业面临的最大的发展障碍。体育产业总体的政策提供了较为宏观的指导，具体细分产业

---

① 寇明宇，沈克印. 有效市场与有为政府：体育产业发展的协同机制与实现路径 [J]. 西安体育学院学报，2021，38(01)：63-69.

② 沈克印. "双循环"新发展格局下体育产业高质量发展的宏观形态与方略举措 [J]. 体育学研究，2021，35(02)：11-19.

的相关政策不够完善，尤其是近年来发展势头正盛的体育融合产业缺少相关行业标准与行业规范。加之在双循环新发展的格局之下，体育产业面临新的局势和新的发展要求与目标，也迫切需要体育领域的相关政策予以支持和引导。然而双循环新发展格局的部署也才处于初步阶段，各个领域更加具体和细化的政策尚未完善。

（二）市场经济环境

第一，体育产业总体规模不大，经济效益不强，经济贡献率不高，虽然近年来随着体育产业的蓬勃发展，体育产业已经被视为国民经济新的增长点，但是目前看来，体育产业规模还不大。尽管 2019 年我国体育产业总规模达到 2.9 万亿元，但仅占 GDP 的 1.1%，无论是与汽车制造、石油化工和建筑业等绝对支柱性产业的规模相比，还是与体育产业关联度极高的文旅产业规模相比都仍然有很大差距，体育总体产业规模远远不够，仍然处于发展的初级阶段。作为体育主体产业的竞赛表演业和健身休闲业产业规模较小，并且难以产生规模效应和辐射带动效应，使得体育产业在整体市场经济中处于相对弱势地位，在体育产业中占比较大的体育用品制造业对其他企业的依附作用强，受其他产业发展的制约大。

第二，由于长期受到传统计划经济影响，在发展过程中，我国体育产业出现"行政化"问题，其市场化水平较低。这与政府过多干预有着某种必然联系，导致在资源配置过程中市场所起作用并不明显，不利于深化改革、创新体育产业，这一现状阻碍了体育产业的发展，急需优化完善体育产业市场机制，有效指导体育产业发展，加快其市场化建设步伐。体育产业融合程度低，资本流通不畅，产权关系不明，资产结构混乱，社会资本投入不够。首先体现在体育产业融合业态方面，体育本体产业在体育融合产业中居主导地位，而其他关联产业在形成体育产业新业态的过程中，由于对体育产业了解不够与体育产业有所差异，会面临行业壁垒。主要表现在企业市场准入标准不一，产业融合业态中，产业间共管共建共享的局面没有建成，因而在体育产业发展过程中，会出现体育产业融合困难资金流通不畅等问题[①]。其次体现在竞赛表演业，因为举国体制主要是为了培养为参加奥运会的国家运动员，基本上我国高水平的运动员都在国家队，国家队的运动员比赛主要是为国争光，鲜有竞赛表演的性质。我国体育职业化发展较慢，职业化体育发展缓慢是制约竞赛表演业发展的一个重要因素。即使是 20 世纪 90 年代就开始走职业化道路的足球，历经多年发展，市场化程度依然有所欠缺。

第三，从国内国际两个市场对体育产业需求的角度来看，体育产业市场仍然存在很多问题。首先，从国内大循环来看，市场拉动的体育产业内需不多，就竞赛表演业来说，因为国内高水平赛事匮乏，许多受众都更愿意看欧美的世界杯，从体育制造业品牌来说，虽然有诸如李宁、安踏等一批在国内市场尚且能够有一席之地的国产运动品牌，但是耐克、阿迪达斯这些国际运动品牌的知名度和受众群体都会更大一些，国产运动品牌在国际上竞争力很小，哪怕是在国内，这些国际知名运动品牌都会与我国体育运动品牌抢占不少市场份额。其次，市场调节具有盲

---

① 黄谦，谭玉姣，王铖皓，张宇，张璐. "双循环"新发展格局下体育产业高质量发展的动力诠释与实现路径[J]. 西安体育学院学报，2021，38(03)：297-306.

目性和滞后性，企业与市场之间没有形成良性互动，就体育用品制造业来说，近年许多国产品牌也纷纷崛起，抢占了一部分外国运动品牌的市场，甚至由于国内运动品牌产业的社会责任感，兴起了一波国货热，以鸿星尔克为例，当市场需求量激增的时候，一时难以满足市场需求，这种情况下，如果没有把握好而贸然投入扩大生产，待热度过去了，也会造成不好的后果。在国际循环层面，主要就出口对象而言，我国体育用品对外贸易出口至全球 100 多个国家，其中，美国，英国，日本，法国等发达国家占比超过总出口额的 50%，从传统产业组织理论层面来看，这种类型的产业市场结构相对来说抗风险能力更弱，容易受到贸易政策和国际环境的各种影响。一旦国际上发生重大事项的冲击，对我国体育产业来说，会造成严重的打击，譬如 2020 年的新冠肺炎疫情，对我国体育产业造成很大冲击。同时，在世界范围内的体育产业发展结构体系中，我国体育产业竞争力不强，与发达国家相比，存在较大的差距，尤其是体育服装品牌占有率低，不利于其有效应对复杂多变的社会市场环境，影响其全面协调发展。

(三)社会文化环境

第一，从社会环境来看，我国体育发展不平衡不充分的问题制约着体育事业与体育产业的总体发展。党的十九大报告指出，我国社会的主要矛盾已经由群众日益增长的物质文化需求同落后生产力的矛盾转化为人们对美好生活的向往与发展不平衡不充分之间的矛盾。与建设世界体育强国的目标要求相比，我国体育发展不平衡不充分的问题依然十分突出，地域间、城乡间、行业间、人群间体育发展不平衡，全民健身、竞技体育、体育产业发展不协调，不同项目间发展不均衡，不能满足人民群众多元化、多层次、多方面的体育需求，制约了体育产业的整体协调发展①。目前我国体育产业的发展仍面临着区域城乡发展不平衡，产业结构失衡和服务质量难以提升等问题，主要表现在产业发展不平衡，产业布局不均，体育供需失衡等问题。体育产业基本上主要位于东部发达地区的城市，西部地区体育产业较少，全国发展不平衡，发达地区的体育产业扎堆，落后农村地区体育需求难以满足。在沿海发达地区聚集会占据比较好的地理位置，交通方便，经济发达，但是过度聚集的体育产业非但没有形成良好的集聚效应反而会存在恶性竞争，导致体育产品或服务供给过剩或雷同严重。而相对落后的中西部地区则存在体育产业布局较少，体育产品和服务供给不足的情况，这样不利于体育产业总体发展，造成东部供给过剩，体育资源浪费。中西部供给不足导致市场开发不完全，没能满足中西部体育消费需求。再者，作为体育本体产业的竞赛表演和健身休闲业，在体育产业中所占份额过少，难以形成对全体全产业的辐射带动作用。

　　第二，从文化环境来看，中国传统文化影响了人们的体育习惯与体育认知，进而对体育产业形成影响。体育产业发展的基础是体育消费，也就是说，如果体育产业想要获得较快的增长，就必须有人民群众的消费予以支持，因此，研究体育产业发展的文化环境，可以从研究影响体育消费人群消费观念的文化坏境入手。个体的消费会受到来自家庭、学

---

① 黄海燕. 新时代体育产业助推经济强国建设的作用与策略[J]. 上海体育学院学报，2018，42(01)：20-26.

校、社会教育等环境的影响，人们会在周围环境灌输的社会文化价值观念和价值规范的影响下，形成一定的消费行为模式，这种模式会对人们进行体育消费产生影响。随着人们生活水平的提高和生活方式的多样化，也更加注重健康水平和体育运动，对体育产品和服务的需求量提高。但是，中国传统文化历来轻视体力活动，重视人的伦理道德修养，认为体育是属于体力活动的一种，因而体育长期受到轻视。在当今社会，人们对体育的认识有所改观，也不再认为练习体育的人是四肢发达头脑简单，运动员的社会地位也逐渐提高，但是依然存在许多对体育的轻视。作为中国传统文化的两大主干的儒家、道家都非常看重伦理。由于传统文化是伦理型文化，高度重视如何提高人的道德修养，对体质和力量就不怎么关注。在社会发展的过程中，人们逐渐发现，创造财富不再主要依靠体力，而依靠人的智力，造成人们对体育的忽视，使得体育消费需求不大，进而也忽视了体育产业的发展。

第三，从社会对双循环新发展格局的理念认识以及对体育产业高质量发展的认知来看，人们可能对双循环新发展格局和体育产业高质量发展的认识不够，尤其是一些体育产业从业者和管理者，因为没能把控新格局而给企业做了错误的发展方向和规划，会对体育产业的发展产生不利影响。首先，对于什么是双循环新发展格局和构建双循环新发展格局的意义及其可行性和必要性，存在一些困惑甚至担忧。例如，有人认为双循环新发展格局并不是利于我国经济社会发展的长久之计，而仅仅是应对当前国内外经济发展形势的一个权宜之计；双循环新发展格局强调以国内大循环为主，因而有人片面地将新发展格局理解为国内大循环，加之新冠肺炎疫情的影响，将体育产业的发展过度聚焦在国内，忽视国际市场与全球产业链，而忽视国内国际双循环，尤其忽视国外循环容易导致闭门造车故步自封的局面，不利于体育产业发展；还有人对国内市场信心不足，担心国内大循环能不能真正循环起来。对于体育产业的高质量发展同样存在认识不够的问题，有人没有认识到"高质量"是相对于"高速度"的概念，以为追求体育产业快速发展为目的，还有人在发展体育产业过程中过于追求经济利益，而忽视了生态效益和社会效益。双循环新格局下，与体育产业高质量发展相比，体育强国和全民健身等议题的社会关注度较低，群众对体育产业的发展期望值不高，距离体育产业成长为国民支柱性产业还有相当长的一段距离。

第二节　双循环新发展格局下主要体育子产业高质量发展面临的问题

一、健身休闲产业发展面临的问题

(一)健身休闲业数字化创新层面

在健身休闲业方面，智能健身房、智能居家健身发展不够充分；健身大数据开发力度不够。第一，在智能化个人健身装备领域，基于智能化的休闲健身装备推广使用有限。随着人工智能技术的使用日益广泛，体育休闲健身领域出现了几类可穿戴智能产品，包括喷水感应脂肪/肌肉测量仪、智能跑鞋、智能手环、智能眼镜、健身服、计步器、电子袜和一些私人化的健身教练机器人等，虽然供给种类在不断增多，但是在大众化普及方面并不高，这与智能健身设备成本高昂，技术不够成熟有关。目前，市场上最为畅销的智能健身装备就是智能手环，然而也广受消费者吐槽，如数据不准确、功能单一等①。第二，在智能健身房领域，目前正处在发展的初级阶段。从数量上看，这类健身房仅在一线或新一线城市布局，二线城市少有分布，在北上广深 4000 多家健身俱乐部当中，智能健身房不足 400 家，占比 4％ 左右，未来还有很长一段路要走②。从智能健身房发展本质上看，它的智能主要体现在技术智能上，其载体还是依托健身房设备本身，缺乏对健身指导模式和课程的开发，24 小时智能健身房就是一个典型例子。这类健身房虽然通过加装智能门禁，智能私教预约来降低人力成本和增强用户体验，一定程度上缓解了"去哪儿练"的问题，但是没有充分解决"如何练"的问题，会员无法得到有效健身指导。同时，在其运行过程中，智能健身房的安全问题和投入成本过大问题，也需要加以解决。第三，在智能居家健身领域，智能健身装备和智能健身 App 的使用推动了全民健身的浪潮，但是也出现了参与者因无技术指导而导致体验感差，锻炼效果不佳的问题。第四，体育服务业各业态数据资产开发力度不够，其附加经济效益不高，且没有充分建立客户数据库，在利用大数据精准分析市场供需情况方面

① 产业信息网. 2018 年中国智能可穿戴设备行业分析报告［EB/OL］.［2018-08-01］https：//www.chyxx.com/industry/201808/664161.html.

② 前瞻网 . 2018 年健身俱乐部行业市场规模与发展趋势分析 互联网智能健身成趋势 ［EB/OL］.［2019-07-07］https：//www.qianzhan.com/analyst/detail/220/190704-44949594.html.

能力不足。

(二)健身休闲业产业融合层面

健身行业与休闲产业进行产业融合是体育产业业态融合的具体表现,是双循环新发展格局背景下体育产业扩大市场范围的重要举措。近年来,为调动居民参与体育运动的积极性和推动全民健身,政府高度重视将健身产业与休闲娱乐、户外运动等结合起来,发挥健身休闲业融合发展的经济带动作用。自 2016 年国务院办公厅印发《关于加快发展健身休闲产业的指导意见》(以下简称《意见》)以来,各地掀起了开办健身休闲项目和户外赛事活动的高潮。《意见》提出,要大力发展户外运动,制定健身休闲重点运动项目目录,以户外运动为重点,研究制定系列规划,支持具有消费引领性的健身休闲项目多元化发展。各地政府和企业开始以体育旅游为产业营利出发点,广泛在各个优势地区开发运动健身、观光、度假等经济活动,并打造了一系列健身休闲类运动产品和健身路线。

2016 年,云南、贵州等地率先开始了此类产业经济形态的试点和探索工作,如七彩云南格兰芬多国际自行车节在 2016 年成功举办,活动涉及昆明、玉溪、楚雄、大理、丽江等多个地区,有力地拉动了沿线城市的旅游消费,经过多年发展,七彩云南格兰芬多国际自行车节已成为集体育、健身、娱乐、旅游为一体的产业融合典范。由于此类经济模式因地制宜,成功利用了当地特有的自然环境资源,并以推广全民健身项目文化为出发点,契合了人民群众参与多元化体育运动的心理需求,调动了群众参与积极性。现如今,健身与休闲产业的融合发展迈入了新阶段，以健身休闲运动小镇为载体和平台的产业新空间快速发展，是推动经济高质量发展的新探索。由于小镇在基础设施、资源储备等方面更加完善和便捷，休闲运动项目和体育旅游赛事项目开始朝着专业化、集群化方向发展。但是从本质上看，两种经济发展模式都是产业融合发展产生的新型经济形态，但是运动健身与放松休闲的有机统一，其业务包含了健身休闲服务供给、健身休闲设施建设、健身休闲器材装备制造、健身休闲职业人才培养等多个门类，产业链条长、公众参与强，经济带动作用明显。随着城市马拉松、冰雪运动、自行车、登山等健身休闲项目的蓬勃兴起，在广大中西部地区，健身休闲产业将成为引领地方经济社会发展的重要力量。

然而，健身休闲业融合发展过程中也遇到了一些瓶颈。一方面，我国健身休闲产业有效供给不充分，同时也存在多个市场短板。多年来，我国健身休闲业供给产品同质化问题严重，并存在恶性竞争。以健身服务业为例，我国大多数中小体育健身俱乐部在产品设计和服务创新等方面投入不足，在教练员资格审查、会员权益保护等方面不够重视，长期存在违规套现"跑路"的问题，并且在培育客户方面，存在虚假宣传问题；在涉及客户满意度和健身效果问题时，行业内没有形成统一的评估标准；在健身休闲户外运动上，健身休闲产业大多数布局在乒乓球、羽毛球、跑步等大众项目领域；在冰雪、游泳、山地、极限、户外探险、航空运动等项目方面开发不足，市场规模不大，而且区域发展差距较大；在专业人才、场地、资金等要素资源禀赋方面存在束缚，不能满足消费者多层次的消费需求。

另一方面，体育健身休闲产业存在市场规模大、实际需求量大，但是实际消费水平较低的矛盾。根据国家体育总局体育科学研究所的调查显示，我国 20 岁以上城镇居民中，有 47.6％的人体育消费总额在 499 元以下，全国 72％的人体育消费总额在平均水平附近或低于平均水平。另外，在体育消费人群中，购买运动服装在体育消费中占比最高，达到 93.9％，其他依次为购买体育器材、订阅体育书刊、支付锻炼的场租和聘请教练以及观看体育比赛的费用等，从这一数据看出我国体育消费水平仍处于初级阶段，这与体育市场的无效供给有着密切的联系①。此外，从国内健身消费的内容上看，总体上缺乏创新性，产品内容较为单一，对于具有创新性的健身休闲产业和项目开发缺乏创造力。健身休闲市场缺乏因地制宜的特色型产品，没有形成一定的特色产品文化和品牌形象，产业发展缺乏知名度和国际影响力，且在发展方式上还过于依赖劳动力、资本、土地等传统资源要素投入的增量价值。在产业信息化、区域产业协同发展、资源共享等方面缺乏一定的战略布局。因此，总的来看，健身休闲行业总的需求巨大，但是实际供给不足，同人民群众多样化的健身休闲需求相比，我国健身休闲产业发展比较滞后，规模不大、质量不高、产需对接不畅、有效供给不足，且受监管不够完善、项目融资困难、土地行政审批难等一些体制机制束缚。为此，国家层面既要制定出台反映公众消费意愿、符合当前实际、适应发展需要的政策文件，更要发挥地方积极性，进一步破解体制机制障碍，加快健身休闲产业发展，切实提升全民族健康水平和幸福指数。

---

① 王志文，沈克印. 我国健身休闲产业供给侧改革的实施路径研究[J]. 山东体育学院学报，2018，34(05)：20-26.

二、竞赛表演业面临的问题

(一)竞赛表演业自身资源层面

第一,体育竞赛表演业主体活力不足。体育竞赛表演业的主体主要是组织各项体育赛事的承办单位和企业,以及各大高水平的体育赛事。虽然我国体育竞赛表演业的主体增速较快,数量较多,但龙头企业和金牌赛事较为欠缺,比如世界十大影响力赛事中,没有一个中国赛事入选,福布斯发布的全球体育赛事价值20强中,也没有一个中国企业或中国品牌,表明我国体育竞赛表演业在国际上处于相对弱势地位。体育竞赛表演业资源一直处于条块分割状态,社会体育组织企业专业程度不足,体育协会、体育社团等体育社会组织以及体育竞赛表演相关企业在专业化程度上也存在很多缺漏。虽然近年国家体育总局大力推进协会脱钩的政策改革,但是体育竞赛表演业的相关社会组织依然具有半官方半民间的二重属性,双头决策不利于体育竞赛表演业的长足发展。而企业等市场主体,相对来说,企业长期受到压制,在竞赛表演业的团队建设,组织运作经验方面都有所欠缺。

第二,体育竞赛表演业存在供给不足、供需错配、供给质量不高以及人才缺乏等问题。从供需角度来看,我国体育竞赛表演业作为体育产业的核心本体产业,不发达的根源在于供给质量不高,实际上,体育产业的落后与近来人民日益增长的对优质体育产品与高水平体育竞赛表演的需求,形成了鲜明反差。就参与体验新的赛事而言,自行车马拉松等参与类的赛事供给数量虽然大,但是质量不好,同质化严重,而且举办马拉松的城市大多数都是亏损状态,大城市马拉松名额一席难求,然而很多小城市跟风办马拉松又面临参赛选手人数不够的问题。就观赏性的赛事而言，相比国内赛事，国际顶尖赛事的吸引力和商业价值都更高，因而各类国外的体育顶级赛事依然是国内体育观众的主要关注对象和我国体育媒体的主要报道赛事①。体育竞赛表演的观赏性和对抗性是吸引观众的关键因素，高水平的运动员之间的激烈碰撞能引发人们的兴趣并吸引观众，相对于中国运动员擅长的隔网运动来说，足球和篮球这类同场竞技运动的球迷更多，吸引力更大，而我国在足球篮球这类群众基础广泛、球迷众多的运动上，高水平的体育运动人才欠缺，体育赛事吸引力不够，国内足球联赛和 CBA 相较于世界杯和 NBA 来说对球迷的吸引力不足。国内赛事供给数量不足，质量不高导致体育竞赛表演业在促进内循环，拉动竞赛表演业内需方面的动力严重不足，限制了体育竞赛表演业的高质量发展。高端体育竞赛表演相关人才缺乏，尽管碰上了快速成长的契机，由于人才稀缺，诸多体育赛事在赛事举办和商业变现的发展过程中，不得已放缓了脚步。体育竞赛表演业的人才缺乏主要体现在经营管理人才缺乏和高水平运动员人才缺乏两个方面。目前体育竞赛表演业最缺的，是能吸引用户、有盈利能力的体育大项目经营管理人才。体育经营管理人才，是既懂体育又懂经营管理的复合型人才。目前，国内从事体育产业经营管理的主要有两类人：一是原先就在体育系统工作的人，如体育官员、运动员、教练员等，他们对体育本身有着很深刻的认识，但缺乏经济管理运营的背景；第二类是商界人士，他们对商业有

---

① 王凯，张煜杰，陈明令. "双循环"新发展格局下我国体育竞赛表演业生态嬗变与应对[J]. 体育学研究，2021，35(03)：67-74.

很敏锐的嗅觉，知道体育产业利润丰厚，但对体育以及体育产业所具有的特殊性认识不太到位。所以体育经营管理人才缺乏已成为目前体育竞赛表演业的最大痛点。

第三，随着数字经济时代的到来，体育产业数字化已经是不可抵挡的趋势，尤其是体育竞赛表演业，因为突如其来的新冠肺炎疫情而受到严重冲击，国内外体育赛事的举办一度陷入停滞状态，在此背景下体育竞赛表演业的数字化转型迫在眉睫。然而从数字化运营和整体技术环境来看，我国竞赛表演业的数字化转型之路同时面临着数字化技术水平相对落后、运营管理人才缺乏、数字化转型产品和服务种类匮乏、赛事营利模式单一等诸多问题。赛事数字化运营的程度较低，以往观众现场观赛时高质量的增值服务就是显著短板，受新冠肺炎疫情影响，视频观赛更是受到资源清晰度不够、传输稳定性不行、视频转播话音不同步、视频流畅度欠佳等现象制约[①]。再者，支撑体育竞赛表演业数字化的核心技术缺乏阻碍了产业循环，在高科技领域我国与发达国家还存在较大差距，加之自主创新能力不足，在信息技术、新型材料和高端制造等核心领域还受制于人，体育竞赛表演业在数字化转型方面要积极融入国内外循环，尤其要多学习国外先进技术经验，同时积极自主创新，以数字化为契机提升我国竞赛表演业在国际产业链中的地位。

(二)竞赛表演业与不同领域融合层面

第一，体育竞赛表演业在与其他产业融合维度尚不成熟，产业融合

---

① 王凯，陈明令. 我国体育赛事的引致需求、现实问题与供给侧优化[J]. 北京体育大学学报，2018，41(9)：43-48.

是指不同的产业通过互相渗透、互相交叉、产业重组等多种方式，最终融为一体，逐步形成一个新业态的动态发展过程。当前体育竞赛表演业与文化旅游传媒、健康医疗等各个领域都有或多或少的融合基因，近来从中央到地方，各个层面都在推进相关领域的融合，但其融合发展不够成熟，融合的广度和深度都不够，产业间的融合模式和创新方式存在不足。随着数字经济时代的到来，高新技术和科技赋能成为当下体育竞赛表演业发展的焦点。但是新兴技术在体育竞赛表演领域的开发和应用都还不够深入，其大数据的开放性和共享性构建还远远没有实现。数字经济时代的到来对于竞赛表演业是机遇也是挑战，科技和电子技术使得体育赛事更易于转播，赛事观众覆盖率更高，但是同样科技的高速发展也催生了各种娱乐电子产品，这些电子娱乐产品挤占了人们观赏体育赛事的时间，文化领域的影视剧等也对体育竞赛形成了替代冲击。最后，电子竞技在体育竞赛表演业的发展中展露势头，预计未来电子竞技会是体育竞赛表演业最为常见、最受欢迎、商业价值最大的子项，然而我国在电子竞技领域的发展也处于起步阶段。

第二，竞赛表演业在社会教育、公众认知等关联领域受到的态度不算友好。竞赛表演业是在我国经济水平不断提升、居民可支配收入大幅提升的情况下，所需求的精神消费，虽然近年来国家经济得到长足发展，我国住房、教育、医疗等民生问题仍然制约着人民群众的体育消费意愿。体育消费是满足所有生活消费后更高级别的精神消费，只有在人们住房、教育等民生问题解决后，体育消费才会被提上日程。再者，因为体育竞赛表演业属于人群聚集性活动，由于 2020 年新冠肺炎疫情在全球肆虐，给这类聚集性活动带来了风险。此外，体育竞赛申请和布局等实践领域手续繁多，程序复杂，各项体育赛事没能得到很好落实。虽然我国对体育的重视程度不断加深，人们的体育意识也逐渐增强，但是大部分人还是对体育认知有所偏颇，比如认为体育竞赛影响学业成绩，运动员伤痛后遗症等，在学业和运动训练中会更倾向于选择学习，对于体育竞赛表演文化基础的形成认知度不高。

第三，目前我国体育竞赛表演市场在双循环格局下的外循环层面存在着许多影响其高质量发展的因素。首先，我国竞赛表演业中的国际性品牌赛事不足，影响力不大。高端的体育赛事 IP 和高质量的球员都处于进口状态，尤其体现在职业化程度较高的篮球和足球领域，呈现了高价引用外援的格局，形成了突出的高端进口和低端内循环为主的国内国际双循环格局。其次，我国在国际上的各种体育组织中，话语权不足，国际体育组织是体育竞赛表演业国际化发展的重要推动力，我国在国际组织中的在职人员交流经验和话语权都不多。最后，我国体育经纪人才欠缺，对于体育竞赛表演市场，尤其是国际外循环市场，对精通国际体育规则的体育经纪人要求较高，因为体育经纪人不足，导致我国在国际运动员交流，赛事谈判等市场上因为经验不足造成极大损失，影响了体育竞赛表演业的可持续发展。

三、体育用品制造业发展面临的问题

(一)体育用品制造业供给结构层面

第一，作为体育产业中最具有竞争力也最具有活力的支柱性产业，体育用品制造业正面临着内外两个方面的严峻挑战：内部挑战主要包括体育用品供给结构有待优化和国内体育用品消费力尚未完全释放[①]；外部挑战主要由于新冠肺炎疫情常态化时期国际体育用品流通的滞缓和经济全球化趋势下部分西方发达国家试图维持其在全球价值链中的技术主导地位和对高新制造技术的垄断继而采取的贸易保护措施等，加之体育用品制造业出口在整个产业中所占份额较高，尤其是在部分国家和地区过于集中，对外依赖过重，使得我国体育用品制造业的抗风险能力较弱。就外部挑战而言，我国的体育用品制造在关键零部件创新与制造方面处于弱势地位，在体育用品制造业领域，总体上大而不强，附加值不高，很多关键零部件甚至原材料都来自进口。在双循环格局下，体育制造方面的关键零部件研发受到一定的重视，但是在一些高精尖体育装备等领域，其技术仍然面临着国外垄断和封锁，导致国内体育主体需要高价购买国外产品，大量产业资源外流，同时也提高了企业自身的生产资源投入的成本。

第二，我国体育用品制造业的供给层次偏低，高科技含量不足，创新程度不高，与数字化融合不够。由于我国体育用品制造领域长期以来的代工生产，压制了国内品牌的打造和外延，使我国的体育用品及体育制造具有很强的外部品牌依附性和产权依赖性。国内虽有李宁、舒华体育等体育用品及器材制造品牌，但是国际市场并不大，品牌价值并不高，总体市场集中在市场的中低端。在产品设计研发和创新层面，对同

---

① 段艳玲，付志华，陈曦. 我国体育用品制造业服务化对产业转型升级的影响研究[J]. 武汉体育学院学报，2019，53(11)：23-28.

类模仿较多，同质化较为严重，且在品牌文化塑造和产品风格定位方面较为模糊，固定体育消费群体的培育力度总体上投入不足，这都一定程度上影响了体育产业产值效益的提升。数字技术和网络发展为体育用品制造业的发展带来了重大的机遇，为其提供巨大经济和社会效益，但是由于数字化科技在我国的发展仍处于初步阶段，很多技术上不成熟，以及互联网接入的不平等、信息不对等，目前数字化技术以及其在体育用品制造业中的应用和开发仍处于起步阶段，许多体育用品的科技含量也远低于发达国家。

(二)体育用品制造业与双循环格局契合层面

第一，在国内循环方面，供给结构有待优化，需求潜力还需进一步挖掘。构建国内国际双循环和相互促进新发展格局的重要基础，需要立足国内大循环，因而要求我国要尽快构建完善的内需体系，把满足国内需求作为经济发展的重要着力点。一方面，体育用品消费体现了体育用品需求，推动着体育用品制造业的快速发展。根据《艾媒咨询全球体育用品市场规模调查》，2018 年我国人均体育用品消费仅为 16.9 美元，我国经济发展最好的地区之一，上海市的人均体育用品消费才 220 美元[①]，与许多发达国家的消费存在很大差距，这也表明我国体育用品消费力还有很大提升空间。另一方面，还需要对体育用品消费的选择做进一步的引导，生活在不同时代的人群，在消费行为和消费偏好选择上存在系统

---

① 黄海燕，朱启莹. 中国体育消费发展：现状特征与未来展望[J]. 体育科学，2019，39(10)：11-20.

性差异①，主要表现为中老年群体消费欲望较低，以及年青一代体育用品消费异化。当前我国大部分老人的消费仍然以满足生存型消费为主，过惯了艰苦生活的老一辈在文体用品和享受服务消费方面的支出占比较低。而年青一代因为处于市场化改革时期，人均可支配收入增加，人民生活水平提高，消费意识提高，年轻的群体是当前体育用品消费的主力，但他们在消费时可能存在攀比心理，也会过分追捧国外更加知名和更加昂贵的体育用品，而忽视国内市场上的国产体育品牌，不利于扩大内需促进内循环。

第二，在外循环方面，我国体育用品制造业深陷低端困境，由于渐渐丧失廉价劳动力优势，传统的全球价值链也面临破裂风险。数据显示，2019 年我国体育用品出口额已经超过 190 亿美元，占据全世界体育用品出口交易的 30％以上，就体育用品制造的出口规模来说，中国已经成为世界上最大的体育用品制造和出口国家，但是大部分用于出口的对外贸易产品只是规模大，而口碑不高，影响力不大，甚至一度锁定低端制造。由于贸易结构较为单一，长期以代工和加工贸易为主，许多国外知名体育用品制造品牌都将中国作为他们的组装工厂，目前我国大部分体育用品制造业在设计、研发品牌等企业核心能力的建构和资金支持方面大有欠缺。再者，因为人口老龄化问题开始显现，人口红利逐渐消失，对外贸易的竞争力逐渐弱化，随着我国劳动力价格水平的提升，运费价格上涨，人民币升值等多重原因，许多以前在中国建成组装的国外

---

① 王睿，杨越. 家庭视域下扩大我国体育消费的政策研究[J]. 体育科学，2020，40（1）：42-50.

品牌，将注意力转移到越南、泰国等劳动力价格更低、土地要素更加实惠的国家，依靠低价模式发展的贴牌工厂愈发艰难。最后，中国作为出口国，大部分出口对象过多地集中于一些主要发达国家，一旦外部局势条件变化，对外贸易条件恶化。还有进口国实施贸易壁垒和贸易保护措施时，中国体育用品的出口量将会下降。新冠肺炎疫情冲击了原本就动荡的全球贸易体系，凸显了例如贸易商讨难、生产资料流动难等各种问题，对体育用品的国际贸易产生严重影响。

第三，国内循环与国际循环的良性互动尚未形成。在双循环发展格局中，国内大循环和国际大循环之间是互相依存、互相促进的关系。而我国积极嵌入国际大循环，争取在全球价值链上争取一席之地，从发达国家获得贸易利益以及技术外溢的效应，推动国内体育用品制造业的变革和效率提升，从而提升我国体育用品制造业的国际地位，形成良性循环。但目前来说，良性循环尚未形成，一方面，国内体育用品制造业一直以劳动密集型产业为主，科技含量不高，许多科技产品和重要技术都是由国外提供，使我国体育用品制造业竞争力相对较弱，但随着我国经济实力的增强，体育用品制造技术稍微有所进步，外国企业就增加了对我国的贸易壁垒。另一方面，外循环没能促进国内外市场和规则的有效对接，体育用品制造业参与外循环的主要方式是出口贸易，但是出口贸易并没有带动我国行业标准的提升，在加速人才流动和配置资金链方面的效益也很微弱。

四、体育旅游业发展面临的问题

(一)体育旅游产业配套体系层面

第一，体育与旅游产业融合深度不足，体育旅游产业转型升级乏力。目前体育旅游产业融合大多停留在体育加旅游的产品融合上，空间层面上，缺乏文化底蕴，教育意义也不高，尚需要进一步与文化、教育、健康等领域融合，需要解决普遍存在的价值环节融合缺失和深度不足的问题。现阶段，我国体育旅游大多是在传统旅游中加入体育元素，或者是对原来的体育基础设施加以改造升级而成，缺乏体育旅游产业融合的统一规划和设计。体育产业融合是大趋势也是当下热点，但还是有很多融合形态流于表面，融合程度不高，融合的协调性较差。协调性较差主要表现在以下两个方面：一是部门协调性差。体育产业融合发展离不开相关部门的宏观引领，例如跨地区协作，以及不同部门之间的协作等，由于体育产业融合涉及的主体较多，导致部门之间缺乏有效的沟通和交互。二是产业协调性较差。体育与其他产业的融合发展客观存在于我国大的产业体系，只有建立起协调的产业体系，才能促进体育产业与其他产业融合发展。但是，受多方面因素的影响，我国产业之间的协调性不够，不同产业之间缺乏协同意识，发展思想理念相对狭隘，从而制约了我国体育产业深度融合和发展，制约了产业经济效应的进一步扩大化。

第二，我国体育旅游产品在供给层面上仍处于初级阶段，体育旅游产品的"量"和"质"都严重不足。随着近年来体育热的兴起，体育旅游业也得到迅猛发展，尤其是参与性的体育旅游产品数量呈爆发式增长。譬如有代表性的体育旅游项目马拉松，根据中国田径协会公布的 2015 年数据显示：中国有 134 场马拉松赛事，比 2010 年增加了近 10 倍，全年参赛者高达 150 万人次。据中国马拉松博览会数据统计，2018 年已举办的马拉松赛事（AB 类赛事，路跑 800 人以上，越野 300 人以上）合计 1072 场，参加人次接近 600 万。2019 年，全国范围内共举办规模赛事 1828 场，同比增长 15.62%。尽管马拉松赛事场次在几年间骤升，但优质马拉松赛事依然供不应求，一些因看到市场机遇而匆匆开展的新赛事受限于现有的资源和配置，新产品的质量参差不齐。城市马拉松赛事作为体育旅游产品的典型代表，反映了体育旅游业快速发展的潜力和势头，同时也暴露出体育旅游业供给与需求之间的结构性矛盾。从补足供给短板来看，我国的体育旅游业供给短板主要表现为场地短板、赛事短板和创新短板三个方面。高质量的体育旅游产品必然离不开硬件设施的支持，旅游目的地独特的山水资源和特色民族传统体育项目为体育旅游产品的开发提供了得天独厚的优势，然而众多优质山水资源很少用于体育旅游开发，传统体育项目也无处展示，体育旅游项目缺少场地支持。据马蜂窝 2019 年体育旅游数据显示，2018 年 8 月以来，"篮球赛""观赛"等相关关键词的旅游搜索热度上升 32%。由于高水平体育赛事本身就是一票难求，观赛型体育旅游产品一直都是体育旅游供给的短板，同时，一些适合普通大众参与的体验型体育旅游赛事也存在供给不足的情况。

第三，体育旅游产业政策的有效性和适用性不强，产业发展驱动力不强。体育旅游产业的发展需要合理的体育旅游产业政策体系予以支持和引导。当前我国体育产业的相关配套政策有效性和适用性都有所缺乏，政策环境不利于我国体育旅游业的驱动创新发展。一是主要表现在体育旅游产业相关配套政策不完善，尽管有国家旅游局、国家体育总局联合出台的《关于大力发展体育旅游的指导意见》等对体育旅游产业具有明确指引作用的文件，但是对于体育旅游产业领域，其他配套设施采用的政策常常由于不具体而存在值不足或产生偏差等问题，尤其是体现在体育旅游领域的土地使用、财政税收、金融信贷等方面。二是旅游体育产业类各项目的政策不完善，近年来，国家相继出台了《水上运动产业发展规划》《航空运动产业发展规划》《山地户外运动产业发展规划》等一系列专项文件，有力推动了体育旅游的发展。但由于体育旅游领域项目众多，一些历史悠久、参与度高、受众广的民族传统体育旅游项目如龙舟、养生等也亟待进一步加强规划引导。三是融资体系不够完善，未能给予体育旅游企业更多指导与支持，需要立足各个企业不同的发展阶段和特点，制定出适合各企业发展的资金扶持和优惠政策，为其打造高质量体育旅游产品提供资金支持和动力支撑。

(二)体育旅游产业动能融合层面

第一，体育旅游发展依然沿袭旅游业发展中形成的传统路径思维，惯性动能培育不足，远远不能适应体育旅游产业融合创新发展的需要。当前体育旅游的发展多为传统旅游企业或体育企业，是在原有发展基础上进行的市场扩张。扩张而来的市场主体普遍存在专业化程度不高、依赖资源开发与自发成长的发展模式。在这种模式之下，产品同质化、创新滞后化、市场影响力小的问题接连出现，而与此同时，粗放化的体育旅游产业发展模式难以回应消费结构不断转型升级的更高要求，消费转型需要更加专业、更加高品质的产品服务供给。此外，旅游产业缺乏动能创新产业，在发展的时候重数量轻质量、重形式轻内容，没有长远的目光，注重短期利益而忽略长远发展，不利于旅游产业的可持续发展。

第二，体育旅游产业运营传统化，随着数字经济时代的到来，新一轮的科技革命和产业变革深刻影响着人们的生产生活和思维方式，对传统的体育旅游经营模式造成冲击。目前数字化已经成为各行各业转型升级的必然之路，加速体育旅游线上线下布局与旅游数字化转型迫在眉睫。但是由于缺乏数字化转型的经验，以及数字化技术与体育旅游等融合问题，导致现在线下场景流量仍然是体育旅游运营的主场，线上运作布局投入匮乏，并且欠缺相应的运营基础和保障能力，"智能体育"和"智慧旅游"等模式亟待创新开发[①]。

第三，体育旅游业的高端装备设施对外依存度高，体育旅游产业支撑能力欠缺。体育旅游产业的数字化转型和未来的长远发展，离不开高端装备。我国旅游装备制造业与发达国家差距较大，尤其是高端装备，基本依靠进口，对外依存度较高，在运动游艇、滑雪板、造雪机、低空飞行器等体育旅游装备器材短板凸显严重，目前我国自己制造的体育旅游装备大多集中在中低端产品体系中。再者，我国体育旅游装备的自主创新能力相对来说比较薄弱，因而体育旅游的发展，尤其在装备设施方面要积极融入国际大循环中，学习国外先进的旅游设备制造经验，不断提高自身制造能力，提高我国体育旅游的竞争力，减少体育旅游经济的

---

① 董亚琦，李伟，郭铜樑，詹晓梅，钟建伟. 大数据助推体育旅游发展价值及路径研究[J]. 体育文化导刊，2020(05)：81-86.

脆弱性。

双循环新发展格局下，体育产业要实现高质量发展，必须明确目前影响其发展的问题。本章节先是基于总体体育产业，从体育产业自身以及体育产业外部环境两个方面提出相关问题，产业发展的内部状况问题，主要体现在产业结构、产业供需矛盾、产品供给质量和人才缺乏等方面，外部环境主要包括体制政策、环境经济市场还有社会文化环境。然后再针对性地对体育产业中，健身休闲业和竞赛表演业两个体育本体产业以及影响力较大的体育用品制造业和体育旅游业面临的问题进行分析。以期通过提出问题，找出解决问题的办法，进而推动双循环新发展格局下，体育产业的高质量发展。

五、体育场馆管理业发展面临的问题

(一)体育场馆运营与管理层面

第一，体育场馆的商业化运营层次较低。大多数体育中心只停留在利用场馆物业进行出租，或开展一些大众体育健身活动，也就是说是在靠固定资产的消耗来对外经营。我国到目前为止，体育市场规模相对较小，大众平均收入与发达国家相比还较低，尚没有过多的金钱和时间用于体育消费。因此，仅靠经营体育健身业，其经营收入不仅不能收回投资，而且连维持体育场馆的日常开支也很困难。这就使得大多数体育中心的主要收入来自所谓的非"体"产业，如出租场馆设施等。如果体育中心周边商业气氛浓厚，也就是说其体育场馆房地产的商业利用价值高的话，则其收入可观，能够维持日常开支。如地理位置不适合商业经营，则只能靠财政拨款来维持体育中心的日常运转。这里的非"体"收入是指这些体育场馆从事三产经营，如场地出租、承办文艺演出、开办商场、饭店、展览会等的收入；而本"体"收入是指承办体育比赛、提供训练场地、向社会开放供健身服务等以体育为主要内容的经营收入。

第二，经营意识淡薄，没有建立与社会主义市场经济相适应的商业化运营机制。由于不少体育中心和体育场馆经营者心存"等、要、靠"观念，认为自己是事业单位、公益性质，吃"皇粮"理所应当，想完全"躺"在政府身上，吃财政饭，对体育场馆的商业化运营缺乏积极探索的主动性，在体育场馆商业化运营上办法不多、机制不活、积极性不高，往往只考虑眼前的利益，不以长期经营为目标，不关心积累，不谋求长期发展。经营收入大多用于日常开销，很少用于投资回收或今后的可持续发展。由于内部采用承包责任制的管理模式，除完成上缴指标外，据不完全统计，大多用于能耗和职工的工资、奖金、福利，很少用于再投入改造。而且，大多数的体育中心其经营收入的二分之一至三分之二只能用以维持职工相当于社会中等水平的收入，没有更多的资金用于投资回收和今后的可持续发展，能够提取固定资产折旧的只有少数几家，导致体育场馆严重缺乏更新技术改造的费用，致使一些体育场馆设施年久失修，更加大了其对外经营的难度，形成恶性循环。经营项目开发不全，无形资产开发力度不够。目前我国体育中心的对外经营很少能够通过无形资产来创造效益，没有系统地进行营销策划，很多有市场价值的资源（如体育中心的无形资产）有待开发，无形资产的开发将可以带动许多相关产业，创造出可观的经济效益，其发展前景非常广阔。

第三，体育场馆的产品性质和发展定位尚需完善。依据"第五次全国体育场地普查"统计数据可知：目前，我国约有 97％ 的体育场馆由政府投资兴建。因此，我国体育场馆绝大多数属于公共体育场馆。改革开放以来，党中央、国务院出台的一系列文件中都明确将体育场馆定位为公共体育设施，其主要职能在于满足运动员训练、运动竞赛和广大人民群众的健身娱乐需求。有些体育场馆的主要管理人过于片面地强调体育场馆的产业化功能，不重视甚至忽略了体育场馆的体育公共服务职能，转而将体育场馆的工作重点放在或转移到其他经营性活动当中。或仅仅从经济效益角度来评价体育场馆的功能和产出，完全忽略了体育场馆的社会效益，尤其是大型体育场馆在提供体育公共服务及促进我国经济社会发展中的重要价值。我国的财政、税务部门事实上没有将体育场馆看成是公共体育设施，在场馆建成后极力把场馆运营责任推卸给体育部门，减少甚至断绝财政补助，这使得许多体育场馆的管理者根本无法开展体育公共服务。而有些体育场馆主要管理者又过分地忽视了体育场馆经营性活动的开展。以上诸多情况不仅严重地影响了体育公共服务的供给，而且也严重限制了体育场馆经营活动的效益。

由于体育场馆的属性及功能定位上不明确，无法取得社会效益与经济效益的平衡。大多体育中心仍为企业化管理的事业单位，既要独立核算、自负盈亏，完成经营指标，缴纳各种税费，又要完成政府交给的各种指令性任务(如承办赛事、大型会议和用作训练场地等)。这种双重身份在实际运作中，既要发挥公益作用，又要创利盈利，其结果只能是经济效益与社会效益相互挤换，难以做到两全其美。

（二）体育场馆建设与规划层面

第一，场馆建设设计规划布局不完善。体育场馆建设与运营发展的经验表明，体育场馆运营的效果关键取决于建设，而建设的效果关键取决于规划与设计。据统计数据显示，截至 2010 年，国外有 116 个国家和地区制定了国家体育场馆建设与发展的专项规划。在我国，由于体育场馆建设的规划指导不够，使得我国体育场馆的规划建设与布局存在以下问题：盲目追求高规格、高标准建设。我国体育场馆在规划建设中条块分割情况十分严重。规划部门不管建设，规划与建设部门不管运营，最终把体育场馆最艰难的问题——经营与管理的责任推给体育行政部门。地方政府在体育场馆的建设过程中基本上是以竞技体育为导向，强调高水平竞赛和训练功能，对基本的体育公共服务功能重视不够。一些地方政府好大喜功、建设政绩工程的思想严重，倾向于将体育场馆建设作为面子工程，强调按国际标准高规格建设，忽视了本地区的经济发展水平、城市规模、城市定位、城市体育发展水平、居民体育需求等方面的重要因素，其结果是造成体育场馆建成后的维护、保养费用偏高，体育场馆使用率低下，这是长期以来我国体育场馆运营与管理困难的根本原因所在。

赛时与赛后功能脱节。我国体育场馆尤其是大型和超大型体育场馆的建筑工艺和设备工艺一般要远远高于日常使用所需，场馆大量建筑用房没有与赛后运营功能紧密结合，尤其是日常经营所需的商业用房基本没有配套。2008 年北京奥运会后，所有的新建体育场馆都进行了适应性的改造。如果不进行这样的改造，这些大型体育场馆的赛后经营将会十分艰难，从而导致场馆闲置，造成国有资产的损失。这充分反映出我国体育场馆建设存在赛时与赛后功能脱节的建设和布局问题。

体育场馆区域布局不合理。我国体育场馆大多集中在大城市以及我国经济发达的地区，中等城市以及经济欠发达地区体育场馆普遍缺乏。由于我国城市规划不够科学，城市中给体育场馆建设留有的空间不足，无法满足体育场馆建设用地需要，导致体育场馆多建在城市郊区，严重影响了体育场馆的利用率和经营效益。

第二，体育场馆结构布局有待完善。改革开放以来，我国体育场馆建设的基本模式是"一场两馆"。竞赛训练类的体育场馆多，而全民健身类的体育场馆严重不足。国际体育发展的历史经验告诉我们，体育场馆的建设与发展必须体现层次性与多样性原则，必须满足最广大人民群众的多元化体育需求。当前，我国体育场馆的建设与发展呈现"倒金字塔"的结构，塔尖部分主要是为职业体育和大型体育赛事提供服务的大型体育场馆，塔尖以下比例最大的塔基部分是服务于广大居民的多层次的社区体育设施，主要包括社区体育中心、大学生体育娱乐中心、社区和城市体育公园、儿童游戏场、青少年野营基地、全民健身基地、健身步道、健身苑等。然而，事实上我国属于塔基部分的这类满足全民健身娱乐需求的体育场馆建设却严重不足。

国家和各级政府应着力发展为广大人民群众提供体育公共服务的社区体育设施。社区体育设施是一个国家和地区体育场馆设施的主要组成部分，是一个国家体育事业可持续发展的物质基础。只有努力拓展社区体育设施才能够为广大的人民群众提供基本的体育健身条件，才能够保障人民群众基本的体育权利，才能够为人民群众提供基本的体育公共服务，才能够为竞技体育的发展提供持久的动力，促进竞技体育与群众体育的协调发展，才能够真正保障一个国家体育事业的可持续发展。

双循环新发展格局下，体育产业要实现高质量发展，必须明确目前影响其发展的问题。本章先是基于总体体育产业，从体育产业自身以及体育产业外部环境两个方面提出相关问题，产业发展的内部状况问题主要体现在产业结构、产业供需矛盾、产品供给质量和人才缺乏等方面，外部环境主要包括体制政策、环境经济市场还有社会文化环境。然后再针对性地对体育产业中，健身休闲业和竞赛表演业两个体育本体产业以及影响力较大的体育用品制造业、体育旅游业、体育场馆管理业面临的问题进行分析。以期通过提出问题，找出解决问题的办法，进而推动双循环新发展格局下，体育产业的高质量发展。

第六章 | 双循环新发展格局下体育产业
高质量发展的动力机制

全球新冠肺炎疫情暴发以来，世界产业链、供应链、价值链经历了显著变化，建立区域性产业链集群和区域性大市场成为时代趋势①。为适应国内国际经济形势变化，党和政府审时度势，在党的十九届四中全会上确立了以国内大循环为主体，国内国际双循环相互促进的新发展格局，这是对"十四五"和未来更长时期我国经济发展战略、路径做出的重大调整和工作部署。体育产业作为国民经济结构中的组成部分，是构建双循环新发展格局的重要经济基础，有助于体育产业把握双循环新发展格局的战略机遇，进而实现产

---

① 人民论坛网. 如何应对百年未有之大变局和疫情的叠加冲击. [EB/OL]. [2020-06-14]http://www.rmlt.com.cn/2020/0614/583569.html.

业高质量发展。上文所述，促进体育产业供需平衡，扩大国内体育消费是双循环新发展格局下体育产业高质量发展的根本逻辑，但是当前学界对这一目标逻辑形成的动因、机理阐述并不完善，因此有必要对其进行深入挖掘，探究双循环新发展格局下体育产业高质量发展的动力机制，以便为后续双循环新发展格局下体育产业高质量发展的路径探究提供理论参考。本章主要从产业发展的外部政策、经济社会环境以及产业内部供需关系来阐述双循环新发展格局背景下体育产业高质量发展的动力机制。

第一节　双循环新发展格局下体育产业高质量发展的外部动力机制

双循环新发展格局背景下，体育产业推动高质量发展是为了适应当前国内外经济发展形势，减少外部风险挑战；是为了加快体育强国建设，培育产业发展新动能；更是为了化解体育产业发展矛盾，满足人民多元化、高要求的体育消费需要。基于此，双循环新发展格局下体育产业高质量发展不仅是国内国际市场环境变化的必然结果，也是我国内需经济发展的客观要求，既是国际产业链供应链区域调整的形势所迫，又是出口导向型经济发展模式向内向型经济发展方式转变的时代所需，其目的在于提高体育产业发展的韧性和竞争力，促进国内国际两个市场相互促进，协调发展。

一、经济层面：适应经济发展阶段特点的内在要求

（一）国际经济发展的不确定性因素增多

第一，新冠肺炎疫情等重大突发公共卫生事件对全球体育产业的冲击。一方面，全球新冠肺炎疫情的肆虐恶化了我国出口导向型体育用品制造企业的市场环境，产业链、供应链面临较大断裂风险。自 2014 年国务院 46 号文件颁布至今，我国的体育用品制造业快速发展，成为世界体育用品生产的"世界工厂"。据相关数据显示，2019 年，我国的体育用品对外贸易出口总量达到 740.63 亿元人民币，占全世界总量的 90％以上，其中市场主要为北美、欧洲和亚洲。2019 年，新冠肺炎疫情暴发后，中国乃至世界范围内进行防疫管制，造成了世界范围内体育用品制造业企业的停工停产，产业链供应链的断裂提高了体育产品的生产流通成本，这种经济影响对我国体育用品企业的影响尤为明显。据体银智库统计，我国的体育用品制造企业大多是成立 5 至 8 年的中小企业，规模不大，技术含量不高，且企业品牌积淀不多，资金储备有限，因此新冠肺炎疫情暴发后，这些企业普遍面临破产风险[①]。由于我国的体育用品制造业长期以来严重依赖出口，导致市场份额主要集中在国外，突如其来的全球突发公共卫生事件给体育产业敲响了警钟，因此必须要注重国内市场的开发，提振国内体育消费热情。另一方面，中国体育产业发展的内部市场不断扩大，机遇与挑战并存。据国家统计局数据

---

① 陈颀，刘波，等. 中国体育用品全球贸易发展：现状特征与对策建议[J]. 体育学研究，2021，35(02)：66-76.

显示，2019 年，我国产业总规模达到 26579 亿元，增加值占 GDP 比重达到 1.1％，连续多年来保持快速增长，这表明我国的国内体育市场发展前景良好①。新冠肺炎疫情后，体育产业发展也呈现出两种发展趋势。一是国家更加重视人民身体健康，一系列政策的出台将为体育产业发展带来利好驱动力。譬如 2021 年"两会"政府工作报告明确提出要把体育和文化、旅游、休闲产业结合起来，培育新型服务消费。2021 年 5 月，国家发改委等 28 部委联合发布《加快培育新型消费实施方案》，也提出要发展智能体育，促进体育产业高质量发展。在《中华人民共和国国民经济和社会发展第十四个五年规划和 2035 远景目标纲要》中也明确提出培育体育产业发展新动能，鼓励体育产业创新发展。二是数字经济与体育产业融合发展成为重要趋势，新技术的广泛应用将为体育产业发展提供强大的创造力和增长引擎。近年来，随着大数据、互联网、人工智能、5G 通信等技术的加快发展，体育产业逐渐向数字化、信息化、智能化方向转型升级，服务型制造、智能制造成为新兴生产方式；平台运营、定制化服务成为新兴商业模式；智能设备、智能软件成为新型消费产品，以至于体育产业的生产方式、商业模式、产品形态都发生了根本性变革。

第二，世界面临百年未有之大变局，逆经济全球化趋势日渐凸显。一方面，经济逆全球化恶化了我国经济发展的外部市场环境，影响了我国的经济增长方式，因此需要认清形势，做好应对突发外部风险的准备。自 2008 年国际金融危机暴发以来，全球贸易总量主体呈现出放缓

---

① 普华永道：2020 年体育产业调查报告［EB/OL］．［2020-12-20］https：//finance. sina. com. cn/tech/2020-11-10/doc-iiznctke0529932. html.

趋向，世界贸易规模不断萎缩，发达国家贸易保护主义不断抬头，逆经济全球化暗流涌动，新冠肺炎疫情的全球暴发更是助长了西方国家对于发展中国家的抵制情绪①。作为世界上最大的发展中国家，中国近年来经济发展的外部环境整体呈恶化趋势，以美国为首的发达国家加紧了对中国的经济扼制，在关税减免、市场准入、安全标准、市场倾销等领域频频向中国发难，迫使我国不断调整产业政策以适应危局。从某种意义上说，逆经济全球化的出现严重影响了我国外向型经济的发展，构建以国内大循环为主体，国内国际双循环相互促进的新发展格局，有助于提升我国经济发展的质量，增强我国的综合实力，进而减少对外部经济的过度依赖，形成稳固的国内消费市场，破解"原料、产品"两头在外的经济发展格局。2020 年，习近平总书记在中央经济工作会议上指出，"世界面临百年未有之大变局，变局中危和机同生共存，这给中华民族伟大复兴带来重大机遇，要善于化危转机，转危为安"。正因如此，我国体育产业要把握当前国际贸易发展的总体态势，积极调整产业发展方向，培育新兴增长点，开辟新兴市场，提升产业竞争实力，提高风险处置能力和产业灵活度。另一方面，逆经济全球化的发展使体育产业更加重视国内市场建设，有助于缓解长期以来体育产业的供需矛盾问题，进而提升产品质量，延伸品牌价值链和扩展产品的功能及多样性。近年来，在国家供给侧结构性改革的大力推进下，体育产业结构更加完善和优化，以竞赛表演业为核心的体育服务业成为新形势下体育产业高质量发展的

---

① 国家统计局. 2019 年全国体育产业总规模与增加值数据公告[EB/OL]. [2020-12-31]http：//www. stats. gov. cn/tjsj/zxfb/202012/t20201231＿1811943. html.

重要突破口，其产业规模在 2019 年首次超过体育用品制造业，成为体育产业发展的主要增长极。通过这一趋势可以看出，当前国内体育服务消费规模不断增长，体育消费逐渐向非实物消费转变，消费升级成为产业持续发展的动力，同时这也反映出我国国内市场已经初步具备高品质、高容量体育消费的经济基础。

第三，发达国家再工业化逐渐重塑原有国际分工体系。一方面，发达国家再工业化将进一步压缩发展中国家体育产业的海外市场，经济全球化过程中发达国家主导、发展中国家依附的经济地位格局将逐步瓦解，进而推动全球产业链、价值链的重塑，影响传统世界经济格局。再工业化即制造产业回流，最先出现在美国、德国、日本等发达国家，旨在通过制造业产业链的回流或本土制造业的升级改造来重振实体经济。因此，再工业化首先将影响发展中国家的制造产业，凭借发达的技术和物流设施，发达国家在产品竞争方面比发展中国家更具优势。对于我国体育用品制造行业而言，美欧国家再工业化会对我国的体育用品制造的国际贸易造成巨大冲击。主要表现在：首先，发达国家再工业化会压缩我国传统产业链中中低端体育产品的全球市场份额。其次，发达国家再工业化会进一步巩固其在高精尖体育产品制造方面的优势地位，并形成生产垄断。最后，发达国家的再工业化有助于缓解其本国体育产品生产的成本压力，这间接影响了商品零售价格，导致我国产品价格优势逐步丧失。另一方面，发展中国家可抓住世界经济秩序调整这一机遇，推动产业链向高端延伸，进而提升产业经济效益，同时也可通过"一带一路"倡议，扩大亚非拉地区的体育产品供给规模，建立起由我国体育企业主导的新兴市场国家产业链供应链体系，扩展我国体育产业的外循环渠道。改革开放 40 多年来，我国的体育用品制造业通过"三来一补"、委托加工、合资独资等方式，依靠廉价的劳动力、土地、资源等要素优势为全球品牌企业加工产品，获得了产量、产值上的快速增长，因此获得了体育用品制造的主导地位[①]。但是随着全球经济开始由"制造经济"向"服务经济"转变，产品的服务价值日益成为消费者判定产品优劣的重要指标，体育企业更加注重产品供给的服务化、定制化；更加提倡产品的个性宣扬和身份表达；更加注重产品的服务属性，由此提高产品的体验效果和产品的附加值。总体上看，我国体育产业的国内市场前景较为明朗，开发潜力和创新能力较强，有待继续深度挖掘。从体育产业的出口创汇上看，我国体育用品相关制造产业的相关市场较为稳定，产值规模不断增长，出口量远大于进口量，外循环动力强劲。2019 年，国务院颁布《关于促进全民健身和体育消费推动体育产业高质量发展的指导意见》，明确提出要提升体育服务业比重，并力争到 2022 年，体育服务业增加值占体育产业增加值比重达到 60％，因此体育产业应推动生产性服务业和生活性服务业的协调发展，推动体育用品制造业产业链向服务业领域延伸，建立起完善的体育服务业产业链、供应链、价值链，以便在国内竞争中快速占据领先优势，并力争在国际市场上追赶并达到发达国家体育服务业发展水平。

（二）国内宏观经济发展全面进入新常态

第 ，新发展理念成为双循环新发展格局下体育产业高质量发展的

---

① 谢地，张巩. 逆全球化的政治经济学解释[J]. 马克思主义与现实，2021(02)：75-80.

思想引领。双循环新发展格局下体育产业高质量发展与新发展理念紧密联系，呈现出创新、协调、开放、绿色、共享等特点。从创新层面上看，国际经济循环归根结底是科技实力的较量和竞争。体育产业的创新目前体现在以下几个方面：一是技术创新。体育产业技术创新主要体现在数字信息技术在体育软硬件设备上的应用和升级，这有助于丰富拓宽数字体育的应用场景，具体体现在人工智能、5G、VR、AR、大数据、云计算、移动互联网、物联网、工业互联网等技术赋能体育产业各细分业态，变革了体育产业的技术形态。二是品牌创新。体育产业品牌创新主要包括品牌营销创新和体育 IP 建设。目前，体育产业通过人才引进、政策引领、文化植入的有效结合，基本上探索出一条品牌建设道路，具体体现在特色区域性体育赛事开发、体育特色小镇建设和体育用品品牌的商业赞助活动上。三是产品创新。体育产品创新既包括实物产品创新，也包括无形产品创新，并体现出产品的智能化、功能多样化、服务体验化等特征。四是生产方式与商业模式创新。体育产业生产方式创新是产业改造升级的必然结果，生产方式由大规模机器化生产向定制化柔性生产、精量化生产、协同生产转变是体育产业生产创新的突出表现，而商业模式创新是指企业通过物联网平台的应用，推动营销、交易等环节实现网络化一站式服务，并与线下营销一道，构成产业 O2O 商业运营管理模式。五是业态创新。体育产业业态创新主要体现在业态融合上，因其具有较强的融合特性，体育产业通过跨界融合、空间融合等形式能够与文化、旅游、康养、医疗、教育、农业、金融、影视等领域实现融合化发展，使"体育＋"新业态持续涌现。从协调层面上看，双循环新发展格局下的体育产业更加注重区域一体化发展，更加强调东西部地区、城乡地区产业协同发展，借以畅通国内各级产业链的各个环节，实现资源的最佳配置和市场的高效统一，进而减少产业发展的地域行政壁垒。从开放层面上看，双循环新发展格局下体育产业的对外开放在于推动高水平引进与高价值产品输出相结合，最终实现以内循环为主，双循环赋能的产业互动格局。从共享层面上看，双循环新发展格局下体育产业的共享发展不仅在于发展成果的区域共享、世界共享，更在于发展机会的共享。从绿色层面上看，双循环新发展格局下体育产业的绿色发展是指可持续发展，且更加注重资源节约与环境保护，更加强调人与自然和谐共生。

第二，新发展阶段成为双循环新发展格局下体育产业高质量发展的战略定位。"十四五"规划明确提出，中国经济的发展要以新发展理念为行动纲领，应立足于新发展阶段，继续推动经济高质量发展。高质量发展不仅是当前我国经济发展的主题，也是我国经济发展进入新常态、新时代以后呈现出的新特征。2019 年 7 月，中共中央政治局会议指出，我国已进入高质量发展阶段，发展具备多方面的优势和条件，但是发展不平衡和不充分的问题仍然十分突出，从总体而言，我国经济已由高速增长阶段转向高质量发展阶段。新发展阶段下，我国的经济发展更加重视产业供给侧结构性改革，更加注重"三去一补"，更加重视建立完善的社会主义市场经济体制和现代化产业体系。双循环新发展格局的提出遵循了高质量发展的阶段任务，明确了要改变过往重投资、出口，轻消费的发展思路，将扩大内需、提高人民多元化的消费需求放在突出位置上。在经济高质量发展的社会环境下，双循环格局下体育产业高质量发展具备良好的经济、社会、文化基础。首先，我国庞大的经济体量是我国体育产业顺应双循环新发展格局的重要基础。据相关数据显示，2019 年，我国经济总量接近 100 亿元，人均 GDP 突破 1 万美元，对世界经济的贡献增长率达到 30% 以上，持续成为推动世界经济增长的主要动力源①。2020 年，受新冠肺炎疫情影响，我国经济虽然遭受重创，但是依然是世界上唯一保持正增长的国家，由此可见，我国稳定的经济发展环境和经济体量，使我国具备内循环的巨大潜力以及带动外循环的吸引力。在这一经济环境下，我国的体育产业能够利用好 14 亿人口规模的庞大市场，打通内循环的各类堵点，发挥体育消费对经济的拉动作用，进而带动世界体育产业全面复苏。其次，随着居民收入水平的不断增长，我国广大人民群众的物质需求得到了极大满足，人们更加重视物质消费和精神消费的有机统一，这为体育产业带来坚实的消费人群基础。据国家统计局 2019 年数据显示，我国居民人均可支配收入为 30733 元，比 2018 年实际增长 5.8%，与 GDP 增长基本同步，快于人均 GDP 增速②。最后，教育、医疗、养老、住房等民生事业的持续改善，也极大激发了人民群众的体育消费热情。据前瞻网数据统计，2015—2020 年，我国的体育人口从 3.9 亿人上升到 4.4 亿人，体育市场消费规模从 4760 亿元增至 15000 亿元，其中女性消费群体逐渐成为主流消费人群。

第三，内需经济体系成为双循环新发展格局背景下体育产业的重要建设任务。经济新常态下，稳增长、调结构是我国经济发展的重要任

① 刘志勇，李碧珍，叶宋忠，杨少雄. 服务型制造：福建体育用品制造业供给侧改革路径研究[J]. 福建师范大学学报(哲学社会科学版)，2016(05)：17-26.

② 中国新闻网. 2019 年中国对世界经济增长贡献达 30% 左右[EB/OL]. [2020-02-28]http://www.chinanews.com/cj/2020/02-28/9107603.html.

务，强大的内需经济体系是双循环新发展格局有效贯彻落实的基础。消费是我国经济增长的重要引擎，我国约有 4 亿中等收入人口，培育完整的内需体系有助于构建双循环新发展格局的战略基点，打通产品消费的最后环节。目前，我国的内需体系建设重点任务包括两大部分。一是全面促进消费。这需要积极提升传统消费、培育新型消费、发展服务消费、增加公共消费和开拓城乡消费市场。二是拓展投资空间。这要求优化投资结构，提高投资效益，使投资在促消费、惠民生、调结构、增功能、促协调等方面的支撑作用增强，对此需要扩大乡镇投资、提高科技创新投资、注重新型消费投资和加大重点项目建设投资。双循环新发展格局下，体育产业也需建立完善的内需体系，以发挥消费在产业循环方面的基础性作用。在提升传统体育消费层面，要把传统体育消费作为满足人民基本体育消费需求的基本目标。体育用品消费，如运动服、运动鞋、运动器材等，在居民体育消费中的占比较大，因此需要从提高产品质量入手，延长产品的生命周期，通过质的提升来提高产品的使用价值，减少产能积压或过剩带来的资源损耗和经济损失。同时，需注意传统体育消费向乡镇倾斜，扩大中西部地区优质体育产品的供给总量。最后，体育行业可推进传统体育产品多样化开发路线，从传统体育消费中释放新的消费需求。在培育新型体育消费层面，休闲消费增长是生活水平提高和科技进步的必然结果。近两年来"云经济""云消费"、无接触交易服务快速发展，表明发展消费新模式、新业态，促进服务业线上、线下融合，拓展服务内容，扩大服务覆盖面具有广阔的发展空间，是提升消费的新增长点。在发展新型服务消费层面，体育实物消费向服务消费延伸扩展是消费发展的客观规律，推动体育服务业扩容升级是满足人民群众消费高端化的必然举措。但受限于体育服务业准入门槛高、服务供给规模和质量不高，标准化、品牌化建设不足等因素影响，体育服务消费潜力尚未有效释放，且由于体育产业配套生活性服务业发展滞后，体育服务产品开发的能力有限。在增加公共消费层面，政府在财政承受能力范围内增加公共体育消费的投入力度，有助于激发内需潜力，提高居民消费意愿，发挥公共体育消费支出的杠杆作用。在城乡消费平衡协调发展方面，推动消费向县域下沉、乡镇下沉，并与乡村振兴战略充分融合，有助于减少城乡体育发展差距，加快构建国内统一市场，健全体育现代流通体系。

二、社会层面：化解社会基本矛盾问题的必然选择

目前，我国体育产业发展仍面临着区域与城乡发展不平衡、产业结构有待优化、产品与服务供给数量和质量不充分等现象。党的十九大报告指出，中国特色社会主义进入新时代，我国社会的主要矛盾转化为人民对美好生活的向往与发展不平衡、不充分之间的矛盾，新时代的社会矛盾在体育产业领域具体表现为体育供需失衡、产业发展不平衡、不充分与消费不断扩容升级的矛盾。正是由于体育消费的日益增长与产业发展不平衡不充分这一矛盾问题，要求双循环新发展格局下的体育产业把握我国当前体育发展的主要矛盾，并将其放在问题解决的突出位置，以满足人民群众对美好体育生活的向往。

(一)体育产业发展不充分不平衡问题制约国内大循环

第一，体育产业规模不断扩大，产业结构调整日趋合理，但供给数量和质量并不充分，高品质体育消费呈现外流趋势。从产业规模和产业结构上看，自 2014 年国务院颁布《关于加快发展体育产业促进体育消费的若干意见》以来，体育产业总规模从 2015 年的 17107 亿元上升至 2019 年的 29483 亿元，虽然在 2018 年增速有所放缓，但是其总产出仍然保持稳定增长态势。从内部结构上看，体育服务业在 2019 年首次超过体育用品制造业成为体育产业增加值增长的重要部门，在体育产业中的比重增加到 67.7%，其中体育用品及相关产品销售、出租与贸易代理规模最大，体育健身休闲业发展速度最快。然而，通过对产业增加值结构进行分析，体育产业结构仍存在较大问题，譬如作为体育产业核心的竞赛表演业仅占体育产业产出结构的 1%。从体育产业有效供给数量上看，以城市马拉松赛事为例，从 2000 年的 7 场到 2014 年的 134 场，2017 年全国举办的马拉松赛事已超过 500 场，参赛选手呈 10 倍增长，为了获得参赛资格，个别赛事还出现"摇号"参赛现象，如 2017 年武汉马拉松有超过 12 万人报名参加，但仅有 2.2 万个参赛名额，美国每年举办超过 2000 场马拉松赛事，相较而言我国的路跑赛事供给数量严重不足[①]。在体育场地资源上，我国体育场地供给"不充分"的问题更为突出，根据 2019 年全国体育场地统计调查数据，我国体育场地多集中在教育系统，但学校体育场馆对外开

---

① 中华人民共和国中央人民政府网. 70 年，中国人均可支配收入增长约 60 倍[EB/OL]. [2019-09-29]http://www.gov.cn/xinwen/2019-09/29/content_5434967.html.

放率很低，全国体育场地 354.44 万个，人均体育场地面积仅为 2.08 平方米，严重制约了人民群众的体育参与，间接牵制了体育消费人群的培育①。从体育产业供给质量上看，在体育消费不断升级的市场环境下，以传统低端制造为生产内容的体育产业已无法满足人民群众对美好生活的多元化需要。从产业供给结构上看，相比于体育用品制造业，体育服务业的产品服务供给质量和效率普遍不高，且在体育产业中的结构占比也并不具有显著优势。以职业体育赛事为例，虽然我国职业赛事行政审批取消后，得以快速发展，但还是出现了一些问题，如高质量体育赛事缺乏、品牌建设不强、社会影响力较弱等。此外，受众多的精品赛事主要依赖进口，如大家熟知的 NBA 全美篮球联赛、世界斯诺克锦标赛、法网公开赛、欧洲杯足球联赛等。目前我国也在打造一批国际性的精品赛事，如上海的 F1 大奖赛、国际马拉松赛；青海的环青海湖国际公路自行车赛；宁夏的国际摩托车旅游节以及一些地方性的冰雪赛事、农耕赛事、山地攀岩、户外探险赛事等，赛事质量整体上得到了很大提升，但供给数量依然不足。在数字化体育产品服务供给领域，时常出现版权违法、内容低质、视频模糊卡顿、商业广告乱入、恶意评论、钓鱼网站诈骗、售后服务及维权困难等问题。从高端体育消费流动上看，据商务部和外汇管理局联合发布数据显示，2018 年我国服务产品的贸易逆差达到 2913 亿美元，连续 20 年

---

① 沈克印，吕万刚. 体育产业供给侧改革：投入要素、行动逻辑与实施路径——基于社会主要矛盾转化研究视角[J]. 中国体育科技，2020，56(04)：44-51＋81.

保持增长态势，贸易逆差数额排名世界第一，消费外流趋势明显①。伴随我国消费结构升级，人们对高端体育产业与服务的需求不断增长，除了高端体育装备、品牌运动鞋服等产品的消费外流以外，体育服务产品的外流情况更为严重。以职业体育赛事消费为例，目前我国的职业体育消费外流涉及国外赛事国内分销、国外赛事赞助、境外观赏赛事和国外职业体育俱乐部投资等多种形式。就转播权而言，近年来苏宁易购、腾讯、阿里巴巴等企业相继购买了欧洲足球联赛、NBA等顶级赛事的版权和转播权，造成大量消费外流，如苏宁体育在英超、西甲、德甲等欧洲足球联赛中国区版权花费高达 14.71 亿美元。就国外赛事赞助而言，2018 年俄罗斯世界杯，中国企业在 FIFA 的赞助席位就达到 14 个，赞助贡献金额达到 8.35 亿元，占全部赞助的 1/3②。

　　第二，体育产业集群化发展取得显著成就，但区域发展不平衡问题依然存在。目前，我国体育产业区域发展现状主要呈现两个特点：体育产业集聚发展态势明显和体育小镇成为新兴产业空间载体。就体育产业集群化发展而言，我国在“十三五”期间已建立起环渤海、珠三角地区以及长三角地区为主体，中西部地区为两翼的产业集聚格局，截至 2020 年，北京、上海、江苏、浙江、山东、广东、河南成为我国体育产业发展的核心区域，其体育产业产值达到全国体育产业产值的 70% 以上。总体上看，我国体育产业呈东部沿海快速发展、中部稳步发展、西部要素聚集潜力发展的梯次发展格局。但是，我国的体育产业发展也面临较

　　① 　新华网体育. 2019 年全国体育场地统计调查数据［EB/OL］.［2020-11-03］ht-tp://sports. xinhuanet. com/c/2020-11/03/c_1126691918. html.
　　② 　陈杨. 我国服务贸易发展分析——现状与挑战［J］. 对外经贸，2020(11)：11-15.

大的区域发展失衡问题，具体表现在我国绝大部分体育企业都集中在东部沿海地区，中部和西南等内陆地区的产业发展较为滞后，且差距较大。据前瞻产业研究院数据统计，仅以沿海地区的福建、江苏、浙江、山东、广东这五个省公开的 2025 年体育产业规划目标来看，皆超过了 5000 亿元，占全国体育产业总规划目标的 52.25%[①]。就体育小镇等产业发展"新空间"而言，自 2017 年国家体育总局印发《关于推动运动休闲特色小镇建设工作的通知》以来，我国的体育特色小镇的数量已经突破了 1000 多个，预计投资规模达到 5000 亿~9000 亿元[②]。但是，我国的体育小镇等产业新空间也面临一系列问题，如"新瓶装旧酒""简单堆砌""碎片化开发"等问题，仅 2018 年被取消资格的运动休闲小镇就超过 3 个，30 个被要求整改。更为严重的是，体育产业在跨界融合发展中存在政府债务负担风险高、土地房地产化以及生态资源的过度开发等问题，从目前国家对高尔夫俱乐部圈地建造别墅的高压态势可以看出，产业新空间建设依然问题不少。虽然我国已全面进入小康社会，但是城乡之间在经济、文化、教育、资源等方面还存在一定差距。在业余活动方面，乡村居民普遍缺乏多样性。据统计，农村群众以广场舞和散步为主要的运动方式。城市居民的业余活动则更加多样，如夜跑、球类、毽子、跳绳、广场舞、散步等。与此同时，城市居民在体育领域的消费水平也日益增长。乡村目前还存在体育锻炼基础设施不足，运动锻炼意识

---

① 张兵. 中国职业体育消费外流及其应对[J]. 天津体育学院学报，2019，34(02)：93-99.

② 前瞻网. 体育产业发展势头强劲 缩小区域发展不均衡是关键[EB/OL]. [2018-10-19]https：//bg. qianzhan. com/report/detail/300/181019-a9164007. html.

薄弱，产业发展滞后的问题，但以目前我国乡村消费水平来看，乡村居民已具有在体育领域消费的能力，且随着乡村振兴战略的实施，农村居民对体育活动也有多样性需求。地方政府及相关部门需尽快完善体育锻炼场所，为居民业余生活提供更多选择，从而促进城乡居民体育消费，带动城乡文化的交流，加快全民健身计划的落实。

第三，体育企业发展不平衡导致总体发展缓慢。从我国体育产业发展历程中看，体育产业供给主体较弱，主要表现在缺少体育产业领军企业。目前，我国体育产业总体产量和规模较小，且以小微企业为主，缺少具有竞争能力和带动能力的龙头企业，难以形成规模效应。第四次全国经济普查数据显示，体育制造业企业和体育服务业企业中均是中小微企业占绝大部分，体育制造业中的中小微企业占 99.34％（其中小微企业占 96.43％），体育服务业中的中小微企业占 99.78％。中小微企业在产品创新及技术研发方面具有一定局限性，无法与品牌企业形成有利竞争。当前国内大部分中小微企业仍然依赖传统要素投入，体育服务业缺少竞争力，少数的品牌企业难以满足国民的多样化消费需求。特别是在商业运作模式、产业服务方式、产品品牌塑造等方面，中小微企业和品牌企业具有巨大差距。品牌企业在占有较大资源的同时怠于对高新技术的研发，不利于体育产业的总体发展。

(二)国内体育消费不强劲不畅通问题造成增长动力不足

第一，我国国内统一市场未有效建立，产业经济循环存在流通不畅的困境，尚未健全的国内产业体系和市场体系对国外同类产业的辐射影响有限，在吸引外部资本投资方面存在劣势。开放的体育市场是改善体育市场主体结构，构建多元体育市场主体的重要目标，也是提高体育资源配置效率，提升体育市场活力的内在要求①。目前，我国体育产业领域急需深化体制机制改革，完善制度供给，破除各种类型的行政垄断，同时进一步转变政府职能，贯彻落实"管办分离""政社分离"，废除妨碍统一市场的各种前置中介服务事项，清理各种形式的"中介垄断"等隐性壁垒。在统一的要素市场层面，当前体育要素市场还面临一些问题，如要素资源行政新垄断、体育产权交易机制不健全。在统一市场主体建设层面，同样存在着一些先天缺陷，如体育企业规模普遍不大、企业生产竞争力弱，其经济辐射影响力不足，且体育企业的技术创新能力总体不高，市场以中低端为主，无法有效满足我国多样化的体育消费市场需要。在统一的体育市场监管机制建设层面，虽然国家体育总局近年来出台了一系列体育市场的行政性规范文件和规章制度，但是在实际监管层面仍存在监管的漏洞，最为突出的问题表现在体育市场监管主体职责不明。在统一的市场失范行为规制标准层面，我国体育产业的市场秩序维护有待进一步完善。由于主体和消费者之间、经营主体之间开展体育活动过程中存在不合规交易现象，导致体育信息不合规、体育合同不合规、合同履行不合规等问题频出。以体育培训行业为例，目前我国体育健身、教培市场进入门槛较低，行业标准不健全，职业认证制度不完善，导致此行业普遍存在机构、教练员水平良莠不齐，无照经营、无证执教等市场乱象频发。

---

① 杨占东. 中国体育旅游发展报告 2016~2020[M]. 北京：社会科学文献出版社，2020.

　　第二，我国体育产业供给层次和水平与国内实际体育消费需求不匹配。目前，我国体育存在有效供给不足与有效需求不足并存、市场主体活力不强与市场资源配置效率不高等困境①。在体育服务业领域，经过"十三五"时期快速发展，现已形成涵盖健身休闲、竞赛表演、体育场馆服务等多种业态，极大地满足了人们多元化的体育消费需要。以健身休闲业为例，作为增长速度最快的体育产业业态，2018—2019年，其产业总规模达到1028亿元，预计到2025年，其总规模将达到3万亿元，届时将成为我国体育产业的核心产业业态之一。随着新时代经济社会快速发展和供给侧结构性改革的深入推进，作为生活性服务业的体育产业存在有效供给不足的问题，而作为高级消费形态的体育消费需求呈快速增长态势，但也存在着有效需求不足的问题。一方面，我国体育产业有效供给不足。在大健康观念不断影响人们生活方式的背景下，体育产业有效供给不足体现在体育场地设施供给不足、运动项目产业有效供给不足等方面。一是体育场地设施供给不足。从总体上看，我国体育场地数量和人均体育场地面积有了较大增长，但与英、美等体育产业发达国家相比，仍存在较大差距。二是运动项目产业有效供给不足。《冰雪运动发展规划(2016—2025年)》指出，冰雪产业存在着规模不大和有效供给不足的问题。在水上运动方面，《水上运动研究报告》当中指出我国水上运动存在着产品有效供给不足、服务创新不够等问题。另一方面，相对于大众消费需求，体育产业有效需求不足。受到经济社会发展和传统消

---

　　①　人民网."四经普"体育产业统计数据情况公布体育产业发展前景广阔[EB/OL].(2020-01-20). https://www.sohu.com/a/368074321_114731.

费观念的影响，体育产业有效需求不足主要表现在实物型体育消费支出占主导、观赏型和参与型体育消费支出不足。体育消费是人们用于体育活动以及相关方面的消费支出，主要包括实物型消费支出、观赏型消费支出和参与型消费支出①。一方面，从体育消费规模看：2014 年，我国 20 岁及以上人群中，39.9% 的人产生过体育消费，全年人均支出 926 元；而 2013 年，英、法等国年人均体育消费支出分别为 619.5 美元和 310.4 美元。相对于发达国家，我国体育消费支出过低②。另一方面，从体育消费结构看，购买运动服装的人数比例最高，为 93.9%；其次为购买运动器材的人数，为 38.8%；而租赁运动场所与聘请教练员、观看比赛的人数比例仅为 8.6% 和 6.6%，这些充分体现出实物型体育消费占比偏高、观赏型和参与型体育消费占比偏低的特点③。无论从体育消费规模，还是体育消费结构上看，我国体育产业的有效需求均不足。

第三，体育产业结构失衡致使经济效益低迷。根据《2019 年全国体育产业总规模与增加值数据公告》，2019 年，我国体育健身休闲业增加值为 831.9 亿元，占体育产业增加值的 6.1%；体育竞赛表演业增加值为 122.3 亿元，仅占体育产业增加值的 1.0%④。体育休闲业和体育竞

---

① 李刚，张林. 中国现代体育市场体系发展的历史溯源、现实审视与路径选择[J]. 体育科学，2020，40(09)：3-13.

② 任波，黄海燕. 体育产业供给侧改革的内在逻辑与实施路径——基于高质量发展的视角[J]. 上海体育学院学报，2021，45(02)：65-77.

③ 张雷，刘洋，陆岩，周红英，胡水清. 面向 2035 年远景目标的体育强国建设：实践回顾与理论分析[J]. 天津体育学院学报，2021，36(03)：274-279.

④ 人民网.《2014 年全民健身活动状况调查公报》发布[EB/OL].［2015-11-16］ht-tp：//sports. people. com. cn/jianshen/n/2015/1116/c150958-27820851. html.

赛表演业作为体育主导产业，没有充分发挥其经济的主导作用。面对国民多样化的需求，以及国内外经济环境的变化，优化我国体育产业结构，加强对热门子行业的投入，积极采用移动互联网新技术带动体育产业的经济效益。从国外体育发达国家的体育产业情况来看，体育服务业是重要的内容。而我国体育用品的占有量一直处于较高的位置，体育服务业所占据的比例相对较低。为此，在进行体育产业结构的优化中我们必须要重视对体育服务行业的发展。发展体育服务行业要注重借助体育馆等体育场所，还有体育型的服务产品和劳动进行发展，体育产品服务具有非实物性的特点，不能够储存，消费和产生是同时进行的。为能够更好地发展体育服务行业，应该建立多种类的体育服务项目，保障高质量的体验感，这样才能够有效地吸引消费者来消费，也才能够进一步推进体育服务业的发展。随着当前我国国民生活方式的转变，体育产业的重心也在逐渐从体育制造业转向体育服务业，跨界融合增强了体育的娱乐性和社交功能。国家"双减"政策的落地，体育业余培训成为了当前我国体育产业的热门子产业，据统计，我国目前有 66 万家体育类业余培训机构，体育培训行业会继续保持普遍上升的发展态势。此外，体育在中考中权重的增加和体育进高考的政策预期也会刺激家长更加重视孩子对体育运动的参与。像足球、篮球、游泳、网球、羽毛球、跆拳道等大众化项目的培训需求会处于长期旺盛的状态。当然还要制定出标准化的建设体系，形成统一的服务和经营标准，加强对于行业的监督管理，促进健身休闲行业可以规范化的发展、全力提升体育组织管理业。

（三）政策层面：落实体育强国建设纲要的战略目标

双循环新发展格局下，将我国体育产业打造成国民经济支柱性产业，关键在于开发我国庞大的国内体育市场，实现国内大循环。2019年8月，国务院办公厅颁发《体育强国建设纲要》，提出到2025年体育产业要实现5万亿元规模产值，到2035年体育产业要发展成为国民经济支柱性产业的战略目标。体育产业作为绿色产业、幸福产业，具有资源消耗低、需求弹性大、覆盖范围广、产品附加值高、产业链条长、带动作用强的特点，在推动就业、培育新发展动能以及提升我国文化软实力和民族精神等方面具有重要价值。在助推体育强国战略、全民健身战略和健康中国战略任务过程中，体育产业具备成为支柱性产业的潜力。近年来，在国家政策引领和市场驱动双重作用下，体育产业发展迅速，出现了各种产业业态、商业模式、服务方式和新型产品，逐渐成为我国国民经济高质量发展的一个典型示范。譬如，2019年9月4日，国务院办公厅印发了《关于促进全民健身和体育消费推动体育产业高质量发展的意见》，明确提出要促进体育消费，增强体育产业的发展动能，推动体育产业实现多元化发展。在政策保障层面，积极落实已有税费政策、加强知识产权保护和加大金融支持力度。在体育消费层面，提出要不断优化体育消费环境、及时出台一系列鼓励性体育消费政策，并加强体育消费的试点。在硬件条件完善层面，提出应优化体育产业用地、因地制宜建设体育场地设施、加大公共体育设施的开发程度，进而为体育产业发展孕育良好的发展环境。在市场主体和产业平台建设层面，政府高度支持发挥政府资金对体育产业发展的指导作用，提出要建立体育产业综合性服务平台，并鼓励群众性体育组织发展。在改善产业结构和丰富产品供给层面，明确提出要提升体育服务业的产业比重，扩大体育产业的延伸价值，同时在体育用品制造业稳步增长的过程中实现产业向数字化、信息化、智能化转型，鼓励新型体育产业项目开展，培育新业态、新模式、新产品。在体育产业区域协调发展层面，提出要打造体育产业发展的重要增长极，促进区域特色体育产业合理规范发展，并且助力产业融合发展，提升体育产业的关联经济价值。2021 年 5 月出台的《关于加快培育新型消费实施方案》中也明确描绘了体育产业发展的发展方向，鼓励体育产业与数字经济深度融合发展。这一类文件的出台虽然为体育产业及体育强国建设提供了良好的政策保障，但是体育产业在实现体育强国战略过程中依然面临各种发展堵点，阻碍了体育产业良性循环发展，其产业发展的水平离成为国家支柱性产业还有一定的差距。在产值占 GDP 比重方面，2018 年我国体育产业的增加值在 GDP 占比中仅为1.1％，与美国 2.6％相比差距甚远。在消费人群方面，以健身休闲消费为例，据美国 2018 年公布的《美国健身俱乐部消费报告》显示，美国健身行业创造了超过 300 亿美元的收入，健身房共吸收了 7000 万人到店消费，每 5 个 6 岁以上的美国人当中就有一个是健身房会员①，因此我国在培育体育消费者健身兴趣等方面还有待提高，尤其是在提高人民群众的体育参与水平方面，需要投入一定的人力和物力。在体育市场机制建设方面，我国在有效市场和有为政府建设上存在关系混乱问题，长期以来，"强政府"而"弱市场"是我国体育产业发展的瓶颈，在协调治理机

---

① 张瑞林，李凌，翁银. 消费升级视域下推进我国体育服务业发展研究[J]. 体育学研究，2020，34(06)：1-9.

制构建上缺乏工作联动，政策主导产业治理一定程度上制约了市场竞争机制的有效发挥，欲处理好政府与体育市场之间的关系，需要在"强政府"与"强市场"之间做到动态平衡①。在体育产业融合方面，体科融合急需推进。由于体育产业自身发展整体处于价值链的中低端，其质量和技术含量不高，因此需要体育产业与大数据、体感技术、区块链、智能穿戴等技术加速融合，进而推动体育产业转型升级以及产品的迭代更新。但是目前相关技术在体育产业中融合的强度、深度、广度远远不够，其产品应用成熟度有待进一步提高，且相比其他行业，体育产业在技术融合方面的成本较高，其产品可延伸的空间较小，导致中小企业只能把转型放在提高产量上，而不是服务质量和品质，因为提高产业服务和品质，会反过来提高人力投入，加重企业转型成本。另外，体育产业在融合发展方面缺乏针对性的配套措施、行业标准和人才支撑，使科技赋能产业变革的效能偏低，且产业技术融合的具体发展模式还有待进一步探索。因此，从总体而言，体育强国建设纲要的战略目标的推进过程具有长期性、阶段性、艰巨性，实现双循环新发展格局下体育产业高质量发展必须推动体育强国建设，进而发挥国内 5 万亿体育市场对其产业发展的支撑作用。

(四)技术创新推动体育产业深度融合

提高自主创新能力，突破核心技术是"十四五"时期形成国内大循环

---

① 江小涓. 体育产业的经济学分析：国际经验及中国案例［M］. 北京：中信出版社，2018.

和构建新发展格局的关键。"十三五"以来我国取得了举世瞩目的成绩，在基础设施建设、航天航空探究、脱贫攻坚、大数据、信息技术等方面不断突破，实事求是地让人民的生活越来越好。迈向"十四五"新征程，深刻分析我国目前国内外形势的变化，把握时代发展的潮流，抓住新一轮科技革命这个战略机遇期，把科技革命的发展成果惠及国内各个部门的发展之中。改革开放让中国从贫穷落后的国家一跃成为世界第二大经济体，然而四十多年经济的快速发展在面对突如其来的新冠肺炎疫情时，凸显出了我国目前发展存在的问题。在今后一段时期里，我国将推动以出口贸易为主导的外向型经济向以满足国内需求为主导的内向型经济发展方式转变。创新是引领发展的第一动力，在任何时候都是时代主题，加大对技术创新的投入，加强我国技术创新能力将更好的满足我国人民对美好生活的向往，促进构建我国高质量发展的产业体系。双循环新发展格局的构建，要求我们高度重视科技创新的推动作用，不断提升自主创新能力，积极破解制约双循环要素流通的障碍。

第一，技术创新提高我国体育文化软实力。处于信息快速传播的时代，人们能够通过各种网络渠道观看到国内外的体育赛事，全国各地的体育迷们可以通过网络进行交流、探讨，一定程度上促进了体育产业的良好发展。运动员在赛场上比赛的精彩时刻毫无删减地呈现在人们眼中，球迷也可以通过网络与运动员互动，拉近彼此间的距离。微信公众号、微博、抖音等 App 经常有讲述关于我国荣誉运动员故事的作品，向国民传递了体育精神、奥运精神，增强了国民的民族自豪感，提高了我国体育文化软实力。

第二，技术创新提升我国体育产业经济效益。改革开放前期我国主要是向国外学习先进技术，然而一些发达国家瞄准中国廉价劳动力，核心技术仍掌握在自己手中。我国体育发展较西方国家晚，早期更只是作为一种休闲、娱乐活动，直到 20 世纪 80 年代才有体育产业的概念。经过多年的探索、研究，我国体育产业体系逐渐完善，基本可以满足我国的大众消费，但是核心技术还是受限于人。如在体育竞赛表演业方面，我国赛事的吸引力与西方发达国家还存在一定差距；在体育用品制造业方面，李宁、安踏、鸿星尔克等国内品牌近些年慢慢受到国民的青睐，但是还不能满足我国人民对高质量产品的需求，需继续加强对核心技术的研发、突破；体育休闲、健身业是未来一个新兴的体育产业，面对我国人口基数大，消费潜力足的优势，提高自主创新能力将带动体育产业的经济效益。

第三，技术创新助力我国竞技体育成绩的进步。在信息革命带来的计算力和存储力的巨大提升以及信息大爆炸的基础之上，产生了以人工智能、云计算和大数据为代表的技术大爆炸和大融合，第四次工业革命正在颠覆每个行业和领域，体育也不例外。提升竞技表现必然是体育科技的最热领域，而以人工智能、大数据和可穿戴为代表的融合性技术是最主要的驱动因素。运动表现和数据分析面向体育的参与者，通过研制装备器材和数据分析来辅助训练、提升竞技能力、优化竞赛策略、预防减少伤病等。譬如佩戴于手臂或躯干的心率监测设备，以及可与服装完美结合的贴片式心电监测运动衫，利用肌电和皮肤表层电势差监测肌肉疲劳度的压缩衣和压缩短裤，还有利用人体对于不同波长光线的吸收程度估算人体含水量、体脂率、含肌量等指标的臂带，利用地面压力反馈、接触地面时间和离地时间等多个维度收集运动员步伐数据的运动鞋垫，可以评估类似橄榄球等频繁冲撞项目的运动员脑部健康的运动牙套，以及基于实时定位系统及卫星定位系统的位置追踪可穿戴设备。同样的技术也被应用到运动器材上，即给运动器材"穿戴"科技，譬如内置传感器芯片的足球和篮球可以追踪球的轨迹、旋转和速度等参数，配有传感器的棒球棒、网球拍和高尔夫球杆等可以捕捉球员击球整个过程的轨迹、角度、速度和力量等参数，还可以智能识别出各类击球动作，从而对技术动作进行分析和评估，更进一步给出指导意见、训练计划和改善方案。高新科技在运动训练的运用，为运动员提供了科学高效的训练安排，助力运动成绩的提高。

体育产业融合从本质上看，就是产业演进方式的创新性发展，包括产品创新、制度创新、市场创新和组织创新等[1]。创新是产业融合的基础，加强自主创新能力将促进体育产业的深度融合，深化制度和法律法规改革，优化市场配置，充分发挥体育产业的强渗透性，不断重构体育产业全新的产业生态和内容形态，用高新技术挖掘体育产业的新价值，催生新业态、新模式，增强体育产业发展的活力，引领体育产业的蓬勃发展。

第二节　双循环新发展格局下体育产业
高质量发展的内部动力机制

双循环新发展格局背景下体育产业高质量发展的内在动力逻辑，在

---

① 黄海燕. 推动体育产业成为国民经济支柱性产业的战略思考[J]. 体育科学，2020，40(12)：3-16.

于以消费为基点，打造新业态、新模式、新产品，同时推动市场供需精准匹配，通过产业高质量和可持续发展提升体育产业内循环的活力。政府充分发挥帮带作用，优化市场投资环境，以学校体育广泛的影响力，加强社会体育运动氛围。加大开放免费运动场所的力度，打造具有民族特色的体育文化符号，优化体育服务质量，为群众创造满意的消费环境。促进体育产业质量变革、效率变革、动力变革，提高全要素生产率，增强创新力和竞争力，破解当前我国体育产业发展中存在的"痛点""堵点""难点"。双循环新发展格局下体育产业高质量发展的内在动力主要体现在供给侧结构性改革和需求侧管理两个方面，这有助于打通体育产业从生产到消费各个环节的发展堵点，形成供给引领需求、需求牵引供给的供需新格局、新思路。

一、供给侧结构性改革层面：推动产业链变革升级，发挥双循环引领作用

双循环新发展格局下体育产业供给侧结构性改革是为了优化体育产业的发展结构，培育体育产业发展的增长点，增强体育产业发展的竞争实力，提升体育产业链的价值，这有利于体育产业改变粗放式的发展模式，减少产能过剩和资源浪费，最终实现可持续、健康、绿色发展。

第一，优化产业结构的需要。产业结构的优化升级能够提高产业供给侧供给与服务效率，增强产业增长的内生动力，挖掘广泛的体育市场，缓解供给侧供给质量不高，供给种类不充分等问题。一方面，目前

体育产业结构存在着供给结构不合理问题，需要加快调整以适应高质量发展需要。提高体育服务业的供给结构比例是体育产业构建双循环新发展格局的首要任务，是当前体育消费扩容升级的必然要求。我国体育服务业市场主体主要以竞赛表演业和健身培训业为主，产业结构不协调，且市场主体大多为中小企业，存在着市场规模小、资金少、抗风险能力弱等问题，这为行业未来扩大供给规模、进行品牌建设和完善产业链各环节带来巨大挑战①。另一方面，目前体育产业结构低端化明显，在应对经济危机冲击时抗风险能力较弱。从体育产业结构的演进历程看，体育用品制造业存在着低端化、同质化等问题，具有典型的劳动密集型产业特征。总体上看，体育产业有从劳动密集型向资本密集型和技术密集型转化的趋势，通过推进体育产业结构的高级化发展，能够提升体育产业竞争力。任波认为，我国体育产业面临着低水平的结构效应，供给结构的变化无法跟上需求结构的变化，具体表现为随着消费结构的升级，消费者对以运动休闲和竞赛表演为主的体育消费需求显著增长。譬如，冰雪运动、航空运动、户外运动、水上运动等方面的消费需求持续增长，业余体育精品赛事、职业体育赛事等方面的消费需求稳步增长，形成了多样化的体育消费结构②。

第二，区域协同发展的需要。体育产业适应新发展格局的社会经济环境，需要推动产业区域平衡发展。目前，我国区域体育发展不均衡的

① 寇明宇，沈克印. 有效市场与有为政府：体育产业发展的协同机制与实现路径[J]. 西安体育学院学报，2021，38(01)：63-69.

② 黄谦，谭玉姣，王铖皓，张宇，张璐. "双循环"新发展格局下体育产业高质量发展的动力诠释与实现路径[J]. 西安体育学院学报，2021，38(03)：297-306.

格局持续存在，环渤海地区、长三角地区及珠三角地区依托良好的体育产业基础及优势资源，不断加快体育产业发展速度，其产业发展水平不断提高，市场规模也进一步发展壮大。但是由于先天体育产业发展基础的不足以及体育资源的缺乏，我国中西部地区的体育产业发展相对落后，未来区域体育产业发展的不均衡问题会持续存在，因此需要加大政策扶持力度，扩大中西部地区体育产业招商引资的规模，进而实现全国市场统一均衡发展，提高中西部地区人民群众多元化的体育资源占有水平。不仅如此，我国体育产业发展要顾全大局，积极融入区域发展战略，推动新兴体育产业超前布局。党的十三届全国人大四次会议政府工作报告提出，深入实施区域重大战略、区域协调发展战略、主动功能区战略，构建高质量发展的区域经济布局和国土空间支撑体系。作为国民经济重要组成部分的体育产业，近年来始终保持快速发展态势，在社会效益、经济效益和生态效益日益凸显的同时，紧紧抓牢战略机遇提前布局，积极融入国家重大区域发展战略[①]。在平台搭建层面，以京津冀体育产业平台搭建为例，早在 2017 年，京津冀三地体育局就联合制定了《京津冀体育产业发展协同发展规划》，提出要推动京津冀地区体育产业建立协同发展、科学发展的市场竞争机制，截至 2021 年，京津冀地区现已建立起京津冀体育产业交易平台、京津冀体育产业网络服务平台、京津冀体育产业创新孵化平台等六大平台，充分发挥了区域协同发展平台在推动市场资源配置中的决定性作用，加强了各地体育产业的对接合作，完善了体育产业发展链条，创新了体育产品与服务，为该区域体育

---

① 陈冠天. 当下中国体育产业结构现状与优化对策研究[D]. 吉林大学，2019.

产业资源整合、信息共享、规范流转和优化服务配置等提供了重要支撑。然而，在体育产业区域协调发展过程中，其政府部门之间、企业之间工作协调和政策落实等方面有待进一步深入推进，解决企业现实问题，在缩短企业空间交流与合作距离的同时，在产品、技术、资本、人才、平台的跨区域流动方面还需建立统一、透明、公平的行政环境和市场准入环境。除了京津冀体育产业一体化探索外，长三角地区近年来也加快了区域一体化进程，目前已经形成了"三省一市一院"的合作机制。2020 年 10 月，长三角三省一市体育局联合印发了《长三角地区体育产业高质量发展的指导意见》，提出要共建区域体育产业协作载体，将体育产业的区域一体化落到实处，如大力推动体育品牌活动建设、建设国家步道系统；大力推动体育产业跨行业融合发展，助力体育旅游、体育休闲、养老、保健、教育等关联市场开发；建立区域一体化数据服务中心和数据库，提高信息咨询能力以及打造体育产业区域人才培养中心，这些措施相比于京津冀体育产业协同发展模式，其融合深度和广度得以进一步扩展。长三角地区体育产业一体化协同发展虽然在政策规划上进一步明确了其推进策略，但是依然面临一些现实困境，如区域行政区划造成的市场分割、地方保护政策、产业制度及治理机制建设滞后等。

第三，提高技术实力的需要。双循环新发展格局背景下体育产业高质量发展的现实任务之一就是要提高产业技术创新和品牌设计能力，打破国外技术垄断和品牌垄断，提升产业的价值链，避免西方发达国家对我国"卡脖子"式的市场压榨与欺迫。技术、品牌价值、消费文化是体育产业提高产品价值和竞争力的核心组成部分，其根本动力在于创新①。随着科学技术的进步，尤其是数字技术、网络技术、智能技术在各产业中的运用，为体育服务产品的内容创新、模式创新创造了条件，技术赋能体育服务产品质量的提高和发展模式的改变的同时，新技术新产品的运用也能有效引导消费趋势，并通过立体营销方式宣传产品服务文化及价值观，从而构建稳固的高端产业价值链条和客户群体，推动优质体育服务产品消费心理和消费文化的形成。目前，我国体育产业创新能力较为不足。前瞻网《2020 年中国体育用品行业全景图》数据显示，2019 年我国体育用品进口额达到 12.6 亿美元，其中以品牌运动鞋和运动健身器材为主，占到总进口额的 40%②。此外，在软件创新层面，体育产业文创建设质量和效益不高，体育商业模式创新、体育产业标准制定、体育 IP 打造也与发达国家存在较大差距。总的来说，创新与应用能力的不足会制约体育产业的国际化竞争，使体育产业在高端产业链上受制于人，一定程度上影响了双循环的有效畅通。

第四，促进合理分工的需要。双循环新发展格局背景下体育产业高质量发展的核心内涵之一，就是要促进全球产业链的互联互通和紧密合作，推动国际产业合理分工。双循环新发展格局下的体育产业急切需要把握产业发展主动权、主导权，占据国际产业链分工的上游环节。中国的体育产业发展和其他一些产业较为相似，自萌芽阶段起就被动转移到

---

① 任波，黄海燕. 中国体育产业结构优化的机制、逻辑与路径[J]. 首都体育学院学报，2020，32(05)：417-422＋467.

② 中国体育报. 体育产业紧抓机遇超前布局[EB/OL]. [2020-03-25] http://www.chinasportsdaily.cn/tyb/html/2021-03/25/content_116877_13171203.html.

体育产业全球化分工体系当中，充当廉价原料提供与高端产品倾销的试验田。虽然我国依靠低端体育产品出口赚取了丰厚利润，进而反哺了国内体育产业发展，但是这也使我国体育产业长期陷入低端制造当中，自主创新与产业升级能力极大削弱，对外依赖程度逐渐加深。而双循环新发展格局明确提出，要以国内大循环为主体来带动国际循环，提高外部经济对中国经济的依赖度，在此背景下，传统欧美国家主导的国际产业分工已不能适应我国经济高质量发展的需要，因此在构建以内需为主导的内向型经济过程中，我国体育产业要形成独立、完整的产业链体系，推动产业效益变革、质量变革，通过提高产业链价值水平来提高产业链的国际竞争力，避开国际循环的价值陷阱。目前，我国体育产业链国际分工不合理的现实表现主要体现在产业上游价值链环节，在产品设计、技术开发、产品营销等方面存在建设不充分问题[①]。在品牌建设等价值链层面，我国体育产业普遍缺乏品牌 IP，国际竞争力不足。譬如，在2020 年上市的 33 家体育企业当中，美股上市的企业只有万达体育和华美科技 2 家，港股上市企业 9 家，其余 22 家均为国内上市企业，且存在产业规模小、品牌国际影响力有限、竞争力弱等问题[②]。除了推动国际层面的产业链合理分工，提升我国体育产业价值链以外，还要推动体育产业国内分工与产业转移。郭晗等学者认为，我国的体育产业区域发展较不平衡，总体自西向东呈现阶梯式分布，东部沿海发达地区体育产

---

① 互联网＋体育. 阿里体育第一馆：智慧场馆典型案例［EB/OL］.［2019-08-25］https：//www. sohu. com/a/336340652＿482792.

② 中研网. 中国体育用品行业市场全景调研［EB/OL］.［2021-05-03］https：//www. chinairn. com/hyzx/20210503/16382899. html.

业规模优势明显，因此推动体育产业转移以平衡地区发展差距显得格外重要①。

二、需求侧管理层面：助力消费端升级扩容，筑牢双循环战略基点

双循环新发展格局下体育产业需求侧管理是为了打通包括生产、分配、流通、消费等环节的各大堵点，这有助于最终实现体育市场扩容升级，形成以体育消费为核心的增长模式，进而拉动国民经济增长。

第一，打通产业生产环节堵点的需要。目前，我国体育产业消费端存在制约体育消费的四大堵点，生产环节是其堵点之一。生产环节的制约因素主要表现在两个方面：一是我国体育产业的生产制造技术水平普遍不高，制约了其产品的创新和升级，间接导致我国生产的低端体育用品难以有效满足日益增长的、高要求的群众体育消费需求。从总体上看，得益于我国完善的工业制造体系，我国的体育用品生产制造能力、供应能力较为发达，但是受制于代工生产和贴牌生产等传统生产模式，我国体育产业的价值创造能力较弱，无法将高端体育消费回流国内。此外，目前我国体育产业的研究开发投入相比于生产、营销环节比重较

---

① 鲜一，程林林. 体育强国建设背景下体育产业链现代化研究[J]. 体育文化导刊，2020(03)：78-84.

低，据相关数据显示，我国的体育用品制造业的整体研发投入的强度平均仅为 0.25％～0.27％，相比发达国家同类行业差距较大，许多细分体育市场领域仍处于国外企业垄断的局面，因此我国体育产业亟待摆脱价值链低端的分工束缚，建立迎合中国消费者实际消费需求的生产与供给体系，提升生产环节的国际竞争力。二是受我国体育产品供给结构不完善影响，体育生产性服务行业和关联性辐射产业发展缓慢。从我国的生产状况来看，为压缩生产制造成本和抵消人力成本，我国的体育用品生产多以小作坊、粗加工为主，尤其体现在运动服装生产领域，这导致体育产业附加值变低，对于精加工、附加值高的体育产品，往往是国内大型生产企业代行生产或是体育大型品牌企业精细生产，这也为体育产品的市场炒作提高了广阔空间，让底层消费者无法对高端高质量产品进行消费，因此急需促进高中低端生产供给体系的平衡发展。正如前文所述，出于成本考量，我国的体育产品的差异化生产水平难以提高，结构趋同问题较为严重，现阶段尚未针对不同的消费层次人群设计差异化的供给方案，进而致使体育产品的有效供给不够，大多数企业对消费者市场的深度挖掘不足，更多停留在"赚快钱""客户一次开发"的初级发展阶段，产品服务意识不够，部分企业热衷于多业务开发，并将其业务开展到影视、文化、房地产等领域，这虽然有利于扩展收入渠道和延伸业务领域，但是也导致了本体业务开发资源投入不足。此外，体育服务产品的供给不足成为制约体育消费的另一大重要因素。目前，我国第三产业增加值约占国民生产总值的 50％，与发达国家的 70％～80％的比重仍然存在较大差距，在我国服务业当中，餐饮、酒店、洗浴中心等传统服务业仍占比较大，而新型生产性服务业、现代服务业发展缓慢①。在体育产业领域，2019 年体育服务业的增加值比重虽然超过了体育用品制造业，但是从产值总体规模上看，还是明显低于体育用品及其相关制造行业，在体育服务产品设计、运营、组织、评估等方面的生产性服务业有待进一步发展，体育保险、体育中介、体育经纪、体育旅游等新兴服务业需大力鼓励其发展壮大。

第二，打通产业分配环节堵点的需要。居民可支配收入是影响体育消费的关键因素，目前我国体育消费受到收入预期不明、收入水平不高和支出环境不佳等因素影响，体育消费市场在推动体育产业双循环的支撑作用还不够明显。其一，我国尚未形成稳固的体育消费习惯和消费文化，收入储蓄制约了体育消费的增长。我国居民储蓄率居高不下的主要原因在于对预期收入的不确定性、市场的波动起伏、经济发展前景好坏以及就业形势。自新冠肺炎疫情暴发以来，我国的居民储蓄率和往年一样，持续保持高速增长态势，2020 年我国的居民储蓄存款总额达到218.37 亿元人民币，占 GDP 的比重超过 40％，稳居世界第一②，较高的储蓄意味着居民对家庭发展的预防性心理较为强烈，有利于社会稳定，但是也直接导致我国的居民消费意愿减弱，进而影响消费对经济发展的拉动作用。随着当今科技的进步和生产力的提高，人力资源市场的竞争日益"内卷"，低技术行业的劳动力随时都有失业破产的危险，在外

① 新华网体育. 中国体育公司 2020 年市值榜：千亿市值公司规模创新高［EB/OL］.［2021-03-02］http：//sports. xinhuanet. com/c/2021-02/03/c _ 1127060252. html.

② 王戬勋，沈克印. 新时代体育产业高质量发展的困境与实现路径［J］. 体育文化导刊，2020(06)：7-13.

部形势不确切的情况下，推动广大基层消费者参与体育消费几无可能。其二，居民收入差距和城乡居民分配不公平严重制约体育消费的下沉。长期以来，我国居民收入增长的速度赶不上国民经济发展的速度，国富民穷的现实状况弱化了消费对于经济增长的作用，导致原材料及初次产品出口成为我国经济发展的主要模式。根据经济发展规律，居民收入的增加会增加体育消费需求，因为居民收入水平的高低直接决定着消费购买力的大小。一方面，现今我国居民平均人均收入的总量偏小。据国家统计局数据，2020 年全国居民人均可支配收入 32189 元，比上年名义增长 4.7%，扣除价格因素实际增长 2.1%，与经济增长基本同步，其中城镇居民人均可支配收入 43834 元，农村居民人均可支配收入 17131 元，城乡居民人均收入比值为 2.56%，比上年缩小 0.08%[①]，处在世界中等水平，排除基本刚性需求外，居民可用于体育消费的总量和发达国家相比差距甚远。另一方面，我国城乡收入增长速度差异大。据相关数据统计，2019 年我国城乡收入差距为 2.6 倍，城乡居民收入差距大不利于乡镇地区居民体育消费需求的释放。在东西部收入差距上，东部地区普遍比中西部地区收入高，其中北京和上海的人均年收入达到 9000 元以上，排全国前列。不仅如此，我国社会保障体系的不完善制约了体育消费的增长和体育需求的升级，如子女教育、住房价格、医疗费用等费用加重了居民的负担，这间接导致我国体育消费增长动力不足。这些收入上的种种问题，都制约了体育产业的发展和体育消费市场的开辟，因

---

① 贾康，刘薇. 双循环视域下需求侧改革的内涵、堵点及进路[J]. 新疆师范大学学报，2021(05)：17-28+2.

此实现双循环新发展格局下体育产业高质量发展，需要打通体育消费环节的堵点，从根本上提高居民的整体收入水平，营造敢消费、愿消费的社会经济环境。

第三，打通产业流通环节堵点的需要。流通不仅是连接企业生产与产品消费的中间环节，也是构建双循环新发展格局的重要支撑，因此体育产业要积极打造体育现代流通体系。2020年，中央财经委员会第八次会议上，习近平总书记强调，流通体系在国民经济发展中起着基础性作用，构建新发展格局，必须把建设现代流通体系作为一项重要任务来抓，这为推进现代流通体系指明了前进方向。在新发展格局发展的时代背景下，建立体育现代流通体系关键在于完善体育产业供应链部门、产品物流及分销网络，进而推动产品从生产、存储、分配、运输到逐层分销的现代化变革，逐渐形成全国统一的体育流通体系，但从实际情况上看，我国体育产业流通体系建设还存在一系列问题，影响了体育产品的有效流通。其一，我国体育产品存储、分拣、配送信息化、智能化水平还有待提高。随着我国数字经济的蓬勃发展，数字经济在依靠线下流通体系的前提下，越来越多地开始赋能现代流通智能化。在这一技术推动产业变革的发展机遇下，体育产业能够推动流通供应链的信息化、网络化、智能化水平。然而，受制于数字化转型的高昂成本以及技术应用的不成熟，体育流通部门实现物流智能化还存在堵点。以极智嘉科技有限公司为例，作为一家全球AMR市场占有率第一的智能机器人企业，现主要提供全品类物流机器人产品线和解决方案，赋能企业实现物流智能化转型升级，虽然它与迪卡侬进行合作，为其建设了完善的智慧物流项目和实验室，实现了智能物流项目的国际扩展，但是其合作的对象和客户依然有限，主要服务目标以大型在华体育品牌企业为主，其经营活动范围难以扩展到中小企业。除了极智嘉科技有限公司，安踏在 2021 年也宣布将投资 15 亿元建设安踏一体化物流产业园二期项目，即斐乐智能物流中心，该物流园虽然允许中小体育用品企业入驻，但是在信息协同和资源共享方面仍存在企业间竞争性隔阂，尤其是在涉及利益分配和场地设备使用费用方面分歧较大，因此建立网络化智能化平台协同平台变得至关重要。其二，我国体育产业的分销渠道还需进一步扩展，线上线下对接性不强，分销渠道向社区、农村延伸力度不够问题突出。目前，我国体育产业在电子商务、线上直播等商业模式的推动下，体育产品的交易方式更加便捷，电子打单效率的提升更是简化了包裹分拣的速度，流通成本得以极大压缩，但是受制于线下物流的空间限制，过快发展的线上交易往往快于线下流通速度，导致体育流通行业出现备货速度赶不上下单速度，实际上影响了消费者的购买体验，尤其是线上产品的过度宣传与线下产品的实际效用、质量之间的不匹配，更是损害了消费者的切身利益。此外，为了进一步压缩运输成本和人力使用成本，许多经销商往往不愿在农村或社区开展流通业务活动，导致很多地区体育产业基层分销体系出现断层，乡镇流通网点建设滞后，也进一步压缩了居民获取高质量、多元化体育产品的渠道，阻碍了体育产品消费的下沉。

第四，打通产业消费环节堵点的需要。消费是我国体育产业发展的基础，欲实现我国体育产业内循环，需要积极培育新型消费，提振居民消费信心。其一，当前我国居民消费的支出结构有待完善，体育消费支出有待提高。据国家统计局数据显示，2020 年全国居民人均消费支出 21210 元，同比下降 1.6%。其中：城镇居民人均消费支出 27007 元，同比下降 3.8%；农村居民人均消费支出 13713 元，同比增长 2.9%。按消费方式分，2020 年全国居民人均食品烟酒消费支出 6397 元，同比增长 5.1%，占人均消费支出的比重为 30.2%；人均衣着消费支出 1238 元，同比下降 7.5%，占人均消费支出的比重为 5.8%；人均居住消费支出 5215 元，同比增长 3.2%，占人均消费支出的比重为 24.6%；人均生活用品及服务消费支出 1260 元，同比下降 1.7%，占人均消费支出的比重为 5.9%；人均交通通信消费支出 2762 元，同比下降 3.5%，占人均消费支出的比重为 13.0%；人均教育文化娱乐消费支出 2032 元，同比下降 19.1%，占人均消费支出的比重为 9.6%；人均医疗保健消费支出 1843 元，同比下降 3.1%，占人均消费支出的比重为 8.7%；人均其他用品及服务消费支出 462 元，同比下降 11.8%，占人均消费支出的比重为 2.2%①，通过当前居民体育消费的数据可知，虽然我国新型服务消费，尤其是体育消费支出有限，但也意味着体育消费存在潜在的增长空间，因此体育产业应该积极推动产品的有效供给，鼓励居民参与体育锻炼，培育体育消费习惯。其二，我国体育产业具有强关联性特点，使其能够与其他产业业态、商业模式进行融合，进而释放出强大的新增长动能。如今，体育产业与数字经济、体育产业与体育旅游等产业融合模式日益成为产业发展的热点，但是也存在消费上的堵点，如体育消费主体划分不明和业务范围偏离等，体育消费成为休闲服务产业的附属业务之一，体育消费业态易出现"体育猪"现象。此外，我国的体育消费观

---

① 国家发展与改革委员会.2020 年上半年存贷款情况［EB/OL］.［2020-07-31］https：//www.ndrc.gov.cn/fggz/fgzh/gnjjjc/hbjr/202007/t20200730 _ 1234983.html.

念也有待改善，相较于欧美国家的户外休闲文化，我国居民体育消费观念相对保守，加之经济下行压力使居民的收入预期持续走低，使居民的体育需求无法向消费端有效转化，且在服务型消费中，受到体育服务产品的供给和体育消费观念的制约，文化、教育、娱乐的消费优先级也普遍高于体育，体育消费潜力亟待进一步释放。

双循环新发展格局下体育产业实现高质量发展需要强劲的发展动力，这既包括产业发展的"机遇性动力"，也包括产业发展的"破局性动力"。本章从体育产业发展的内外部两个层次阐述了双循环新发展格局下体育产业发展的动力机制，提出体育产业积极适应新发展格局是为了顺应当前经济发展的总体形势，是为了推动产业转型升级，推动供给侧结构性改革与需求侧管理的有机统一，是为了培育新兴增长点，促进体育消费扩容升级，发挥消费在体育产业的经济拉动作用，最终达到2035年体育产业成为国民经济支柱性产业的目的。

第七章 ｜ 双循环新发展格局下推动体育产业高质量发展的主要路径

为了与时俱进提升我国经济发展水平、扩大我国国际合作和竞争新优势，党的十九届五中全会提出要加快构建以国内大循环为主体、国内国际双循环相互促进的新发展格局的战略抉择。当前，构建双循环新发展格局已成为"十四五"以及未来较长一段时期内我国体育产业各领域实现高质量发展的行为导向与战略选择，这既是塑造我国国际经济合作和竞争新优势的重大部署，亦是新发展阶段下贯彻新发展理念和推动经济高质量发展的客观要求①。在此大环境之下，作为中国经济的重要组成部分，体育产业沿着高质量发

① 中国新闻网.国家统计局：2020 年全国居民人均可支配收入 32189 元比上年增长 4.7%[EB/OL].[2021-02-28]http：//www.chinanews.com/cj/2021/02-28/9421027.html.

展的路径也成为相关领域的前沿研究基点。随着我国国内大循环的逐步顺畅、与国际体育市场的进一步对话与合作，将为我国体育用品制造业形成更有力、更高层次的竞争优势，并以更加显著的经济效益、更高质量的产业水平以及更加崭新的产业形态投身于国际体育市场的分工与合作。然而，在面临技术更新迭代能力较低、新冠肺炎疫情持续蔓延、进出口贸易不平衡不充分等不可避免的突出问题时，我国体育产业难免出现循环不畅以及阻塞，甚至停止发展等问题。因此，在助力构建新发展格局的同时，如何推动体育产业融入经济社会发展浪潮之中，从容应对挑战与风险并形成体育产业领域发展的独特路径将成为产业今后在新环境下成长的发力点。故而必须推动体育产业高质量发展、进行产业转型与升级，以扩大体育内需为战略基点，畅通国民经济循环，助力形成双循环新发展格局①。在此逻辑基点之上，对于体育产业实现高质量发展的主要路径可从理念上的创新以及具体实践上的方略举措上予以研究和阐述。

第一节　双循环新发展格局下推动体育产业高质量发展的理念创新

一、营销理念创新

相对于传统的、以"生产"为核心概念的工业社会为脉络所形成的生

---

① 华经情报网. 2020 年全国居民收入和消费支出情况统计和结构占比［EB/OL］. ［2021-01-20］https：//www. huaon. com/channel/chinadata/682333. html.

活方式，进入 21 世纪后逐步形成的则是以"消费"聚焦的生活脉络，这使得社会对个人生活方式的影响逐渐减弱，个人得以更加主动地选择自己的生活方式①。在此消费趋势和市场需求的变动下，为构建更加完善的现代化体育产业体系、充分释放体育消费潜力，体育产业下的各门类产业应及时转变和创新营销思路，站在更高的思维层面上制定产业营销策划方案。第一，明确自身定位及发展方向，构建健全的市场营销战略体系。不论是体育企业抑或是产业本身，都应敏感于市场需求的变化，明确顾客的重要作用，根据顾客导向需求的动态变化情况制定营销战略，从而不断调整和明确自身在今后一段时间内的营销方向和目标市场，以此保持营销环节的有效性与科学性，提高市场营销的主动性和灵活性，为企业的管理提供必要的战略性支持。第二，重视新媒体资源作用，注重双向沟通。在如今的市场机制运作下，体育营销与体育传播逐渐呈现一体化的趋势，在此基础上，企业应重视与公众良好关系的建立，提高利用新媒体资源的意识、优化媒介资源组合，创新营销传播手段。注重新、旧媒体的有机融合，重视新媒体的作用并不是一味摒弃传统传播营销手段，应当利用新技术、新媒体提升传统媒体的数据整合与传播能力，使企业与消费者之间实现双向互动，打造适合体育产业与大众传媒融合发展的营销环境，提高有效供给，打造一条集赛事资源、媒体资源、赞助资源、受众资源于一体的媒体体育产业链。第三，鼓励"绿色营销"，实现可持续发展。"绿色营销"是适应 21 世纪消费需求的

① 中共中央关于制定国民经济和社会发展第十四个五年规划和二〇三五年远景目标的建议[N]．人民日报，2020-11-4(1)．

新型营销理念，相比于传统营销手段，其更加注重以理性化的营销来满足顾客需要和生态环境的实际，与被誉为"绿色产业"的体育产业实现高质量发展路径相适应。在营销活动中，要顺应时代可持续发展战略的要求，注重地球生态环境保护，促进经济与生态环境协调发展，以实现企业利益、消费者利益、社会利益及生态环境利益的协调统一。应鼓励体育营销工作建立在绿色技术、绿色市场和绿色经济的基础上，对自然生态给予更多的回馈与关注，通过倡导健康生活方式使社会公众对于体育产业形成更深的信任感与安全感。

二、生产制造理念创新

体育产品的生产制造是一项系统性工作，而在顺应全球"智能化制造""服务型制造"的趋势之下，传统的按部就班的生产模式和思维已不再适用，故我国的体育产业在体育用品的生产理念应顺应时代潮流和市场趋势，在各生产环节予以创新理念指导实践，致力于提高体育用品的生产效率、实现成本的控制，并赢得社会的认可，打造受民众青睐的顶尖体育品牌。第一，坚持安全生产理念，形成安全制造的文化氛围。自进入新时期全球性生产竞争，体育企业应努力将对体育产品有形的生产质量管理转变为塑造无形的生产质量氛围形成，在保证产量的同时亦对产品的安全性给予公众保证。要求在生产过程中，必须坚持"以人为本"的原则。在生产与安全的关系中，一切以安全为重，安全必须排在第一位。一方面，应不断健全安全生产管理机制和体系，形成一级抓一级、层层负责的生产组织网络；另一方面，要通过强化安全生产的教育培训，提高员工安全意识和生产技能，在潜移默化中于体育企业形成安全生产的价值观。第二，树立精益生产理念，强调物流平衡、追求零库存。鉴于当前消费变革和体育产品零售模式的转变，体育企业应努力消除传统生产模式下过于臃肿的弊端，结合大量生产与单件生产方式的优点，力求在大规模生产的同时实现体育产品多品种生产与高质量、低成本的目标。打破传统的职能界限，最大程度运用体育企业职工、协作厂商与资产的固有能力，实现各个生产环节的精良化、精美化，并沿着生产零缺陷、零库存的美好愿景进军。第三，形成开放生产理念，以更高层次、更高开放水平寻求国际生产合作机会。在"十四五"规划纲要中曾明确提出要"稳步推进国际大循环，以规则制度型开放为重点，推动构建更高层次的开放型经济"[①]。故我国体育用品在推动高质量生产时应把握国内外体育需求情况，以更加开放的姿态在国际中寻求体育用品生产合作的机会，摆脱我国体育用品生产制造在国际中"低端锁定"的固有局面，以创新的生产理念驱动具体生产形式的转变。

三、服务理念创新

相较于纯粹的促销手段，在服务要素的引导下体育产业要更加注重

---

① 沈克印. "双循环"新发展格局下体育产业高质量发展的宏观形态与方略举措[J]. 体育学研究，2021，35(02)：11-19.

与消费者的沟通，感受和控制消费者的需求变化过程，并在体育产品的研发、制造、销售等环节中通过提升服务占比加以满足，使消费者因提升对服务满意度而对体育产品产生信任感和消费欲望，并有效提高顾客在整个体育产业链中获取的效用水平，促进产业价值的增值。第一，重视相关政策引导，调动服务型企业创新活力，推动体育服务创新的热潮。近年来，国家及地方相继出台了多项关于促进体育服务业发展的利好政策，为服务要素在体育产业中的整合与应用提供了更加优良的政策环境。而企业应以政策为导向创新服务思维和理念，坚持民生价值取向，在保证顾客消费体验、促进体育产业全面发展、丰富社会文化生活、形成体育经济发展新亮点等方面形成更高的觉悟、发挥更大作用。第二，以顾客体验感为着力点，实现"产品服务"向"用户服务"的观念转变。服务经济的福音在于其转移了更大的选择权给消费者，如戴尔公司的信息总监 Jerry Gregorire 所言——"顾客体验是竞争的下一个战场"。高度的人性互动给传统的体育服务模式带来了不小的冲击与挑战，在构建新发展格局的背景下，为实现体育产业的高质量发展，业内相关领域服务主体应当及时转变思维，从简单地以产品为核心逐渐向以保证和提高消费者体验感为目标的思维转变，一切服务行为根据消费者的体验感受而做出反应和改变。第三，以人文情怀形成纽带，鼓励民众养成日常运动的习惯，提高消费黏性。"以人为本"的核心理念要求体育产业通过提高服务要素的形式更好地满足了顾客的需求，业内相关主体应在此过程中把握与顾客交流的机会，以亲切的人文关怀渲染和传达体育文化和价值理念，在保障顾客体验感的同时进一步增强民众的健康意识，激活对于体育服务的需求潜能，在较大的社会层面上体现出体育产业的独特魅力。

四、管理理念创新

当前，伴随着各领域技术水平的提升以及先进管理方式的应用，体育企业为了取得整体优化效益、打破陈规陋习，必须在管理工作中克服固有思维的束缚，树立全新的管理理念，在新思想、新理念变革的引导下积极实施管理体制与管理观念上的创新并应用于实际工作当中，保证体育产业与时俱进、更好地为社会服务，推动体育产业助力双循环新发展格局的构建。第一，重视目标的制定与职能的发挥，形成有序管理的意识。紧紧围绕体育品牌定位、企业及产业整体的发展目标，找准各环节和阶段性任务的切入口，逐级定制并有序开展各项业务、推进各类工作。提高各职能部门对于自身工作的责任意识，沿着既定计划和目标善用资源，避免产业布局混乱、各项工作重复进行、各环节不到位甚至空缺等问题出现，从而营造协调与和谐的工作氛围。第二，鼓励以社会和市场组织成为产业管理主体，转变政府职能。在持续深化"放管服"改革、推动简政放权的背景下，政府应当减少对体育产业发展的直接管理，提高自身权力边界意识，从而减少冗杂的审批环节、放低市场准入门槛，将职责转变为在宏观上对市场的引导、监督与评价工作。积极培养和鼓励社会组织及市场组织从事体育产业管理工作，使之成为承担新时期产业高质量发展任务的管理主体。第三，鼓励员工发挥主观能动性，形成尊重人才、重视人才的良好氛围。伴随着体育企业现代化建设的进一步加快，在管理过程中应当更加重视员工个人能力的发挥和应用，将"人本主义"理念有效应用于企业日常的各项管理工作之中，在关注员工成长的同时逐步提升现有体育领域人力资源的价值。在尊重人才的前提下鼓励员工发挥主观能动性，鼓励"人尽其才、物尽其用"，从而营造良好的企业及产业文化氛围，为体育产业的长足发展做出贡献。

五、人才培养理念创新

人才是体育行业实现高质量发展、助力新发展格局构建的核心竞争力，社会经济建设若想可持续发展，人才保障是必不可少的一环，随着当前科学技术的迅速发展，科技、服务等要素的进一步嵌入促使体育产业对于劳动力的能力和质量有着更高的要求，将逐渐从单一化向多元化、复合型培养方式转变。这也要求体育产业各领域在未来培养和挖掘相关人才时，应与时俱进地将人才培养理念及方案进行更新迭代，进一步将理论结合实践进行探索并不断深入。第一，以企业、产业的发展方向为人才培养的指引，引导"双向赋能"。人才意志和行动应与体育企业的品牌定位及产业大致的发展目标和方向相吻合，实现有效借力，避免人才单打独斗、孤军奋战的局面。体育企业的业务团队、管理高层应让人才更加了解企业业务，创造更多机会让员工参与公司业务的环节，坚持"业务赋能"；鼓励人才积极展现自身优势，尤其是在体育领域的独特才能，让业务团队更便于进行人才管理、依据个人特性安排适合的岗位和任务，并提供必要的培训和支持，实现"人才赋能"。第二，强化与体育产业接轨的人才培养理念，促进校企合作。对于高校和体育企业而言，构建双循环新发展格局既是推动体育产业实现高质量发展的战略部署，亦驱动着二者创新人才培养模式和理念、实现友好合作。二者应在坚持各自发展道路的基础上，达成人才合作培养的阶段性目标共识，以学校教育所给予的静态知识技能结合实践中所获的动态创造能力予以培养，打造一个全方位、多领域的人才培养环境。第三，坚持内培与外引相结合的战略思路，打造复合型体育人才队伍。一方面，要引导并落实相关的体育人才培养专项基金，鼓励出台更多利于当前环境下人才发展的政策方案，完善相应的政策管理保障制度，为国内体育人才的发展构建良好的环境[①]。另一方面，鼓励引入国外体育产业高端人才，学习先进培养理念和方案，不断创新内外人才培养方案的结合形式，提升我国体育产业发展的内在驱动力。

六、企业战略理念创新

新时代背景下，企业以供给端为依托促进、解放体育产业生产力，延伸生产要素发展空间，落实体育产业整体架构的充分平衡发展，以供给质量为导向，以加强体育服务能力、体育服务基础以及体育服务水平为核心目标，促进体育服务等级提高。第一，强化人力资源的积淀，提

---

① 张未靖，刘东升. 新时代我国体育小镇发展研究：理念、实践与对策[J]. 沈阳体育学院学报，2020，39(03)：107-115.

高产业人才质量和水平等级，借助国家教育投入力度，提升人才专业能力及素质水平，真正为国家体育产业发展供给先进人才，有效解决当前人才供给和产业发展需求之间存在的矛盾。以质量为导向，推进体育产业高质量发展，供给要素是体育产业实现高质量发展的必要前提，在产业发展和转型中发挥着关键性作用，以供给质量为导向，加快要素体系建设，有助于推进体育产业的高质量发展。第二，企业以要素生产为核心，提升产业内部效率，要实现产业的高质量发展，必须有效利用投入要素，并合理分配关键资源，以此提高产业人力、场地设施及资本等要素的利用率。要提升资源要素分配效率，促进体育产业内部实现结构稳定发展。合理化分配资源要素，应生成体育产业要素的准确配比。第三，企业要立足创新，着重推动体育产业升级转型，近年来，我国明确提出要提高体育产业科技创新变革力度，并制定了详细、完善的规划引领体育产业迈向科技创新道路。首先，应以体育科技革新为媒介，推动产业内部结构升级和转型。一般来说，体育产业的高质量发展水平与社会大众幸福指数之间存在内在联系，体育产业隶属民生产业范畴，塑造新时代环境下的智能化体育产业系统是高质量发展的主要方式。其次，以体育变革为核心，积极打破体育产业传统的发展运行机制。体育体制变革应始终基于国家经济与政治领域的基本发展特征，以产业基本定位为依托实施精准改革运作，有效解决限制国家体育产业高质量发展的各种因素，构建可以推动产业升级转型与体育变革目标方向互相兼容的科学运行机制。体育运动项目间存在差异性，我国传统运动项目与重点运动项目的变革核心和重点也存在一定偏差，应在项目联动发展与优势互补当中探索突破口，使体育运动项目趋于职业化方向发展，使体育管理制度逐渐分化，从传统体制办赛转变为市场办赛，按照不同赛事级别与规模，衡量个体机制与混合机制于具体赛事中的应用和运作，明确两者契合点。提出全民健身战略、减少以往赛事审批机制、深化运动项目教育选材制度变革，明确市场资源分配的主体地位，推动体育协会的独立主体地位，从而推动健康中国战略的发展。

第二节　双循环新发展格局下推动体育产业高质量发展的方略举措

一、融合发展、激发活力，促进体育竞赛表演业助力双循环

（一）以政策为依托，提升监管力度

作为我国体育产业中的"龙头产业"，在双循环背景下推进体育竞赛表演业实现高质量发展是一项系统性建设工程，且在新发展格局下与相关产业链和要素的融合涉及面广、业态形式不一、发展水平不协调的问题依旧不能得到完全的消除，要想进一步消除竞演业融合的壁垒与障碍，畅通产业链，政策的有效落地与各部门的管理体制与机制要先行。第一，明确主体责任，规范办赛体制与准则。要实现我国竞赛表演业的高质量发展，首先应在举办赛事前明确各部门主体的相关责任，依据职能划分协调赛事举办的各项工作，依托赛事举办地实际制定相应的规章

制度与准入门槛，以及赛事综合服务机制与管理制度。因此有关部门应首先对各类体育竞赛以及体育表演的申办进行现有资源、配置资源的统筹考虑和通盘研究，根据赛事举办地的场地构造、观赛规模、参与形式等方面的特点进行评估，从而明确不同阶段下相关主体间关系，有效消除"随意新设、边减边增、明减暗增、明放暗收"的现象。建立赛事运作管理体制并采取不同的赛事运作管理模式，有效将长期目标与短期规划相结合，并严格要求各部门对不同阶段的目标进行妥善处理和对接。第二，推进体育赛事审批制度改革，打破制度壁垒。自 2014 年由国家体育总局颁布的《体育总局关于推进体育赛事审批制度改革的若干意见》中就曾指出：要以"全面推进体育赛事审批制度改革，破除利益固化的藩篱，充分调动社会多方面的积极性，建立办赛主体多元化的体育赛事体系"为目标，除全国综合性运动会和少数特殊项目赛事外，包括商业性和群众性体育赛事在内的全国性体育赛事审批一律取消、依法管理①。各部门应以现行法规与文件为依托，合力完善政策措施并推进赛事审批制度的改革，积极引导市场中各类体育竞赛表演的合理运作，从而使得市场环境得到进一步优化、有效畅通国内大循环。此外，社会力量对于我国竞赛表演业实现高质量发展的助推力量不容忽视，政府及有关部门应充分调动、支持社会中各力量依法组织和举办体育赛事，从而在壮大体育赛事的同时进一步打破制度壁垒。第三，提升各部门监管力度，推动行业治理水平现代化。体育竞赛表演业的高质发展与产业链的良性畅

---

① "十四五"规划信息网. 中共中央关于制定国民经济和社会发展第十四个五年规划和二〇三五年远景目标的建议［EB/OL］.（2020-10-29）［2021-01-15］. http://www.guihuaxxw.com/NewsDetail/2268347.html.

通，离不开有效的监管与现代化治理，有力的监管体系不仅保证了体育赛事本身正常运营，同时有利于社会公众对于该赛事形成正面反馈、提高社会效益。故赛事相关部门应分类别、分阶段地对体育竞赛表演进行全方位、全程性的监管工作，排查体育赛事活动中可能出现的风险和隐患，及时向上级反馈并制定应急处置预案，确保体育竞赛表演安全有序地进行。加强信息公开力度，及时、准确地向观众及社会公众公开赛事相关工作及资讯，主动回应群众提出的质疑和建议，扩大接受社会监督的范围。

(二)以科技为支撑，延伸产业价值链

当前，以 5G、人工智能、云计算等为代表的新一轮科技革命和产业变革方兴未艾，体育产业可顺势通过融入数据要素以及对技术资源的整合为产业推进高质量发展形成强有力且稳固的科技支撑。体育竞赛表演业作为一个融合视听、交互和消费的综合体，从上游的赛事内容制作、运营转播、到下游的互动体验，受众的需求愈发呈现个性化、品质化、情感化的趋势，设计和营销走向时尚化、年轻化，中国制造配合中国潮流元素，让竞赛表演业打上中国烙印。因此只有借助科技的赋能，在体育竞赛表演产业链充分发挥杠杆效应和乘数效应、放大要素集聚效应、提高赛事创新能力，才能引领竞演业向价值链高端提升[1]。第一，升级智能穿戴设备，推动器材器械品质化发展。现阶段，运动员所用的

---

① 王凯. 体育强国建设背景下体育产业强省建设的思考[J]. 体育学研究，2019，2(06)：33-39.

特殊服饰、训练监测设备、可穿戴智能装备、模拟仿真仪器以及数据统计分析软件等硬、软件，均离不开新科技的应用与传播，可见科技不仅是一场体育竞赛成功举办的实时技术保障，亦是整个体育竞赛表演业不断沿着更高层次、更高质量前行的强大助力。因此，小到运动员、教练的贴身服饰设备，大到竞赛表演场地器材设施，都应在全方位融入科技要素并推动智能化发展。利用科技检测与保证竞赛、训练时所用仪器设备的品质，在为运动员和主办方提供技术保障的同时，亦能为消费者带来良好观赛体验，并契合新发展格局下体育竞赛表演业满足行业及市场的需求。第二，鼓励新型安全监控技术的应用，重视赛事信息安全维护。身处信息大爆炸时代，个人信息安全显得尤为重要，鉴于观看体育竞赛表演的群体范围之广、基数之大，观众在注册和购买各大赛事门票时，无一例外地都将被要求登记个人信息，包括姓名、电话，甚至是身份证号、家庭住址，这在便利顾客与赛事方的同时，也频频发生顾客信息泄露的事件，这给企业、个人以及整个产业网敲了警钟。此外，赛事本身的数据安全也理应得到更多的重视与维护，其作为一场体育赛事实时更新的讯息与各项成绩与指标的最终记录，对于同类型赛事的举办以及主办方、承办方今后的实践具有重大的借鉴意义。因此，必须利用数据安全监控技术制订相对完善的计划，切身定制严密的风险控制系统，对观众及赛事的数据进行了相关的维护和加固，持续推进赛事对于个人信息及赛事记录的加密工作。第三，发挥新媒体平台的资源整合作用，延伸产业价值链。2018 年由国务院办公厅颁布的《国务院办公厅关于加快发展体育竞赛表演产业的指导意见》中曾指出：要鼓励以移动互联网、大数据、云计算技术为支撑，提升赛事报名、赛事转播、媒体报道、交流互动、赛事参与等综合服务水平①。数字经济时代下，随着生活节奏加快，用户时间碎片化的割裂更加明显，更多用户选择在休息、空闲等碎片化场景浏览体育内容，新媒体平台对于体育竞赛表演业的传播、推广、互动、营销等环节具有强大的资源交流与整合作用，能够充分发挥赛事经营活动的乘数效应。体育赛事应在政策及技术的支撑下，借助新媒体平台对线上空间进行快速抢占与扩张，加强对赛事及相关资讯的宣传报道，并引导公众踊跃参与和互动；促进我国体育竞赛表演业沿着高质量发展方向进行延伸，不断优化产业链、供应链，助力国内大循环的畅通。

(三)以市场为导向，激发消费活力

随着多项利好文件的出台，我国体育竞赛表演业的发展逐渐进入快车道，体育赛事种类不断丰富、赛事品质不断提高，而这也意味着在新发展格局之下，赛事优胜劣汰的发展状态在市场之中将愈发显著。面对市场中对于赛事的需求正不断增加与扩展，我国体育竞赛表演业理应发挥产业自身的龙头效应，以核心赛事产品和服务质量为着力点，重视市场主体参与体育赛事的资源需求分配，进而激发消费活力。第一，打造国际化赛事服务体系，增加赛事观赏性与吸引力。为了迎合国内国际相互促进的经济循环模式、更好地对接国际市场，我国竞赛表演业应积极引入和申办国际中影响范围广、市场价值大的大型体育赛事，深入落实

---

① 国家体育总局. 体育总局关于推进体育赛事审批制度改革的若干意见[EB/OL].
[2014-12-24]. http://www.sport.org.cn/search/system/gfxwj/jjty/2018/1108/191923.html.

新旧动能转换和"科技引领建设攻势"，通过国际性双创赛事平台吸引海内外优质体育竞赛表演落户国内发展，从而提高自身在国际市场竞争中的话语权。同时，以构建赛事标准化运营服务体系为目标，通过对大型赛事中的竞赛管理、活动策划、品牌宣传、后勤保障等各项工作进行全过程、全环节的优化，对赛事运行质量进行管控，以科学、专业的操作标准不断提升我国举办大型赛事的品质。第二，结合地域资源优势，打造具有本土特色的体育精品赛事。从引进赛事走向自创品牌，这已经成为国内赛事新的发力点，我国本土体育赛事虽然起步晚、底子薄，但打造"百年老店"应该成为其目标，在找准市场需求的基础上，规范运营、创新形式、做好服务，才能接地气、聚人气，形成大众和市场认可的赛事品牌①。各地应重点依托并充分利用好本土传统体育文化以及地缘比较优势，在保证赛事质量、提高赛事专业化水平的基础上，积极求新求变，最大程度凸显当地体育赛事特色，创建国内乃至国际上知名的体育赛事品牌。将发力点放在提升当地特色体育赛事的社会效益、品牌形象和国际影响力上，致力于在推动产业高质量发展的同时打造国际体育名城。第三，发挥社会名人效应，提高赛事影响力和消费黏性。体育竞赛表演要助力新发展格局的建立、实现高质量发展必须从追求规模效应向满足观众体验感、观赛形式等高级别的需求转变。消费需求的多样化，必然要求赛事供给的多样化、年轻化、个性化、时尚化、社交化、在线化等是现代消费需求发展的重要趋势，把握这些趋势，是赛事产业升级

---

① 方萍，史曙生.体育竞赛表演业融合发展的动力机制及实现路径[J].体育文化导刊，2020(05)：87-91＋97.

与高质量发展的基本方向①。具有一定社会影响力的影视明星、歌手、企业家等社会名人对于体育竞赛表演业的发展具有很强的带动作用，一方面应充分发挥其名人效应增加公众对于体育赛事的关注度，提升赛事的话题讨论热度，进而引导公众的直接参与或间接性的投入，提高消费黏性。另一方面可通过名人对公众进行正确的体育赛事参与观念引导，促进绿色、良性观赛，从而在市场中形成良好的氛围，推动产业向更高层次迈进。

二、需求引领、回归生活，促进体育健身休闲业助力"双循环"

（一）以需求为基点，推动资源配置市场化

随着经济社会的发展进步，"体育生活化，生活体育化"的绿色健康理念日益在大众之间流行开来并得到认可，休闲健身愈发受到人们的追捧和喜爱，并成为一种时尚而健康的生活方式。统计数据显示，我国健身俱乐部市场价值 2015 年以来一直保持较高增长，2019 年中国健身市场产值已达 1110 亿元。在助力双循环新发展格局、推动体育产业高质量发展的进程中，我国体育健身休闲业首先应把握好日益高涨的群众参与热情，以公众的需求为基点，提升休闲体育服务质量并实施标准化管理。第一，合理规划产业布局，做精做深体验消费。大众对专业运动场

---

① 国务院办公厅. 国务院办公厅关于加快发展体育竞赛表演产业的指导意见［EB/OL］.［2018-12-21］. http：//www. gov. cn/zhengce/content/2018-12/21/content ＿5350734. html.

馆的服务仍有较大期望，对于提升运动效率、获取运动数据与规划建议
都有很高的要求，更加信任运动场馆，期望场馆可以提供涉及运动相关
的各类产品，包括器材、餐饮与相关配套产品。为了更好地迎合消费者
需求，我国体育健身休闲行业应有意识地不断优化产业布局和结构，提
高健身休闲服务业比重，并因地制宜地打造各具特色的休闲服务的产业
带，通过提升服务水平和质量、拓展服务范围和内容推动各地良性互动
的发展格局的形成。企业应协调好各主营业务、子产品、衍生服务的比
重关系，合理规划各业务发展进度，最终明确自身在社会中的定位及目
标服务群体。与相关电子信息公司和机构进行友好合作，创新健身休闲
服务产品的购买及订阅方式，促进健身休闲的便利化消费；并依据大数
据洞悉客户的关注点及需求范围，有的放矢地开展精准服务及定制化课
程的设定，对顾客的消费反馈进行深入研究并形成有效机制，促进健身
休闲行业体验消费的精细化，反向推动产业链的畅通。第二，合理配置
产业资源，发挥产业集群效应。产业应有效利用市场机制集聚社会中的
体育资源，整合健身休闲行业相关的人才、技术、土地等资源要素，理
顺产业的商业运作、无形资产的开发、服务要素投入等环节之间相互制
约、相互联结的关系，不断把优质的健身休闲资源和服务要素投入效益
最优的领域，进而发挥出产业在得到资源合理配置后的整体功能与运营
效率。另外，随着我国健身休闲产业规模的快速扩张，在我国许多地区
已形成一定的产业集群，并成为推动当地体育经济发展的重要方式和新
增长点。处于同一地理范围内的体育企业往往由于有着相似的社会文化
背景在健身休闲的价值观念上容易达成共识，因此企业间应进一步加深
区内协作，形成紧密的网络关系，促进产业内部自我强化的良性循环的

同时，发挥集群效应，推动区域体育健身休闲业的系统性创新。第三，强化网络平台建设，完善体育服务体系。信息技术的兴起以及互联网的盛行为体育产业的发展注入了新鲜的血液，并提供了新的发展思路与推广途径，能够更好地迎合市场需求并应用、整合各类体育资源。新冠肺炎疫情下，软件和硬件结合，硬件帮助完成健身训练，软件可以查看个人运动记录与健身进度，提供课程指导服务，提高个人健身效率，提高互动体验。打通线上线下相融合的整体布局，无论是传统健身房还是在线 App，都在尝试打通线上、线下运动健身场景，通过多渠道、多角度为用户提供健身服务，提高服务效率，大幅度提升用户体验。因此，在新时期、新格局下体育产业应充分利用并发挥互联网技术的广泛应用，整合碎片化的健身知识、理念，在内容、形式与传播机制等方面实现突破，形成覆盖面广、环境优良、理念先进的健身知识传播与互动生态圈，助益全民健身的健康与体育产业的可持续发展①。体育企业依托网络平台，开创健身、休闲、娱乐的新方式，合力构建融合竞赛表演、体质监测服务、体育信息服务等功能于一体的健身平台，并及时向群众发布健身休闲相关的信息，尤其是对于民众需求的资讯响应，以求拓展休闲文化的影响范围以及健身氛围的形成。

（二）以基础设施为保障，推广特色休闲运动项目

作为各类运动休闲项目开设的基本条件与保障，其基础设施的供给在国家出台的一系列文件与规划的推动下得到逐步地完善，"SaaS 管理

---

① 用本土赛事涵养体育文化（体坛观澜）[N]. 人民日报，2020-07-13(15).

系统＋IoT 智能硬件＋大数据服务"的智能管理方案已逐渐成为健身休闲场所的标配。而在新时期构建双循环新发展格局的背景下，为求促进健身休闲服务体系的日趋完善，仅仅依靠日常健身运动项目的推广并不足以满足民众日益多元化的健身需求，也不利于产业的长足发展。因此，产业应在保证基础设施质量、场地数量有效供给的基础上，进一步推广特色休闲运动项目，提高各领域休闲运动的参与度、不断扩大市场规模与经济影响力。第一，逐步完善基础设施网络，提高休闲市场中多元主体的参与度。完善并规范基础设施建设的标准与要求，在设施网络的实际规划与建设中，力求打造便利、安全、高质的健身休闲设施设备。一方面，在围绕日常健身休闲活动的基础设施建设中，应在绿地、公园、环山步道、建筑周围等区域进一步完善基础休闲设施的供给，改造、扩大已有的健身休闲设施规模与数量。另一方面，在围绕特色运动项目的基础设施建设中，鼓励有条件的城市、自治州、风景区等因地制宜，利用水陆空资源丰富特色休闲设施供给。在建设与完善的过程中，呼吁社会中的多元主体共同参与，提升国民健身休闲企业的积极性、创造性及竞争力，培育多元主体的责任感并提高参与感。第二，明确功能定位，提高场地设施利用率。各健身休闲企业、场馆运营方应首先充分考虑自身在同类型市场中的功能定位，根据企业文化、自身营运能力、运动项目的普及性划分目标市场，通过定位对应领域功能和获得资源的渠道，从而选取和利用好适合自身的基础设施与场地。良好布局区域土地和设施资源，在城市密度高的区域内，考虑采用下沉模式向地下拓展健身休闲空间，有效降低场地场馆租赁和运行费用，最大限度提高基础设施利用率。而在城市密度较低的区域内，可向户外项目进行拓展，充分利用场地资源建设体育场地并发展山地、水上、航空、冰雪等休闲运动项目，改善体育场地资源利用率不高、体育设施针对性不强等问题。第三，主打地域特色，联动体育旅游行业。俗话说"一方水土养一方人"，深挖地域突出特色的休闲旅游项目是推动体育健身休闲业多元化发展的有效途径，亦是解决多地旅游产品类型单一的有效方法。企业及有关部门可从多角度进行深入，基于当前已有的设施条件和体育资源情况，借助当地特色，发挥天然优势，打造融合休闲、娱乐和赛事为一体的多元化休闲项目。以健身休闲为核心元素，提高社会吸引力、吸引更多居民百姓积极参与。积极摸索具备互补性和差异性的体验活动，促使旅游和休闲项目完美结合，从而扩大参与健身休闲的游客群体规模，为本地体育健身休闲业产业以及旅游产业两个产业发展提供更多机遇。

(三)以人才培养为重点，推动健身休闲生活化

在我国，运动休闲产业不仅是一个新兴产业，运动休闲教育乃至运动休闲专业人才培养等也都是新课题，运动休闲产业发展需要运动休闲各方面的专业技术人才、管理人才。虽近年来陆续有体育院校成立运动休闲系、休闲体育系甚至有院校成立了运动休闲学院，但似乎他们的培养目标和课程体系建设还不十分具有针对性[①]，无法很好地满足体育健身休闲业在新发展格局下实现高质量发展的需求。因此，应重视并加强专业健身休闲人才的培养与挖掘，提高相关领域人力资源的供给，助力

---

① 李祥林. 中国体育竞赛表演产业发展的历程、逻辑与趋势——基于政府行为变迁视角[J]. 体育科学，2021，41(03)：10-17.

产业向高质量路径推进。第一，鼓励有条件的院校与机构开设健身休闲专项的人才培养计划与课程，扩大人才培养规模。具备较强专业素养以及服务意识的专业健身休闲专业人才是体育健身休闲业乃至体育产业得以加快发展的重要基础，在当前的时代背景下，加速挖掘并培养吻合市场需求和行业发展规律的相关人才是当务之急。应准确定位健身休闲人才的培养方案，为潜在专业人才勾勒出明晰的产业结构与发展方向，从基础上奠定好人力资源的框架理念。加强实践技能与管理手段方面的教学，齐抓从业者的专业技能与服务水平，推动人才逐步向专业化程度高的健身休闲项目深入学习，培养具备综合素养的产业人才。第二，完善人才准入机制，加大人才引进力度。当前我国体育健身休闲业人才准入机制不畅，对个别专业和项目技术人才的引进条件过于苛刻，设置了过高的引进门槛与限制壁垒，聘用国际中专业人才的用人机制不灵活、适应性差，导致健身休闲的专业人才队伍弱小，甚至出现人才外流的情况。因此应尽力打破人才进出不畅的瓶颈，建立有效、合理、灵活的人才引入机制。从实际需要出发，由有关部门与企业联合制定健身休闲人才的招聘程序和引进准则，从宏观角度调整用人机制。依托各类激励、保障机制吸引全球专业化程度高的健身休闲从业者，化解国内个别项目和领域教练员的欠缺和群众基础薄弱的矛盾，从而畅通人才准入渠道，在助力双循环新发展格局构建的同时确保拥有较强专业素质的健身休闲人才进入人力资源中。第三，在日常生活场景中培养团队力量，引导国民健身休闲生活化。回归生活是休闲体育与美好生活发生关联的逻辑基点，随着人们对生活品质和精神文化的追求，休闲体育与日常生活的关切契合度愈发紧密，休闲体育生活化、日常化趋势十分明显[①]。体育健身休闲业要培养新时代高素质人才，除了要在必备的专业技能上苦下功夫之外，还需扎根于群众的现实生活场景之中予以培养，引导从业者以生活化场景建立与民众间的联系，利用日常元素培养专业人才从业理念，再以同样的观念引导民众养成良好的休闲生活习惯和行为，并使其感受到专业团队的亲切感与责任心，也有利于推动健身休闲运动的生活化与大众化。

三、多元供给、综合开发，促进体育场馆服务业助力"双循环"

(一)以机制改革为重点，推广政府与社会资本的合作

作为体育产业发展的重要载体，体育场馆扮演着重要的基础性角色，而受我国行政管理体制、复杂地域差异、场馆本身公益性和经营性的双重属性等因素影响，我国体育场馆运营管理市场主体多种多样[②]，主体实力亦得到逐步增强；在运营模式上虽依旧以事业单位运营管理为主，但也逐渐呈现多元化的趋势，其管理模式也得到不断丰富。但囿于现行管理机制的约束，我国体育场馆服务业当前尚难以化解运营机制失

---

① 王孝健，武东海. 供给侧改革下全民健身需求的特征、问题与发展策略[J]. 广州体育学院学报，2021，41(02)：14-17.

② 马宝壮，陈言行. 新时代中国运动休闲产业发展的特征与路径研究[J]. 广州体育学院学报，2021，41(03)：39-41.

灵、不活乃至缺失的矛盾，因此场馆运营方及相关部门当以机制改革为重点，并促进政府与社会力量的合作形式多样化，进一步实现体育场馆服务供给的多元化。目前我国体育场馆普遍存在商业化、市场化程度不高、运行成本高、运营水平低、专业性经营管理人才缺乏、场馆开放度和利用率不够、场馆规划建设与后期运营脱节、缺乏体育赛事支撑等问题。近年来，国内体育场馆不断借鉴国外场馆发展优势，逐渐向专业化、丰富化、商业化发展，多业态的综合商业定位让体育馆有了生存的基石。第一，进一步推动经营权改革，提升对体育场馆综合管理能力。秉持"提高场馆公共体育服务能力和综合运营管理能力"的核心目标，推广"所有权属于国有、经营权属于公司"的分离改革模式，并沿着所有权、经营权授予的多元形式探索。有关部门应合理利用自身职权、依据当地实际提高体育场馆的服务功能，激发发展活力，积极进行运营管理体制改革和机制创新。引入和运用受到国内、国际认可的现代企业制度，有效推进体育场馆运营过程中对于人力资源、收入分配机制以及安全保障等工作的深化。建立有利于激发活力、增强内生动力的绩效考核机制与激励约束机制，推动场馆管理体制改革向纵深方向发展，从而改进和提升体育场馆的综合运营管理与服务水平。第二，完善投融资政策，扶持和培育民营场馆企业发展。为求进一步培育体育服务市场的多元主体、畅通国内市场，可通过设立补助资金、引导资金等方式，拓宽体育场馆建设与运营的投融资渠道，积极为有条件的体育场馆开拓进入市场和延伸产业链的途径，通过多种形式和途径依法筹措并运用资金。依托"PPP"模式、购买服务等形式吸纳民营场馆企业与政府及相关部门进行合作，由此建立良性的合作和相互扶持的关系。鼓励有条件的社会力量向公众开放大型体育场馆，提高当地体育场馆服务业的知名度及美誉度，招纳更多的民众力量与企业参与体育场馆的建设，助力体育文化的传播与运动健康氛围的形成。第三，鼓励各类市场主体参与到体育场馆功能改造活动中，并明晰产权、明确权责，提高场馆运营效能。体育场馆功能的完善与升级离不开各类市场主体的共同努力，除了提供基本的公共体育服务，加大各项场馆运营过程中衍生业务的开发也是我国体育场馆服务业在新格局之下实现高质量发展、打造体育综合体的必要举措。要鼓励各类市场主体积极参与体育场馆非基本服务业务的开发活动中来，为优质运营主体提供和培育更多机会。通过逐渐灵活的体制机制强化与政府的合作、明确分工，在进一步繁荣产权交易市场的过程中同时注意权利与职责的划分，并选择适合自身也利于畅通产业的运营、开发项目。即以多元主体承接现有和未来体育场馆的多元服务项目的开发权与经营权，扩大盘活巨额的场馆资产的规模力量，从而提升区域内体育场馆的运营整体水平与效能。

(二)以服务民众需求为导向，扩大场馆业务范围

近年来，随着全民健身热潮的持续高涨，人们在物质生活得到极大满足的基础上，开始关注生活品质，并追寻健康、科学的生活方式，民众对于日常健身休闲的体育场馆的需求日益凸显，并逐渐向多元化扩展。《"健康中国2030"规划纲要》中提出，把健康摆在优先发展的战略地位，立足国情，将促进健康的理念融入公共政策制定实施的全过程，加快形成有利于健康的生活方式、生态环境和经济社会发展模式，实现健康与经济社会良性协调发展。到2030年，基本建成县乡村三级公共体

育设施网络，人均体育场地面积不低于 2.3 平方米，在城镇社区实现 15 分钟健身圈全覆盖。推行公共体育设施免费或低收费开放，确保公共体育场地设施和符合开放条件的企事业单位体育场地设施全部向社会开放。我国的体育场馆的建设在业务范围及服务质量上依旧有很大的提升空间，在基础设施上的不完善，无法满足人们想要健身的目的；在环境上无法给予民众舒适、放松的心境，甚至存在安全问题；在服务上不能给予公众良好的态度及足够的关怀。因此，体育场馆在运营内容的建设过程中应始终以服务民众的需求为推进高质量发展目标的导向，扩大、改造、丰富业务范围，盘活体育场馆资源。第一，扩宽与社会公众的交流渠道，提供个性化服务，以此培养顾客忠诚度。体育场馆社会影响力的塑造是在提供优质服务给予顾客以良好消费体验的基础上，进而培养忠诚顾客的过程。在这一阶段中，场馆的服务将成为关键因素，场馆的相关主体应首先通过线上自媒体、线下广告宣传等途径拓宽与社会民众交流的渠道，了解民众对于场馆功能的真实需求，听取社会反馈和意见并及时做出调整，为场馆功能和服务业务的完善设定基点。其次根据目标群体的需求设定个性化服务业务，并提高民众对于体育场馆建设的参与感，如邀请民众参与体育场馆环境的改造和布置工作，能够有效提升其精神满意度，进而达到操升顾客忠诚度的目的。第二，引入高关注度的文体活动，增加并把握社会话题度。根据体育场馆所在区域特色，结合传统文化、节事、习俗与有条件的文体机构合作，将当地体育文化精神与当前的体育场馆市场经营相结合、与社会民众的日常生活相联系，通过一系列群众性的文体活动丰富场馆的服务内容。在有条件的城市内，还可引进国际中的高质量体育赛事，增加本地区体育场馆承办赛事能力与社会知名度，并与国际市场实现对接。譬如武汉体育中心近年来不断巩固与国际航联、中国汽车摩托车运动联合协会等机构组织的友好合作，坚持引入与自办相结合，打造自主品牌赛事活动，如业余体育联赛、体育嘉年华等，不断丰富场馆运营内容①。第三，洞悉市场潮流，加强与主办体育竞赛表演的机构、赛事赞助公司的合作。体育场馆应当在满足民众需求的逻辑基点上透过市场行情的浮动把握产业发展规律，针对不同锻炼需求和不同健身爱好的人群与相关机构合作，建立相关的活动中心并承接会演活动，如设游泳场所为水上表演场地，吸引市民前来观赏和娱乐，并为其提供相应的场馆服务。进一步加强与演艺公司、中介机构策划部门开展各类商务演出、彩排会演、时装走秀等活动，从而适应市场潮流并扩大体育场馆的整体使用范围。值得一提的是，在提供表演和商务场所时，场地使用率的上升必将也给体育场馆带来不小的成本压力，业务的运营方需注意对于专业管理团队的培养与选取，合理规划票务、场地维护和其他服务的外包业务，稳定拓展业务的质量，从而增加运营利润。

(三)以风险管理机制为保障，强化体育场馆赛后利用

体育场馆的赛后利用一直是各大赛事举办城市、承办方、运营商所面临的难题，许多城市在举办完大型赛事后都出现了财务上的巨额亏损，每年用于场馆的维护费用也给相关主体带来了不小的负担，也对我

---

① 郑锋，尹碧昌，胡雅静. 新时代休闲体育的价值意蕴与实践理路[J]. 西安体育学院学报，2021，38(03)：322-326.

国体育场馆服务业对接国际市场、承办国际性重大赛事形成了一定阻碍。不仅针对国内，体育场馆的赛后利用同样是世界性的难题，譬如在近 20 年以来，每届奥运会或冬奥会的最终投入金额均超过了初始预算，因此能否从客观实际出发、深入挖掘并发挥体育场馆的自身的特色与价值，提高体育场馆的赛后使用率，提高其社会效益和经济效益，是各大体育场馆在新发展格局之下面临的重要问题。第一，优化风险管理机制，打造专业风险管理团队。首先，风险分析能够给接下来是否采取风险应对、怎样进行风险应对提供决策依据，而事实证明，越是科学的风险分析，越能够让决策更恰当，更迅速①。管理者应当根据自身所处环境，客观分析与经营者以及其他利益主体之间的关系，并制订符合自身发展目标、能够落实到各责任主体执行的风险管理计划，使计划能够适用于场馆自身的运行模式。其次，根据体育场馆自身内部环境以及外部政治、经济、文化因素变化所造成的影响，设定更加贴合实际的风险评估标准，依托各类风险指标判别应对风险的必要性和紧迫性，通过经验判断、列表展示、流程记录、系统分析等方法推进风险识别工序。最后，招揽、培育体育场馆管理方面的知识型人才、打造专业的风险管理团队对于风险管理机制的制定与完善起着不可忽视的作用。对于场馆管理经验的缺乏将直接地导致应对风险方式的滞后，因此应加大力度招揽、挖掘和培育场馆风险管理相关人才，鼓励对风险管理机制进行完善和创新，打造一支专业能力过硬的风险管理团队。第二，规划利用赛事

---

① 李颖川. 中国体育产业发展报告（2019）［M］. 北京：社会科学文献出版社，2019.

场馆，打造赛事场馆文化。体育赛事的遗产保护与开发，其核心也是赛事所体现的文化，以及赛事对举办区域文化软实力的提升①。但随着办赛成本的逐渐提升，城市想要承办大型体育赛事的意愿也逐渐削减，故而，在大型赛事的举办过程中，必须合理规划赛事场馆的再次利用。而恰巧赛事场馆文化是当前我国体育场馆运营过程中较为薄弱的环节，因此，场馆在举办大型体育赛事的过程中可通过转播赛事精华集锦的方式，塑造体育明星、宣传经典赛事，利用场馆特色、文创产品等形式，呈现出多元、精致、可持续利用的创新型赛事消费产品。政府应鼓励体育场馆赛事品牌价值的深挖与创造，保护赛事 IP，通过规章制度保护知识产权，有效打击和杜绝不良商家的侵权行为，注重赛事文化创新的孵化与转化，塑造体育场馆独特 IP 的创新氛围。第三，利用场馆资源开设相关培训，对外租赁场地器材。许多大型体育赛事会将竞赛场地设置于高校体育场馆内，而这意味着在满足学校正常体育教学的前提下，体育场馆可联合培训机构开设相关的运动培训课程，为感兴趣的民众提供相关服务。这不仅能发挥高校的师资优势，亦能开拓体育相关的培训市场，从而提升体育场馆的赛后利用率。在此基础上，高校体育场馆中场地及器材器械的对外租赁是提高体育场馆运营收益的有效方法之一。譬如将高校的体育场地租赁给校外公司进行团建活动，抑或是将器材设施租赁给相关机构进行拓展训练和体质监测，都将大大提高体育场馆和器材设施的使用率，从而有效缓解场地设施在赛后出现长期闲置的情况，

---

① 李颖川. 中国体育产业发展报告（2020）[M]. 北京：社会科学文献出版社，2021.

激发体育场馆服务业融入市场的潜力。

四、教育为本、优化业态，促进体育培训业助力双循环

（一）以教育为根本，创新培训模式

自教育产业化后，培训教育机构如雨后春笋般涌现，产业的发展随理念的更迭与时代的进步进入了快车道，至 2018 年，培训机构年增长数量已超过千家，并实现了由三位数向四位数的飞跃。放眼于体育培训业内，由于当前体育服务供给主体尚无法满足民众对于产业的需求，因此体育培训机构的数量仍将在未来的较长时间段持续增长，并呈现出多形式、多渠道供给的态势。但在整个行业蓬勃发展之际，许多体育培训机构由于尝到了"甜头"，便逐渐不再以教育为目的，而是呼吁家长把孩子送进培训班，纯粹地通过"卖课"获取高利润，从而使得整个体育培训行业商业化愈发严重，恶性竞争的乱象也时有发生。在构建双循环新发展格局的新环境之下，为了推动体育产业实现高质量发展，体育培训行业"变味"的现状亟待整治，教育的美好生态与体育的初衷也理应还原。第一，与高校进行有机融合，构建职业教育体系。相较于市场化、商业化程度较高的体育培训机构而言，高校的学术、教育氛围都更加浓厚，若体育培训行业能与各院校进行有机融合，不仅可成为我国体育教育体系中的重要一环，亦能推动产业向着健康的方向发展，构建良性的教育体系。故应当鼓励体育培训机构与地方高校进行合作，高校可利用培训

机构的社会影资源、经济等优势，提升自身体育教学质量，并更好地了解市场需求。而高校可为体育培训机构制定教学方案、提供场地资源，也可借助"合作办学"等方式为体育培训机构提供学位发放的便利，在合力构建职业教育体系的同时，通过高校浓郁的教学氛围影响体育培训机构对于教育理念的设定与恪守，推动产业的良性循环与高质量发展。第二，融合线上线下教学渠道，创新培训方式。作为中国体育培训业中的一个创新热点，新冠肺炎疫情催生了线上体育云培训与线下体育实体培训的新融合形式，在为产业复工复产带来压力的同时，亦为其教学方式的创新带来了新的发展机遇。线上体育教学的形式随互联网及电子商务的迅速发展而得到普及，并因新冠肺炎疫情所带来的现实因素而迎来了新的发展机遇，国内的体育培训企业及相关机构可通过融合线下实体教学与线上直播、录播教学的联动培训模式推动产业结构的优化升级，沿着高质量方向发展。从实际出发，根据体育运动项目的可行性和与体育培训机构的具体情况，设计并推出一系列互联网在线体育培训课程，借力网络平台开展线上体育培训，牢牢把握新发展格局下互联网线上培训的契机，通过新的渠道与新的形式保持老顾客的消费黏性并吸引更多的潜在消费者，打造优质的口碑，以此开拓新的体育培训市场。第三，优化课程体系，完善服务供给结构。一个体育培训机构的课程体系设置是否系统、科学完整与合理，关系着企业与机构对于服务的供给质量，并关系着体育培训行业的长远发展。鼓励体育培训机构丰富课程体系，包括可量身定制的个性化培养课程、海外训练营、装备和智能硬件的生产销售、智能化教务管理系统的研发、线上教育等，有效解决传统填鸭式体育培训的弊病①。在具体的课程体系优化上，首先，应通过设定入门课程以达到招生引流的目的，可通过丰富多样、新奇别致的运动项目作为体验课程，为后期的课程进化做铺垫。其次，设立核心课程作为教学的重点，形成基本完整的课程体系，提高运营利润。在此过程中，可设立增值课程对核心课程进行扩充，一方面可不断完善课程体系与结构，另一方面可激发学员对于运动项目更多的探索欲，进一步引导社会公众了解、热爱体育运动。最后，形成完整的品牌课程，塑造体育培训企业的品牌价值，并传达社会使命。

(二)以政策为引导，强化产业组织作用

在体育产业产值逐渐增长的带领和消费变革的驱动之下，一方面，体育产业结构日渐优化、升级，体育培训业也逐渐成长、分化，最终成为体育服务业立于新时代下的新业态之一。另一方面，随着民众对于文化教育、休闲健康领域的重视程度的提升，特别是在一系列关于推动青少年体育培训市场发展的支持性政策颁布后，各大培训机构和教育服务成为众多家庭新的关注和重视之处，并呈现出日益增长和多元化的趋势。在新的体育培训业大环境中，"双减"政策指出，"鼓励有条件的学校在课余时间向学生提供兴趣类课后服务活动，供学生自主选择参加，课后服务不能满足部分学生发展兴趣特长等特殊需要的，可适当引进非学科类校外培训机构参与课后服务，由教育部门负责组织遴选，供学校

---

① 刘冬磊."一带一路"倡议与中国体育文化国际交流融合发展：逻辑关联、实然境况与路径选择[J].吉林体育学院学报，2020，（04）：14-15.

选择使用。"因此，体育培训业中的相关机构应把握好这一机遇，不断提升自身市场竞争力，在构建双循环新发展格局下推动体育产业的高质量发展。第一，创新政府支持方式，支持青少年体育培训机构发展。在构建双循环新发展格局的新环境之下，国家政策对于体育服务业的成长起着不可忽视的作用，政府应引导教育、体育、民政、工商、消防等社会职能部门加强协作配合、简政放权，制定快速、便捷、简化的一站式同步并联审批流程，压缩企业、个人投资幼儿体育培训市场的办证时间，放宽行业准入①。政府在鼓励体育培训机构更好地服务民众的同时也应为各类市场主体提供更加便利的服务，通过购买公共服务等方式，向产业机构输送优质人才、课程、活动策划等，既为民众提供了优质的体育培训服务，又为产业实现高质量发展提供了客观条件上的支持，为畅通产业链、促进国内大循环创造了机遇。第二，关注最新产业政策，确定自身定位及发展方向。体育培训机构应主动了解产业的时事动态以及相关的扶持政策和落地措施，例如自主创业收税减免、专利费用减免、资金补贴及金融支持等方面。依托和顺应"放管服"改革，基于自身实际情况积极向相关部门做争取，寻求政府在开展行政审批、税收筹划、规范办学等方面加强专题培训与政策指导，合理运用体育产业专项基金与启动资金，寻找实现高质量发展的路径。除此之外，体育培训机构要明晰自身在市场和产业中的定位，有针对性地在课程与服务设施上有所倾向，并从自身教育理念到顾客内心需求进行客观、系统的调查，依据顾

---

① 王兴一. 我国大型体育赛事遗产"活化"策略研究[J]. 技术经济与管理研究，2019，4(12)：119-124.

客、产品差异和同类物价比关系研究来确认长期有利的竞争态势。第三，强化产业组织功能，发挥行业协会作用。2020 年 6 月，由国家体育总局、教育部、公安部等八部委联合下发的《关于促进和规范社会体育俱乐部发展的意见》中曾明确指出：各级体育部门和单项体育协会要密切配合，建立社会体育俱乐部评级制度，研究具体标准和细则；各级体育部门和单项体育协会要进一步完善政策，优化发展环境，大力支持民办非营利性社会体育俱乐部和面向青少年的社会体育俱乐部发展①。单项体育协会应当进一步发挥其在体育培训业中"枢纽型"的组织作用，协助政府和相关部门在行业标准的制定，引导体育培训机构更加注重社会效益，提高责任意识，强化职业自律素养，引导和支持各级各类体育培训机构和行业主体，使体育培训业成为推动体育产业实现高质量发展、对接国内国际双循环的重要力量，为"体育强国"的建设和作出更大贡献。

（三）以人才与科技为驱动，组建专业化团队

受经济下行环境影响，许多行业陷入困境，面对发展瓶颈，越来越多的体育培训机构意识到唯有运用新兴科技到教学当中，才能实现业态的快速融合发展、畅通产业链并实现供需的有效对接。智能设备、高新科技行业的竞争核心在于人才，而人才又能不断推动技术创新，因此在行业未来发展中，体育培训机构应结合自身情况，在强化人才培养的同

---

① 鹿云昭，陈元欣，刘恒. 我国青少年体育培训业的发展特点、内容及对策[J]. 湖北体育科技，2019，38(07)：588-591.

时进一步提高对于科技手段的运用，有效实现"双重驱动"，组建专业化团队。第一，多途径培养和挖掘体育培训人才，鼓励行业从业者创业。体育培训行业要以人才培养这个关键环节为切入点，助力并动员人才培养工程的实施，加强对教育行业的专业体育人才的挖掘与教导，通过培训丰富人才的体育理论知识、提高体育技术水平。创新人才培养体系，实现由单一向多元、封闭向开放形式的转变，在助力双循环构建的背景下，鼓励从业者将培训服务与高新科技进行充分结合，在促进体育服务愈加科技化、智能化的同时，最大程度实现体育培训人才的复合性发展。政府及有关部门应制定和颁布相关鼓励措施，动员对体育培训工作有热情、有经验的人才进行创业，最大程度增强体育培训人才在新发展格局中的市场适应能力，拓展其今后进一步发展的能力。第二，加大网络技术人才的储备，创建以信息要素为核心的网络培训平台。当下网络已然成为了民众生活、娱乐、学习及工作过程中必不可少的桥梁，为迎合当前数字经济时代下公众对于体育培训服务的需求增长，为社会提供更加便捷、有效的体育培训业务，要求体育培训企业除了挖掘专业的体育技能型人才，还应加大对网络技术人才的储备。充分依托公司的人才培养基地和高校、科研院所为技术人员乃至教练员、管理人员提供充足的培训机会，构建技术型人才在体育领域中的培养体系，重点培养一批站在产业前沿、勇于创新的技术领军人。企业和机构应动员业内人才借助网络进行及时、有效的培训信息咨询，通过信息媒介为体育培训服务进行更加广泛的宣传，不仅为行业赢得更多的社会关注量，同时也为公众在参加培训前提供更加便利的咨询平台。第三，畅通人才流动渠道，建立薪资动态增长机制。推动劳动力和人才的流动，有利于实现体育产业生产要素的平衡，强化不同地区、不同行业之间的交流，推动各地区实现全面、均衡的发展，是助力新发展格局构建的重要力量之一。体育培训行业可通过优化机构环境、深化产教研融合、培育教学新平台、支持企业及机构引才育才等多个方面来强化就业支撑、驱动人才在体育领域内进行就业，为地方体育产业的发展注入动力。形成一定的利益驱动，进一步吸引、留住人才建立与体育培训企业经济效益、市场需求变化相适应的薪资动态增长机制，使得人才薪资逐步与市场工资水平接轨。建立与完善体育培训机构中各部门人才的薪酬制度，在管理模式、薪酬待遇、福利保障等方面着手，使分配向优秀的科技人才倾斜；并建立必要的福利制度，保证专业技术人才的福利待遇随体育培训企业的发展而得到提高。

五、智能驱动、加速转型，促进体育用品业助力双循环

(一)以数字化为转型契机，提高产品附加值

当前，随着新一轮科技革命的持续驱动，体育产业迎来了消费数字化、智能化的市场潮流趋势，据《2021中国战略性新兴产业发展报告》中的数据显示，在2019年，中国数字经济规模已达到约31.3万亿元，占GDP比重达34.8%。而得益于数字科技在体育用品行业的不断应用，中国体育用品业正沿着智能化的方向发展，产业的数字化转型日益在新发展格局中呈现出强劲的动力。面临数字化这一转型升级的关键切入

点，我国体育用品业应把握好这一机遇、不断开拓更加广阔的市场，推动产业向着更加高端的层次迈进。第一，完善"新基建"，塑造安全运作机制。在构建双循环新发展格局的背景下，体育用品业要实现数字化转型、推动高质量发展，首先应考虑新型基础设施是否完善并符合使用标准。体育用品企业及相关制造商、零售商应合力完善数字化基础设施的建设，包括完善大数据存储设备、物联网设备、云计算设备等在内具备数字科技核心要素的基础设施。以"数聚－数治－数智"为脉络，整合并优化现有的信息资源，深度应用互联网、大数据、人工智能等技术，支撑物联网设备管理、运行维护、数据共享等环节的统一。以建设体育用品数字化运营的安全运作机制为引领，有效解决信息闭塞、流通不畅的问题，推动新型基础设施设备在体育用品行业中管理决策、研发制造、营销推广等领域内的广泛应用，推动我国体育用品产业依托科技力量迎来快速发展期。第二，依托数字科技力量，提高生产质量及效率。不同的运动需要不同特性的材质，体育制造企业不断研发新型材料，努力使产品具有更好的穿着舒适性和运动效果，在技术上不断取得突破和创新。数字科技的大规模应用加速了我国体育用品业由"中国制造"向"中国智造"的升级步伐，以其精密的仪器设备提高了产业的运营效率，在提质增速的同时革新了生产方式。体育用品企业及代理制造商应进一步在生产的各环节实现数字化的"留痕"，推动体育用品研发、制造、流通、营销全流程的智能化。利用好"数据"这一未来生产力发展的核心资源，把体育用品的设计工作与生产产品的设备进行互联互通，使得制造过程做到可感知、可预测、可监测和可把控。并依靠大数据、云平台、虚拟现实技术等系统，促进体育用品的研发、生产过程在"智慧工厂"中的各生产环节以及产业链的上下游上实现互联互通，最终达到提质增效的目的，并实现按需生产、有效供给的资源优化配置。第三，构建智慧物流，助力供应链互联互通。在构建新发展格局的背景下，"智能制造"已成为我国体育用品行业在经济全球化趋势中提高竞争力、对接国际市场的关键所在，而体育用品产业高质量发展的实现离不开智慧物流在此过程中的支撑，这不仅对智慧物流的构建提出了更高程度智能化的要求，同时赋予了其进一步实现流通数字化、高度柔性化、信息网络化等新的时代使命。这意味着物流智能化在体育用品制造行业供应链中的应用已成为发展趋势，数字化科技提高了物流工作的反应能力与作业效率，企业应当将更多新兴的数字化科技，譬如将云计算、大数据、云计算等新技术运用到体育用品的生产、仓储、运输、配送、零售等重要的物流环节中去，依托智慧物流体系中的智能设备，比如自动导引运输车、无人配送系统、无人配送车、尾随机器人等设备，实现体育用品供应链的信息化和智能化，并逐步构建智慧物流体系。

(二)以科技创新为要领，提高自主研发能力

由传统加工制造业发展起来的中国体育用品制造业，走过了从加工制造到创造的产业升级之路，目前通过工业 4.0 升级智能制造正在加快，通过设计创意升级、产品升级、功能升级、质量升级、技术升级、制造升级开启全新征程，通过实施"机器换人"以及采用智能化集成系统等改造建立数字化工厂，提高生产过程的数字化、智能化水平。在历经了模仿、加工等低附加值的制造环节和阶段后，我国体育用品业当前已逐渐步入自主研发和创新生产的全新阶段，持续加大研发力度、不断进

行产品创新、塑造受国民及世界市场所认可的体育用品品牌已成为产业目前的目标走向及业内主体共同努力的方向。但与国际中的制造业强国进行对比来看，"大而不强"仍旧是我国传统体育用品行业所固有的通病，体育用品企业如何在保证生产规模的前提下化劳动密集型技术为知识密集型技术、提高产品附加值成为体育用品行业在转型升级之路上需要重点思考和推行之处。第一，完善体育用品中小企业自主研发的营商环境，构建支持创新发展的服务体系。优化和完善体育用品业的营商环境、构建支持性服务体系不仅是深化体育产业"放管服"改革的必要举措，亦是为产业实现科技创新厚植发展沃土，是保护产业知识产权的关键所在。要重视政企沟通，政府在出台体育相关政策前征求市工商联和民营体育企业家群体的意见，不断完善、落实支持中小型体育用品制造企业创新发展的律法规章及政策体系的建设，积极引导中小型体育用品企业治理结构向现代化转变，实现融通创新。进一步完善体育公共服务体系，加大力度培育能够对接国内、外体育市场的服务主体，并给予其充分的自主空间，围绕科技型体育用品的研发构建生产性服务体系。第二，推动产学研用，化人力资源优势为技术创新优势。当前，体育用品对外贸易发展面临的挑战与压力依然突出，国际需求总体偏弱，外贸竞争优势转换尚未完全到位，贸易摩擦的影响更加凸显。下行压力仍然较大。而人才作为企业进行科技创新的核心力量，在我国体育产业对接国际市场、逆势发展的进程中是必不可少的资源，其为企业提高自主研发能力聚集了底气，打造高素质的人才队伍是推动体育用品行业实现高质量发展、助力构建新发展格局的重要途径。企业应深入推进与当地高校、科研机构的科技合作，大力推进"产学研用"协同创新，借助重大科技工程和重点项目，培育一批能够发挥创新精神、勇于站在科技前沿的创新型人才，为体育用品业实现高质量发展提供人力资源与创新要素支撑，从而促进科研成果不断向聚集转化。第三，建设面向顾客的众创平台，提高社会参与度。科技平台赋能能够推进中小微体育企业实现"上云用数赋智"，其插件化解决方案有利于破解中小微体育企业数字化转型成本高、数据资源获取难等问题①。企业应发挥科技平台对体育产业要素资源的连接器作用，推动整个体育用品行业由纯粹的企业自我建设向社会协同建设转变，建立以顾客为核心、服务平台数字化、社会参与共享化的新空间，利于体育用品行业提高自主研发能力的众创平台。即通过平台赋能融合社会力量，促进体育用品企业与顾客之间形成合作关系，在新时代下重塑产业链上下游与企业间的内在关联，让消费者能够亲身参与进体育用品的设计研发环节，在满足其个性化需求的同时亦能为产业贡献创新思维与智慧，从而在提高社会参与度时发挥平台经济作用，同步促进我国体育用品企业的自主研发能力提升。

（三）以服务为产业链延伸，推行服务型制造路径

当前，从构建双循环新发展格局的国内、外形势来看，制造业强国已通过与现代服务业相融合重振制造业并大力发展实体经济，从而促使产业的资源配置效率得到有效提升，传统的体育用品产业的结构和格局正面临颠覆性的转变，全球经济也正由"制造经济"逐步向"服务经济"蜕

---

①　吕海龙，王凯珍. 供需视角下扩大城市幼儿体育培训服务有效供给的业态驱动分析[J]. 西安体育学院学报，2018，35(06)：677-683＋764.

变。制造业服务化的出发点一般基于产品效能与交易便捷提升，随着人们对产品多样化需求转变，体育用品企业基于"产品＋服务"的方式逐步向基于客户需求的服务方式转变，通过利用强大的服务体系挖掘客户的潜在需求，为顾客提供解决关键问题的方案，从而提高企业竞争力，为客户创造更多的价值①。因此，中国体育用品业亟待从低端生产线的单纯加工、制造向产业链高端的"服务型制造"转型升级，推动体育产业更好地对接国内、外市场。第一，建立多层次的服务发展体系，提高体育用品经济附加值。体育用品企业应依托资源优势与核心技术逐步向行业的研发设计、业务的创新、产品的售后与附加服务等环节发力，与研发团队、生产合作商、代理零售商、产学研等部门通力合作，提高产品研发设计能力和技术优势，在开展对服务的过程中，能以更加专业的角度为业务的拓展提供知识和技术的支撑，构建一个有效支持体育用品制造服务化发展的系统网络。对体育用品的生产销售提供相关支持性的增值服务，提高产品的附加价值属性，如为消费者提供定制化服务项目以及配送、安装拆卸与保修等一站式配套服务，以此塑造产品的差异化点和营销热点，形成竞争者难以消防的产品亮点，并最终使得体育用品企业获取长期稳定的收益。第二，增强与消费者的互动与价值共创，维系顾客的品牌忠诚度。在新发展格局背景下，互联网造成了营销方式的变革，技术创新能够快速应用于体育用品的创新中，仅依靠产品难以维持长期的竞争优势，因此打造广为人知的品牌，利用品牌价值为产品"赋

---

① 国家体育总局，教育部，公安部，等. 关于促进和规范社会体育俱乐部发展的意见[EB/OL].［2020-06-11］. http：//www. sport. org. cn/search/system/gfxwj/other/2020/0630/334371. html.

能",成为体育用品企业竞争所必须面临的问题①。在传统的体育用品的营销环节中,营销方案往往是围绕企业自身情况制定的,企业主导着体育用品的销售方向、销售模式以及销售范围,但在服务要素的主导逻辑下,传统的商品主导逻辑逐渐被取代,产品只作为传递服务的媒介与手段,而消费者则一跃成为价值的共创者。体育用品企业为提升产品的价值,必须加强对顾客参与体育用品生产过程的引导,提高企业－消费者导向水平,与消费者进行价值共创、增强其消费感知质量,进而达到提高顾客对于品牌的忠诚度。第三,扩大服务业开放力度,促进协同发展。鼓励各地域充分发挥比较优势,通过实现体育用品制造与服务环节的相融合,促进地方体育用品行业的转型升级,加快各区域体育产业高质量发展。利用好国内、国际两个市场的资源,完善体育服务领域国际交流合作机制,推动国内外知名体育用品制造园区协作发展,搭建体育产业国际交流合作平台,有序引进外国优质服务要素,并协调好本土体育用品制造业服务化与进口生产性服务两者间的关系。推动体育用品制造业服务化在重点工业园区的重要示范发展作用,沿着"产业开放＋园区开放"并行的路径,积极探索"体育产业＋园区"协同发展模式,推动形成产业和园区双轮驱动的创新格局,有利于综合示范区为我国服务业开放探索新模式。

---

　　① 　任波. 数字经济时代中国体育产业数字化转型:动力、逻辑、问题与策略[J]. 天津体育学院学报,2021,36(04):448-455.

六、深度融合、价值共创，促进体育旅游业助力双循环

(一)以地域特色为亮点，打造独特的体育旅游产品

体育对城市的价值不仅体现在经济推动带来健康生活，还逐渐成为能体现城市文化、展示城市风貌、塑造城市形象的一大助力。体育旅游作为体育产业与旅游业相融合的一种新业态，正愈发在国民的日常休闲娱乐、日常出行当中发挥着其独特的功能与魅力，并逐渐成为新发展格局之下促进体育产业实现高质量发展的新亮点与切入点。我国国土幅员辽阔，具有丰富的旅游资源，对各地发展体育旅游业而言可谓具有得天独厚的优势。但目前，我国体育旅游产业的发展仍然存在着许多突出问题，譬如体育元素不突出、与周边旅游城市的联动不充分、智能化水平不高、缺乏独特的体育旅游品牌效应等。因此，各地体育旅游企业、示范区及相关部门今后不仅要优化整合辖区内的物质性资源，更应促进当地文化、人力、资本等社会资源的整合，通过产业发展带动当地经济水平的提高，从而探索出一条相对完整的体育旅游产业的高质量发展路径。第一，依托自然资源优势，开展休闲度假旅游活动。与传统纯粹的观光型、度假型的旅游玩乐行为不同，体育旅游所包含的资源要素、市场要素、人力资源要素及安全保障要素等具有显著的休闲体育特性，并可在新发展格局下赋予产业以新的时代内涵。应充分利用当地独特的地形地貌、水流趋势、冰雪等得天独厚的自然资源优势，开展各式各样的体育旅游活动。如在我国素有"新疆门户"之称的哈密市，在做好常态化新冠肺炎疫情防控基础上，依托自身优美的自然风光和别致的人文风俗吸引游客纷至沓来，持续推出哈密瓜节、徒步越野、"探戈"音乐节等多

项休闲活动；并推出了包括鼓励创建旅游业品牌和招商引资，鼓励组团引客来哈，鼓励丰富旅游业态、提升水平等系列奖励办法，以此推动"体育＋"和"旅游＋"的发展，助推哈密体育旅游产业高质量发展。第二，依托人文及社会资源优势，开展富有民族风情的体育旅游活动。通过将当地风土民俗与园林种植、畜牧养殖等产业集群优势与相融合，打造具有浓郁民风民俗的休闲娱乐项目，建立国际性、多功能、规模化、立体化的体育活动基地，精心营造具有社会影响力的体育旅游氛围。在有条件的景区创建多类型的休闲主题园区，构建国际化体育旅游基地和户外拓展基地，满足当前旅客"求新、求变、求乐"的出行动机，以提高观赏和参与度，延长旅客停留时间。致力于通过打造具有鲜明民族特性的体育精品旅游路线发展极具特色的体育旅游生态圈、产业带和产业集群，形成富有独特市场竞争力的体育旅游产品和产业，并以此实现产业在新发展格局下的跨越式融合发展。第三，鼓励创建特色体育旅游品牌，丰富旅游业态。体育旅游作为新型旅游产品，要想实现产业的高质量发展并助力双循环的构建，品牌的塑造是十分重要的，这不仅有助于"体育＋旅游"的融合发展，亦能推动体育旅游业态和产品的多样化，并进一步开发特色体育项目。《2020 中国体育价值报告》提到，城市马拉松的搜索热度排名中，厦门马拉松搜索热度最高，搜索指数达到 675。这与厦门马拉松优美的赛道、专业又贴心的比赛设计、高标准的赛后服务等密不可分，收获了品质的口碑。景区首先要根据自身资源特点和优势，做好长远发展规划与科学定位，克服追求一时利益的短视行为，针对不同需求特征的顾客群体进行诊断分析，以此吸引潜在的目标客户群①。如东北地区滑雪场运营时间长，且当地民众有滑雪传统，借着2022年北京张家口冬奥会的东风，外加当地居民生活水平的提升，北京、张家口崇礼地区的滑雪场，近年来发展势头迅猛，聚合当地体育、旅游、文化元素，突出地域体育文化特色，将地方文化融入体育旅游的发展进程中，提升品牌的产业文化内涵，促使消费者在体验与观光的过程中不仅在身体上得到放松，亦能在精神层面受到文化的熏陶，多管齐下，打造形成城市体育名片，成为探索"文体旅"融合发展的生动实践。

(二)以智慧化为突破点，推动业态多元化发展

在新时期消费升级与变革的趋势之下，各类消费新业态、新模式逐渐向体育旅游产业中应用与延伸，并在政策的鼓励和支持下逐渐趋于成熟。2020年，由国务院印发的《关于以新业态新模式引领新型消费加快发展的意见》中曾明确要求，应鼓励发展智慧旅游，提升旅游消费智能化、便利化水平；大力发展智能体育、创新无接触式消费模式②。故体育旅游业要想优化产品的供给、加快产品的迭代更新速度，必须适时地转变体育业和旅游业给顾客留下的刻板印象，以智慧文体旅游作为新时期产业推进高质量发展的突破口，打造集管理、营销、服务为一体的智慧体旅平台，优化体验感知，在最大程度上保证游客在新的时代背景下

---

① 刘志勇. 服务型制造：中国体育用品制造业高质量发展路径研究［J］. 西安体育学院学报，2021，38(01)：47-54.

② 姚晓立. 品牌创新和营销生产力的价值共创效应——基于消费者关注的中介效应检验［J］. 商业经济研究，2021(14)：66-70.

能够感受到体育旅游产品的新鲜感和趣味性，为世界贡献融合新兴科技与体育旅游的"中国智慧"。第一，建设体育旅游信息平台，完善智慧化管理与服务。快速建立并完善地方旅游景区与部门的大数据应用体系与应急管理指挥平台，对人流量监控、游客类型统计、淡旺季分析、风险应急管理、项目开发可行性和宣传推广等工作进行统筹规划，建设集多功能于一体的体旅数据综合应用平台，实现与监管、媒体、治安管理等部门的数据共享与联动，全面推进体育旅游产业的信息化、智慧化水平和现代化管理能力。以"服务市民、服务游客"为导向，借助手机 App、微信小程序等便民载体，将景区的文化、体育、旅游资源与服务融汇整合，充分运用云存储、大数据、GIS 等技术，构建服务公众的"一站式"服务云平台，实现全景区门票及住宿预订、休闲体验项目预订、导游与接送服务预约等功能的普及。第二，加大新型基础设施建设力度，着力打造景区的智慧公共服务体系。近年来，国家主推"新型基础设施建设（新基建）"，不少城市兴建体育场馆、体育主题公园，通过新基建打造智慧场馆、智慧公园，成为经济突破口。优先将数字技术基础设施覆盖于景区的热门观光地、重点产业园区、景区周围交通要道及商圈，充分应用智能化技术建设新型的体育旅游消费网络点，并有序推进数据要素在体育企业及旅游部门的商用，着力建设辐射带动能力强、资源整合有优势的体旅消费中心。在主要车站、主要景点、售票处周围广设配有智能系统的体育旅游咨询服务点，便于游客了解辖区内景点路线、体验区、文创区、购物点的相关体育信息，并持续在当地规划建设更多智能化的体育旅游集散中心，在有效激发和满足顾客对于旅游地的体育相关信息的同时，不断创新产业自身的管理、服务和营销模式。第三，以游客需求为核心，创新营销模式、打造智慧体旅工程。当前，许多旅游景区、休闲小镇做到的仅仅是简单利用互联网平台对接体旅业务，却未能使大数据、云平台、物联网等数字科技真正为游客服务，智慧工程上停留在表面化、低水平的形式，体旅产业的营销形式也较为单一。因此，企业可基于大数据对游客行为进行深度分析，对游客的游览喜好、选取参与体育形式的偏好、消费行为等特征和趋势进行多维数据剖析，真正意义上了解、理解游客需求。通过在景区装设传感器等设备，对自然、物理环境的变化及时作出感应与传递，进而为游客提供人性化、个性化的体育旅游产品及体验方案与游客所需进行对接，最终实现精准营销，让公众体验到更细节、更温情的服务。

(三)以协同发展为导向，构筑利益相关者价值共创机制

与主体的合作相比，协同是更高形态的主体间关系，它强调多元主体基于共同目标和共同利益，共同参与价值创造活动，且在价值共创过程中能真正发挥决策者的作用，企业、顾客和其他利益相关者主体要共同行动、共同创造，且地位平等①。配合技术的发展，越来越多的体育用品制造商嗅到科技与体育的关联，利用科技提高用户对产品的体验与交互，从而提前布局，获得更大市场。协同发展既重视各主体发挥决策者的领导能力和管理者的协调能力，真正参与进体旅产品的生产和服务工作安排当中，亦鼓励体育企业在国内、外市场竞争当中扮演开拓者和

---

① 张晓亮. 我国体育旅游景区品牌化建设现状及对策研究[J]. 河南师范大学学报（自然科学版），2020，48(06)：106-111.

领军人角色，提升产业实力，故而更适用于双循环背景下我国体育产业的发展实际。在体育产业与旅游产业进一步融合的过程当中，体育企业、旅游部门以及消费者等利益相关主体是否能合力建立有助于产业协同发展的价值共创机制，是优化体育旅游业内部结构、实现高质量发展的重要之处。第一，明确各利益相关者主体间关系，发挥体育企业主导者作用。在平等交流和有序协商的基础上，企业、顾客与其他利益相关者应当建立更为密切的联系，并明确在合作开发、营销整合、外包等行为中各自的责任与目标，凝聚体育旅游产品生产与服务共识。体育企业应发挥好带头和引领作用，为价值共创机制的建立提供技术、人力、资本等有力的支持，充分整合社会当中的体育、旅游、文化等领域当中更多的客户资源，进而建立以"合作共赢""互利共享"为目标的价值共创机制，切实提高利益主体价值与体育企业竞争优势，提升体育与旅游产业深度融合协同能力。第二，鼓励各主体加强资源交流与互动，拓展并衍生新的产业子生态。随着价值共创机制和平台的不断完善，多方的资源得以持续引入体育旅游业的发展当中，产业子生态不断丰富，而利益相关主体的产业资源也能愈积累交互，开创更多的价值。因此，各主体应当充分发挥多种资源的异质性和互补性优势，加强资源交流与互动，充实产业链供应链的各个环节。发挥不同资源对产业及交流平台网络密度的正向促进作用，协同拓展体育旅游产业的业务范围和边界，共同创造新的子业态价值，增强产业的生态吸引力，进而构建高度协同的多资源集合体来创造出更大的价值。第三，关注新时代国外体育旅游产业转型趋势，共同探索新发展路径。受到新冠肺炎疫情的影响以及逆经济全球化思潮的抬头，旅游业、现代服务业和高新技术产业等实体经济受到的冲击尤为明显。特别是在新冠肺炎疫情防控的限制下，短期无法吸引大量国内和海外旅客促使体育旅游产业陷入了低迷期，而构建双循环战略的提出正是助推体育旅游产业成功走出低迷、开拓新局的重大机遇。由于我国体育旅游产业与发达国家尚存在一定的差距，因此应当鼓励国际平台上体育旅游业的发展经验交流，共同探索产业生产经营模式转变的新路径、推动开放发展。有效汲取国外先进经验以实现我国体育旅游业的成功复工复产、转型升级，从而在新冠肺炎疫情限制下首先助力内循环经济、满足国内市场庞大需求，并在交流和学习过程中实现协同发展。实现高质量发展是当前我们国家的总体要求。从 2014 年开始，国家体育总局着手推动体育旅游精品建设，更好地满足人民群众对体育旅游的多层次消费需求。体育旅游精品项目本身具有示范带动作用，在扩大其影响力的同时，能够提升体育旅游品牌的社会认知度和满意度。

七、资源共享、相互交融，促进体育媒体业助力双循环

(一)以产业结构为落脚点，推动发展体育媒体价值体系

体育媒体是人民获取体育知识和体育赛事的重要途径之一。体育传媒包括传统体育传媒和网络体育传媒，从体育信息的传播方式来划分，传统的体育媒体一般包含报纸、杂志、广播和电视等。网络媒体又称为新媒体，它是计算机技术和网络技术发展下的产物，通过互联网技术、无线通信技术等方式，以计算机、手机等电子产品作为客户终端，向广

大用户提供体育赛事信息和大众娱乐服务。2019年，《产业结构调整指导目录(2019年本)》发布，体育传媒与信息服务业被国家发改委列为鼓励发展行业，在相关政策的推动下，体育传媒产业规模不断增长，占体育产业总规模的比重也不断增长。近年来，在全民健身、体育强国的发展战略下，我国体育产业发展保持良好发展势头，近年来，体育数字媒体行业迅猛发展，规模高速增长。国家统计局最新数据显示：2019年我国体育传媒与信息服务产业全年实现总规模705.6亿元，较2018年增加285.1亿元。按媒体类型来看，传统媒体依然具有不可替代的作用和价值。另外，随着互联网的快速普及，也有越来越多的人习惯于通过移动端实时关注赛况。在国内国际双循环的背景下，体育媒体业要抓住时机，优化内部和外部的版权体系，权责分明，推动体育赛事品牌的高质量发展。在体育传媒生态中，主流媒体既要把握自身资源优势，又要提升传播效率和传播质量，发展成为新型主流媒体，势必要抓住5G技术的红利期。第一，确定产业结构模式，利用体育媒体的"话语权"。媒体敦促体育部门尽快打破"事权不明、管办不分"的陈旧格局。从产业链角度看，媒体方从上游获取IP赛事版权和丰富内容，将内容传达给用户；同时，媒体不断完善体育版权，通过制作周边/衍生内容、用户社区构建、电商开发等方式，丰富版权内容布局，构建"产—播—销"一体化商业模式。在技术赋能和理念创新成为新型主流媒体的主要竞争力，要运用5G实现技术赋能，运用互联网思维和融合报道思维实现理念创新。提出加快互联网、大数据、人工智能与体育实体经济深度融合，创新生产方式、服务方式和商品模式，促进体育媒体业转型升级、体育媒体服务业提质增效。第二，建立"以人为本"的传播理念，打造赛事IP

模式。对消费者而言，媒体方是上游内容提供方，消费者通过购买会员的方式获取深度内容和更多权限；同时，媒体方作为内容运营平台，鼓励消费者生产原创内容，通过与内容生产方和内容受众建立双向互动，增加用户黏性。同时，品牌商或赞助商借助媒体平台传递品牌信息或主动推广给受众，媒体平台从中获取广告收入。但是长期的垄断局面使得国内体育赛事版权价值以行定价为主，处于严重低估状态。在我国体育赛事收入中，广告赞助平均占比 80％ 以上，门票占 10％ 左右，转播权收入占比通常不超过 10％，造成总收入不高且结构严重失衡的局面。随着赛事不断商业化推进，新媒体版权领域竞争尤为激烈，各企业从自身优势出发，布局赛事、传媒、智能体育等核心产业，并将体育业务与自有其他产品体系有效联动。第三，发挥自主创造力，转变体育媒体产业结构。全球体育版权市场正在走向下行周期，2020 年新冠肺炎疫情更加速了赛事版权市场回归理性。无论版权方还是转播方，都不得不面对这个问题。当收入无法支撑高额版权费时，体育产业显然无法可持续发展。在对外开放的大背景之下，在由互联网带来的众声喧哗的舆论格局和社会环境之中，社会成员的价值观呈现为多元形态且自由传播。这就要求肩负信息传播和价值流传递的新闻记者发挥自主创造力，从内容、形式和渠道三个维度进行融合叙事的革新，结合体育赛事的特点，综合各平台优势，将内容进行故事性延展，提升信息的可提取性和可扩散性，最终实现与用户全方位连续、多样的互动。在新冠肺炎疫情的背景下，先要抓住国内的体育市场，通过体育媒体进行发声，拉动内销，满足国内市场需求，同时国外的体育市场我们要继续开拓，与时俱进助力体育媒体产业实现双循环，推动体育媒体价值体系。

（二）加快自身改革，完善自身做大做强

在体育媒体化、信息化的时代，体育与媒体已经不可分割，双方已经成为相互依靠、互惠互利的一体关系。体育需要媒体的宣传才能在社会中得到更好、更有效的推广和普及，而媒体则要充分利用体育资源这个社会关注点来提高收视率、扩大收视群体。调研数据显示：首先，用户关注的体育信息类型排名最高的是赛事直播、回放，比例达56％。其次，有53％的用户关注精彩集锦、现场花絮，52％的用户关注赛事动态、资讯，44％的用户关注赛事数据。最后，有34％的用户关注纪录片，32％的用户关注场外解说，30％的用户对明星八卦绯闻感兴趣。因此，用户对周边内容显示出强大的兴趣和热情，为相关内容提供方提供了有益参考，使之可以提供用户更关注的内容。第一，坚定方向，跨媒体、全媒体是发展必然。跨媒体、全媒体、集团化是改革总趋势，在未来，单一媒体仅凭自己的传统平台是很难独立生存的，书、报、刊、网及其他媒体的联动，已经成为传统媒体寻求突破的重要发展方向，媒体体育的形态也逐渐朝着跨媒体和全媒体的方向发展。全媒体可以利用多媒体技术，整合多种媒介形态，选择多元化的信息传播渠道，针对受众的个性化需求，以文字、图片、声音、影像等元素全面化、立体化地展示传播内容，实现媒体报道对受众的全方位覆盖，达到最佳传播效果。第二，集团化模式运作，有助于做大做强。集团化模式运作是媒体在体育领域做大做强的关键举措之一。以《足球》报盈利模式为例，2001年10月27日，《足球》报推出国内第一份足彩特刊《足球大赢家》，体育媒体业与中国足彩事业同步发展，实现体育媒体和体育竞彩协同发展。制播分离、公司化运作是改革的突破口，媒体介入体育，整合赛

事资源，包括引进节目、包装赛事等，媒体控制体育，开发赛事资源，媒体控制体育，并不是指控制比分或者比赛结果，而是控制体育赛事资源，积极开发赛事资源，媒体与其他单位合作打造拥有自主知识产权的赛事是体育媒体走上创新道路的有效途径。第三，深化体育媒体报道业务，多方位提升综合实力。首先要创建学习型媒体，引领媒体可持续发展。创建学习型媒体是我国媒体实现可持续发展的重要途径，既是新闻媒体落实党和国家政策的具体行为，也是体育媒体顺应信息社会和知识经济要求，谋求广播、电视等媒体事业、产业做大做强的重大战略举措。实施扁平化管理，提高媒体运行效率，开发栏目冠名资源，促成媒体与企业深度合作，共同营造双赢局面，有益于增加合作机会与合作形式的可能性，更加有利于有效地推广品牌和体育媒体。

(三)媒体携手赞助商，打造品牌口碑赛事

在商品经济时代，品牌给人带来一种稳定感，媒体和企业共办大型活动，来营造与宣传这种稳定感，可以使得受众、媒体、企业和赛事的多方共赢。体育赛事赞助商随着自身品牌知名度的提升，对赞助回报的诉求也随之发生了变化，媒体携手赞助商，打造品牌口碑赛事，最终可以实现共赢的局面。体育媒体的宣传发展过程中，一定程度推动了体育产业的发展。例如在韩日世界杯期间，体育媒体广告收入高达 8000 万元。中国足球队三场比赛的广告定价是 250 万元 15 秒，三场比赛播出45 秒，每秒广告价值是非常高昂的。在体育媒体发展过程中，所产生的经济效益是比较高的，并且还以体育产业的发展现状以及发展特点进

行了信息的有效宣传，这些体育费用重新投入体育产业的发展，帮助两大产业形成循环发展，推动经济可持续发展。第一，通过体育赞助推广企业品牌，将赛事、传媒和赞助商组成"铁三角"。建立体育媒体、体育赛事组织者和赞助商之间相互联系、相互制约的"铁三角"关系，可以实现三方面共赢的局面。以中视体育为例，近年来，中视体育根据赛事组织者、受众特点、赞助商品牌传播的要求进行一系列改革，力图构建立体化的传播和服务体系，并通过"三大创新"，为赞助企业提供经过调和、定制的全方位服务打包过程，使企业品牌传播效果更加清晰化、传播过程更加标准化，利用媒体、赛事和赞助商三者的协同关系，促进体育产业的内部循环可行性。第二，推出全新的体育媒体营销模式，共铸媒体、商家两品牌。随着产业化时代的到来，在对体育赛事的包装与整合中，无论是赛事平台搭建还是企业品牌的营销需求，都越来越多地要求准确、快速，并符合自身的文化特色。植入式体育营销、演绎式体育营销、彰显式体育营销，三种较为成功的体育营销模式，定制化的体育营销战略不仅可以打造商家品牌，也能够铸就体育媒体的品牌影响力，并且可以帮助体育产业形成良性循环。第三，体育媒体业培养体育观众，促进社会和谐发展。据统计，在美国传播学届围绕众多理论模式发表的大量论文中，有关涵化研究的论文在数量上仅次于议程设置理论而居第二位，涵化理论指出，电视是人类进程中一个极为重要的角色，具有涵化功能。每个人的审美、信念、价值观都不尽相同，多元化的倾向，因为欣赏电视而变得与电视上呈现的主流意见相认同。通过议程设置，摒弃色情和暴力，提倡健康向上的媒体作品；通过专题节目普及体育知识，鼓励受众亲赴现场，走上看台；媒体、体育部门、教育部门三元互动，家庭、学校与社区三元互助，共同提升公民体育素养；群众体育、资源赛事、体育报道三方互利，丰富媒体体育内涵，实现良性循环，共同助力体育媒体产业的发展，在实现新发展格局下，推动体育产业高质量发展。

第八章 ｜ 结论与建议

一、结论

（一）双循环新发展格局对我国体育产业高质量发展具有引领作用

双循环新发展格局给体育产业高质量发展带来了新的机遇和挑战，体育产业作为构成我国经济发展的一部分，在面对新冠肺炎疫情的肆虐，国际贸易形势严峻的冲击下，一定程度上影响了经济的稳定发展。高质量发展要求我国经济要从主要依靠增加物质资源消耗实现的粗放型高速增长，转变为依靠技术进步和提高劳动者素质实现的高质量发展。要推动高质量发展，首先要推动发展方式的转变，实现产业体系和产业结构的转型升级，同时还要打造环境友好型经济，要提高要素配置效率、生产创新效率、市场组织效率，要优化产业结构、区域结构、城乡结构，这样才能为体育产业乃至我国的经济高质量发展培育新动力。我国新时代社会主要矛盾决定体育产业与双循环新发展格局的融合。中国特色社会主义新时代我国的社会主要矛盾为人民日益增长的美好生活需要和不平衡不充分的发展之间的矛盾。随着收入水平的提高，人们对生活质量有了更高的需求，体育作为一种即可内化于心又可外化于行的休闲活动，成了人们生活主要活动之一，体育需求也是日趋渐长。

(二)我国体育产业具备参与双循环的动力基础

在我国宏观体育产业政策和资本的支持下，体育产业实现了产值规模的连续高速增长，是名副其实的经济增长动力，夯实了双循环新发展格局下体育产业高质量发展的物质基础。未来，随着中国居民人均收入的增加，体育人均消费支出总额也会逐步增加，体育消费市场将有更大的增长空间。从投资需求上看，我国的投资需求及其规模在不断增加的同时，投资重点逐步向高新技术产业、知识密集型、服务保障型行业倾斜。体育产业作为新兴的服务经济和知识经济，其具有巨大的投资前景。从国际贸易的不确定性层面上看，目前我国在中高端产业链产品价值贸易上普遍依赖西方发达国家，在关键技术领域、品牌建设上还需培育国内竞争优势，因此以国内需求为导向、以价值增值为目标打造国内中高端市场，畅通价值链上游市场是体育产业结构调整的重中之重。体育产业抓住国内需求成为增长动力的历史机遇，推动体育产业高质量发展，打造体育内需体系，具有良好的经济学理论基础，这表现在两个方面：一是消费需求成为拉动体育产业增长的主要引擎；二是消费结构不断引领产业结构升级。

(三)双循环新发展格局下需要供给侧与需求侧共同配合

双循环新发展格局下的体育产业高质量发展的供需关系的焦点主要体现在供给侧，因此要继续推动产业供给侧结构性改革。体育产业供给侧结构性问题主要表现在以下几点：一是体育产业的市场主体实力总体不强，细分领域市场集中度不高。二是体育产业结构转型和升级速度滞后于体育消费升级的快速变化，导致中高端有效供给不足。三是体育产业链存在着协作关联性较弱、创新动力及增值效益不明显的问题，协同治理水平有限。四是体育产业部分业务领域市场门槛准入较低且市场评估监管缺失，使产品与服务供给同质化严重，低端市场过于饱和。我国体育产业供给侧面临的问题，归根结底还是由于科技创新能力不足，导致了创新成果无法有效转化为产业转型的内在动能。双循环新发展格局下的体育产业高质量发展的供需关系的出发点和落脚点主要体现在需求侧，需求侧管理同样要引起重视。双循环新发展格局背景下的体育产业与供给侧结构性改革背景下的体育产业虽然都是为了协调供需关系，促进产业高质量发展，但同样也存在不同之处，具体表现在于供给侧结构性新改革背景下的体育产业高质量发展更加侧重于供给结构的调整，对需求拉动经济增长的重视程度不够，而双循环新发展格局不仅强调了要将供给侧结构性改革和扩大内需战略结合起来，实现两头共同发力，还提出了要平衡国内国际市场，促进更高水平双循环格局的形成，这为新形势下体育产业高质量发展提供了发展思路。

(四)双循环的新发展格局下有助于促进中国体育产业走向世界

在"百年未有之大变局"的国际环境下,全球产业链和供应链政治化倾向严重、贸易和债务争端加剧,各国之间的产业竞争逐渐激烈,世界体育产业同样在面临发展机遇的同时,又充满了前所未有的不确定性。我国体育产业与欧美一些发达国家相比,尤其在国际化程度上还相差较远,主要是依靠引进国外赛事 IP、知名职业联赛等方式来扩大体育消费,而国内的体育企业很难在国际体育市场中拥有话语权。全球收入差距的扩大又进一步抑制了全球总需求,进一步导致中国经济的外需疲软。对外开放边际收益减弱导致原有对外开放红利减退,并面临个别国家的贸易保护,中国需要新的开放思路。在经济全球化受阻,国内改革红利相对提升,反思结构性问题,促使国内改革加速更具现实性。推进全方位对外开放,对开放质量提出了更高要求,中国需要牢牢把握开放的主动权,实现渐进稳步推进。只有畅通国内大循环,提升中国经济在全球经济中质量和吸引力,才能够把握主动,更好融入国际市场,利用两个市场两种资源,实现国内经济的长期可持续高质量发展,以新全球化推动全球经济再平衡。体育产业的发展程度能够体现综合国力的发展程度,在构建双循环新发展格局的时代背景下,推动我国体育产业高质量发展,要清醒地认识到国际环境正在发生深刻变化,把握新格局所带来的重大机遇,借机开拓世界体育市场,引进世界高端体育人才,并购世界优质体育资产,有利于发挥我国规模和内需优势,畅通国内经济大循环。

　　(五)双循环新发展格局下总体体育产业高质量发展面临着不同的问题

　　从内部来看，主要面临以下问题：产业结构有待优化；产业供需矛盾突出；供给质量有待提升；体育产业人才缺乏。体育产业的关联业务的延伸主要集中在传统服务业，尤其是生活性服务业领域。在生产性服务业，如产业信息咨询、产品开发与技术研发与运维等创造高附加值的业态。在供给层面，在体育消费不断升级的市场环境下，以传统低端制造为生产内容的体育产业发展已无法满足人民群众对美好生活的多元化需要。从产业供给结构上看，相比于体育用品制造业，体育服务业产品服务供给质量和效率普遍不高，且在体育产业中的结构占比也并不具有显著优势。从外部来看，主要有以下问题亟须解决：体制政策环境需做出改变，在体育市场机制建设方面，我国在有效市场和有为政府建设上存在关系混乱问题，"强政府""弱市场"长期以来是我国体育产业发展的弊病，在协调治理机制构建上缺乏工作联动；市场经济环境不景气，体育产业规模不大，虽然近年来随着体育产业的蓬勃发展，体育产业已经被视为国民经济新的增长点，但是目前来看，体育产业规模还相距甚远。由于长期受到传统计划经济影响，在发展过程中，我国休验产业出现"行政化"问题，其市场化水平较低。社会文化环境面临挑战，从社会环境来看，我国体育发展不平衡不充分的问题也在制约着体育事业与体育产业的总体发展。

　　(六)双循环新发展格局下体育产业高质量发展的内外动力机制

　　双循环新发展格局下体育产业高质量发展不仅是国内国际市场环境

变化的必然结果，也是中国内需经济发展客观要求，既是国际产业链供应链区域调整的形势所迫，又是出口导向性经济发展模式向内向型经济发展方式转变的时代所需，其目的在于提高体育产业发展的韧性和竞争力，促进国内国际两个市场相互促进，协调发展。从外部动力机制上看：主要有经济、社会、政策三方面，经济层面上，要适应经济发展阶段特点的内在要求；社会层面上，发展体育产业是化解社会基本矛盾问题的必然选择；政策层面上，发展高质量体育产业是落实体育强国建设纲要的战略目标。从内部动力机制上看：主要有供给侧和需求侧两方面，供给侧结构性改革层面上，要推动产业链变革升级，发挥双循环引领作用；需求侧管理层面上，要助力消费端升级扩容，筑牢双循环战略基点。

（七）双循环新发展格局下推动体育产业高质量发展的五大创新

这五大创新分别是：营销理念创新，生产制造理念创新，服务理念创新，管理理念创新，人才培养理念创新。在以消费为聚焦的生活脉络，所产生的消费趋势和市场需求的变动下，为构建更加完善的现代化体育产业体系、充分释放体育消费潜力，体育产业下的各门类产业应及时转变和创新营销思路，站在更高的思维层面上制定产业营销策划方案。我国体育用品企业的生产理念应顺应时代潮流和市场趋势，在各生产环节予以创新理念指导实践，致力于提高体育用品的生产效率、实现成本的控制，并赢得社会的认可，打造受民众青睐的顶尖体育品牌。体育产业要通过提高服务要素的形式更好地满足顾客生理上的需求，业内相关主体应在此过程中把握与顾客交流的机会，以亲切的人文关怀渲染和传达体育文化和价值理念，在保障顾客体验感的同时进一步增强民众的健康意识，激活对于体育服务的需求潜能，在较大的社会层面上体现出体育产业的独特魅力。同时，鼓励引入国外体育产业高端人才，学习先进培养理念和方案，不断创新内外人才培养方案的结合形式，提升我国体育产业发展的内在驱动力。

二、建议

第一，推动体育产业高质量发展是新时代赋予体育产业的新使命，是建设体育强国、促进经济高质量发展、满足人民对美好生活需要的重大举措。要坚持扩大内需这个战略基点，加快培育完整内需体系，把实施扩大内需战略同深化供给侧结构性改革有机结合起来，以创新驱动、高质量供给引领和创造新需求。发展体育产业也要以国内大循环为主体，建立完整的体育内需体系，释放国内循环的体育市场潜力，积极推动体育消费回升。以政策为依托，提升监管力度，以科技为支撑，延伸产业价值链，以市场为导向，激发消费活力。

第二，要融合发展、激发体育产业的发展活力，助力构建双循环新发展格局。要明确主体责任，规范办赛体制与准则。有关部门应首先对体育产业高质量发展进行现有资源、配置资源的统筹考虑和通盘研究，明确不同阶段下相关主体间关系。建立体育产业管理体制并采取不同的运作管理模式，有效将长期目标与短期规划相结合，并严格要求各部门对不同阶段的目标进行妥善处理和对接。各级各地体育部门应坚持开放发展的理念，实现"引进来"与"走出去"的更好结合，积极借鉴国外发展经验，提升体育产业链供应链现代化水平。

第三，以教育为根本，创新培训模式，以政策为引导，强化体育产业组织引用，以体育人才与体育科技为驱动，组建专业化体育团队。体育产业在新发展阶段要以新发展理念为引领，以推动高质量发展为主题，以改革创新为根本动力，加快建设现代化体育产业体系。要发挥多元主体参与作用，构建"政、产、学、研"协同创新体系。我国要培养体育产业领域的数字经济型人才，出台数字经济型人才吸引政策，搭建体育产业人才创新服务平台，使更多的数字经济型人才汇聚在体育产业领域。强化与体育产业接轨的人才培养理念，促进校企合作。

第四，共建区域体育产业协作载体，将体育产业的区域一体化落到实处。大力推动体育品牌活动建设，大力推动体育产业跨行业融合发展，助力体育旅游、体育休闲、养老、保健、教育等关联市场开发；建立区域一体化数据服务中心和数据库，提高信息咨询能力以及打造体育产业区域人才培养中心。以需求为基点，推动资源配置市场化，以基础设施为保障，推广特色休闲运动项目，以人才培养为重点，推动健身休闲文化。

第五，鼓励体育企业开启数字化转型之路。体育企业要充分认识到数字化转型的必要性和紧迫性，把数据作为一种新生产要素的价值，与人力、资本等要素融合起来，以数字化思维提升管理水平，实现业务"上云"和管理"上云"；体育企业要基于互联网体育消费者的个性化需求，在体育产品创新、商业模式等方面多做思考，通过"互联网＋体育"的发展模式，推进线上与线下深度融合，扩大优质体育产品供给，促进体育消费升级，实现体育产业链和创新链精准衔接，积极融入双循环新发展格局。

第六，要全面深化改革为动力，实现体育产业供给侧结构性改革与需求侧管理的动态协同。破解体育产业中不平衡和不充分的发展问题，需要深化体育产业供给侧结构性改革，通过体制机制创新、实施产业创新驱动、促进产业跨界融合、补齐产业发展短板等途径来优化体育产业结构，提高全要素生产率。双循环新发展格局下，体育产业也需建立完善的内需体系，以发挥消费在产业循环方面的基础性作用。在提升传统体育消费层面，要把传统体育消费作为满足人民基本体育消费需求的基本目标。同时，需注意传统体育消费向乡镇倾斜，扩大中西部地区优质体育产品的供给总量。

参考文献

［1］Chenery H. *Patterns of Industrial Growth* ［J］. American Economic Review，1960，50（4）.

［2］鲍明晓. 国外体育产业形成与发展［J］. 体育科研，2005（5）.

［3］鲍明晓. "十四五"时期我国体育发展内外部环境分析与应对［J］. 体育科学，2020，40（06）.

［4］鲍明晓. "新冠疫情"引发的国际政治变动对全球体育的影响与中国体育的应对之策［J］. 成都体育学院学报，2020，46（03）.

［5］蔡建辉，李增光，沈克印. 体育用品制造业高质量发展的动力机制与推进路径——以安踏体育用品有限公司为例［J］. 武汉体育学院学报，2020，54（12）.

［6］蔡永莲. 体育事业产业化的广阔前景——美国体育产业考察与启示［J］. 上海综合经济，1999（08）.

［7］柴王军，陈元欣，李国，李杨帆. "双循环"新发展格局下体育产业阻滞表现、畅通机制与保障措施［J］. 体育学研究，2021，35（02）.

［8］产业信息网. 2018 年中国智能可穿戴设备行业分析报告［FR/OL］. ［2018-08-01］https：//www. chyxx. com/industry/201808/664161. html.

［9］陈冠天. 当下中国体育产业结构现状与优化对策研究［D］. 吉林大学，2019.

［10］陈林会. 产业生态系统与我国体育产业发展［J］. 体育科研，2014，35（03）.

［11］陈颀，刘波，等. 中国体育用品全球贸易发展：现状特征与对策建议［J］. 体育学研究，2021，35（02）.

［12］陈颀，刘波. 基于区块链技术的我国体育用品制造企业融资模式创新研究［J］. 体育学研究，2020，34（01）.

［13］陈杨. 我国服务贸易发展分析——现状与挑战［J］. 对外经贸，2020（11）.

［14］池建. 历史交汇期的体育强国梦——基于党的十九大精神发展中国特色社会主义体育强国之路［J］. 北京体育大学学报，2018，41（01）.

［15］池深，刘建坤，罗国程. 美国、意大利、日本体育产业的发展及对我国的启示［J］. 江西师范大学学报（自然科学版），2008，32（06）.

［16］褚新宇. 新媒体环境下黄骅市疫情期间基础体育教育［D］. 上海体育学院，2020.

［17］崔颖波，赵广辉. 东京奥运会后的日本体育发展给我们的启示——兼论 2008 年北京奥运会后我国的体育方针［J］. 体育与科学，2004（04）.

[18] 丁平，张二震. 国内需求与国际贸易：一个综述 [J]. 国际贸易问题，2013 (2).

[19] 董亚琦，李伟，郭铜樑，詹晓梅，钟建伟. 大数据助推体育旅游发展价值及路径研究 [J]. 体育文化导刊，2020 (05).

[20] 董志勇，李成明. 国内国际双循环新发展格局：历史溯源、逻辑阐释与政策导向 [J]. 中共中央党校（国家行政学院）学报，2020，24 (05).

[21] 杜庆昊. 数字经济畅通双循环的路径 [J]. 中国金融，2021 (12)

[22] 段艳玲，付志华，陈曦. 我国体育用品制造业服务化对产业转型升级的影响研究 [J]. 武汉体育学院学报，2019，53 (11).

[23] 方萍，史曙生. 体育竞赛表演业融合发展的动力机制及实现路径 [J]. 体育文化导刊，2020 (05).

[24] 冯金虎，陈元欣. 体育场馆服务业发展报告 [M]. 北京：社会科学文献出版社，2019.

[25] 高庆勇，彭国强，程喜杰. 美国体育产业发展经验及启示 [J]. 体育文化导刊，2019 (09).

[26] 高天宇，梁枢. 我国体育产业高质量发展背景、趋势与策略研究 [J]. 广州体育学院学报，2020，40 (04).

[27] 苟仲文. 新中国体育 70 年 [N]. 中国体育报，2019-09-24 (001).

[28] 顾敏芳，张磊，程志理. 从 GDP 三种表现形态分析我国体育产业的发展 [J]. 市场周刊（理论研究），2010 (12).

[29] 观研报告网. 2021 年中国体育行业分析报告-产业现状与发展趋势预测 [EB/OL]. [2021-01-15] http：//baogao. chinabaogao.

com/wentiyule/ 424864424864. html.

［30］郭晗，任保平. 新时代我国体育产业的高质量发展：逻辑生成与路径选择［J］. 西安体育学院学报，2020，37（03）.

［31］国家发展与改革委员会. 2020 年上半年存贷款情况［EB/OL］.［2020-07-31］https：//www. ndrc. gov. cn/fggz/fgzh/gnjjjc/hbjr/202007/t20200730 _ 1234983. html.

［32］国家体育总局，教育部，公安部，等. 关于促进和规范社会体育俱乐部发展的意见［EB/OL］.［2020-06-11］. http：//www. sport. org. cn/search/system/gfxwj/other/2020/0630/334371. html.

［33］国家体育总局. 体育总局关于推进体育赛事审批制度改革的若干意见［EB/OL］.［2014-12-24］. http：//www. sport. org. cn/search/system/gfxwj/jjty/2018/1108/191923. html.

［34］国家统计局. 2019 年全国体育产业总规模与增加值数据公告［EB/OL］.［2020-12-31］http：//www. stats. gov. cn/tjsj/zxfb/202012/t20201231 _ 1811943. html.

［35］国务院办公厅. 国务院办公厅关于加快发展体育竞赛表演产业的指导意见［EB/OL］.［2018-12-21］. http：//www. gov. cn/zhengce/content/2018-12/21/content _ 5350734. html.

［36］韩彩珍，张冰晔. 数字经济促进经济双循环发展的机理和路径［J］. 青海社会科学，2020（06）.

［37］韩喜平，王晓阳. 构建新发展格局经济思想的理论价值［J］. 党政研究.

［38］侯光辉，陈岚，李明德. 略论体育产业在国民经济中的重要

地位 [J]. 成都大学学报（社会科学版），2009（05）.

[39] 侯锦超. 资源型经济转型背景下山西省体育产业发展研究 [J]. 经济师，2020（03）.

[40] 侯昀昀，张钊瑞，肖淑红. 新型冠状病毒肺炎疫情对我国体育赛事行业的影响及应对策略 [J]. 北京体育大学学报，2020，43（03）.

[41] 互联网＋体育. 阿里体育第一馆：智慧场馆典型案例 [EB/OL]. [2019-08-25] https：//www. sohu. com/a/336340652＿482792.

[42] 花楷. 基于全球价值链视角的体育产业高质量发展：国际比较与影响因素 [J]. 北京体育大学学报，2021，44（02）.

[43] 华经情报网. 2020 年全国居民收入和消费支出情况统计和结构占比 [EB/OL]. [2021-01-20] https：//www. huaon. com/channel/chinadata/682333. html.

[44] 黄海燕. 推动体育产业成为国民经济支柱性产业的战略思考 [J]. 体育科学，2020，40（12）.

[45] 黄海燕. 新时代体育产业助推经济强国建设的作用与策略 [J]. 上海体育学院学报，2018，42（01）.

[46] 黄海燕，朱启莹. 中国体育消费发展：现状特征与未来展望 [J]. 体育科学，2019，39（10）.

[47] 黄谦，谭玉姣，王铖皓，张宇，张璐. "双循环"新发展格局下体育产业高质量发展的动力诠释与实现路径 [J]. 西安体育学院学报，2021，38（03）.

[48] 黄群慧. "双循环"新发展格局：深刻内涵、时代背景与形成建议 [J]. 北京工业大学学报（社会科学版），2021，21（01）.

［49］黄益军，吕振奎. 文旅教体融合：内在机理、运行机制与实现路径［J］. 图书与情报，2019（04）.

［50］火爆的美国体育产业［J］. 电子商务，2002（06）.

［51］季春美，刘东升，杜长亮. 体育强国建设背景下生态体育发展研究［J］. 广州体育学院学报，2020，40（04）.

［52］贾康，刘薇. 双循环视域下需求侧改革的内涵、堵点及进路［J］. 新疆师范大学学报，2021（05）.

［53］江小涓. 体育产业的经济学分析：国际经验及中国案例［M］. 北京：中信出版社，2018.

［54］江小涓. 体育产业发展：新的机遇与挑战［J］. 体育科学，2019，39（07）.

［55］姜同仁，宋旭，刘玉. 欧美日体育产业发展方式的经验与启示［J］. 上海体育学院学报，2013，37（02）.

［56］蒋永穆，祝林林. 构建新发展格局：生成逻辑与主要路径［J］. 兰州大学学报（社会科学版），2021，49（01）.

［57］荆文君，孙宝文. 数字经济促进经济高质量发展：一个理论分析框架［J］. 经济学家，2019（02）.

［58］寇明宇，沈克印. 有效市场与有为政府：体育产业发展的协同机制与实现路径［J］. 西安体育学院学报，2021，38（01）.

［59］蓝庆新，赵永超. 双循环新发展格局下的数字经济发展［J］. 理论学刊，2021（01）.

［60］李刚，张林. 中国现代体育市场体系发展的历史溯源、现实审视与路径选择［J］. 体育科学，2020，40（09）.

［61］李龙. 我国体育产业发展问题的伦理审视［D］. 湖南师范大学，2017.

［62］李猛. 新时期构建国内国际双循环相互促进新发展格局的战略意义、主要问题和政策建议［J］. 当代经济管理，2021，43（01）.

［63］李荣日，刘宁宁. 理论框架与逻辑通路：我国体育产业高质量发展研究［J］. 天津体育学院学报，2020，35（06）.

［64］李天宇，王晓娟. 数字经济赋能中国"双循环"战略：内在逻辑与实现路径［J］. 经济学家，2021（05）.

［65］李祥林. 中国体育竞赛表演产业发展的历程、逻辑与趋势——基于政府行为变迁视角［J］. 体育科学，2021，41（03）.

［66］李颖川. 中国体育产业发展报告（2020）［M］. 北京：社会科学文献出版社，2021.

［67］李颖川. 中国体育产业发展报告（2019）［M］. 北京：社会科学文献出版社，2019.

［68］栗战书. 全面把握中国特色社会主义进入新时代［N］. 人民日报，2017-11-09（002）.

［69］刘冬磊. "一带一路"倡议与中国体育文化国际交流融合发展：逻辑关联、实然境况与路径选择［J］. 吉林体育学院学报，2020，（04）.

［70］刘佳昊，石颖. 深化供给侧结构性改革推动体育产业高质量发展［J］. 中国物价，2019（11）.

［71］刘亮，吕万刚. 新时代我国体育产业高质量发展的理论探赜与问题论域［J］. 北京体育大学学报，2021，44（07）.

［72］刘米娜. 变与不变：体育世界的当下与未来——《体育与科学》"新冠肺炎疫情下的体育"云学术工作坊综述［J］. 体育与科学，2020，41（03）.

［73］刘晴，罗亮，黄晶."双循环"新发展格局下我国体育用品制造业高质量发展的现实困境与路径选择［J］. 体育学研究，2021，35（02）.

［74］刘淑春. 中国数字经济高质量发展的靶向路径与政策供给［J］. 经济学家，2019（06）.

［75］刘奕，李勇坚. 从消博会看中国新消费的崛起［J］. 中国发展观察，2021（9）.

［76］刘志勇. 服务型制造：中国体育用品制造业高质量发展路径研究［J］. 西安体育学院学报，2021，38（01）.

［77］刘志勇，李碧珍，叶宋忠，杨少雄. 服务型制造：福建体育用品制造业供给侧改革路径研究［J］. 福建师范大学学报（哲学社会科学版），2016（05）.

［78］鹿云昭，陈元欣，刘恒. 我国青少年体育培训业的发展特点、内容及对策［J］. 湖北体育科技，2019，38（07）.

［79］吕海龙，王凯珍. 供需视角下扩大城市幼儿体育培训服务有效供给的业态驱动分析［J］. 西安体育学院学报，2018，35（06）.

［80］马宝壮，陈言行. 新时代中国运动休闲产业发展的特征与路径研究［J］. 广州体育学院学报，2021，41（03）.

［81］马克思恩格斯选集：第 2 卷. 北京：人民出版社，2012：313.

［82］［美］张建辉，黄海燕，［英］约翰·诺瑞德. 国际体育产业发展报告［M］. 北京：社会科学文献出版社，2017.

［83］苗勃然，周文．经济高质量发展：理论内涵与实践路径［J］．改革与战略，2021，37（01）．

［84］牟柳，田广．我国体育服务业与体育制造业互动关系的实证研究［J］．上海体育学院学报，2020，44（12）．

［85］欧阳峣．大国经济发展理论的研究范式［J］．经济学动态，2012（12）．

［86］欧阳峣，傅元海，王松．居民消费的规模效应及其演变机制［J］．经济研究，2016（2）．

［87］彭国强，高庆勇．治理能力现代化背景下美国体育产业的制度治理与启示［J］．沈阳体育学院学报，2019，38（04）．

［88］普华永道：2020 年体育产业调查报告［EB/OL］．［2020-12-20］ht-tps：//finance.sina.com.cn/tech/2020-11-10/doc-iiznctke0529932.html．

［89］前瞻网．2018 年健身俱乐部行业市场规模与发展趋势分析 互联网智能健身成趋势［EB/OL］．［2019-07-07］https：//www.qianzhan.com/analyst/detail/220/190704-44949594.html．

［90］前瞻网．体育产业发展势头强劲 缩小区域发展不均衡是关键［EB/OL］．［2018-10-19］https：//bg.qianzhan.com/report/de-tail/300/181019-a9164007.html．

［91］钱学锋，裴婷．国内国际双循环新发展格局：理论逻辑与内生动力［J］．重庆大学学报（社会科学版），2021，27（01）．

［92］人民论坛网．如何应对百年未有之大变局和疫情的叠加冲击．［EB/OL］．［2020-06-14］http：//www.rmlt.com.cn/2020/0614/583569.html．

［93］人民网．关于加快构建双循环相互促进的新发展格局［EB/OL］．

［2020-07-15］http：//theory. people. com. cn/big5/n1/2020/0715/c40531-31783726. html.

［94］人民网. 关于加快构建双循环相互促进的新发展格局［EB/OL］.［2020-07-15］http：//theory. people. com. cn/n1/2020/0715/c40531-31783726. html.

［95］人民网.《2014 年全民健身活动状况调查公报》发布［EB/OL］.［2015-11-16］http：//sports. people. com. cn/jianshen/n/2015/1116/c150958-27820851. html.

［96］人民网."四经普"体育产业统计数据情况公布体育产业发展前景广阔［EB/OL］.（2020-01-20）. https：//www. sohu. com/a/368074321_114731.

［97］任保平，豆渊博."十四五"时期构建新发展格局推动经济高质量发展的路径与政策［J］. 人文杂志，2021（01）.

［98］任保平.《新时代建设高标准市场体系的要求与路径［J］. 长安大学学报（社会科学版），2020（03）.

［99］任波，戴俊."双循环"新发展格局下中国体育产业高质量发展：逻辑、动力与路径［J］. 体育学研究，2021，35（02）.

［100］任波，黄海燕. 数字经济驱动体育产业高质量发展的理论逻辑、现实困境与实施路径［J］. 上海体育学院学报，2021，45（07）.

［101］任波，黄海燕. 休育产业供给侧改革的内在逻辑与实施路径——基于高质量发展的视角［J］. 上海体育学院学报，2021，45（02）.

［102］任波，黄海燕. 我国体育产业结构性失衡与供给侧破解路径［J］. 体育学研究，2020，34（01）.

［103］任波，黄海燕．中国体育产业结构优化的机制、逻辑与路径［J］．首都体育学院学报，2020，32（05）．

［104］任波．数字经济时代中国体育产业数字化转型：动力、逻辑、问题与策略［J］．天津体育学院学报，2021，36（04）．

［105］任波．中国体育产业结构优化的经济增长效应——基于2006—2018年时间序列数据的实证［J］．吉林体育学院学报，2020，36（05）．

［106］任波．中美体育产业发展的外部环境比较研究［J］．体育文化导刊，2018（02）．

［107］任波．中日体育产业结构比较研究［J］．体育文化导刊，2018（04）．

［108］沈克印，寇明宇，吕万刚．数字经济时代体育产业数字化的作用机理、实践探索与发展之道［J］．上海体育学院学报，2021，45（07）．

［109］沈克印，寇明宇，王戬勋，张文静．体育服务业数字化的价值维度、场景样板与方略举措［J］．体育学研究，2020，34（03）．

［110］沈克印，吕万刚．体育产业供给侧改革：投入要素、行动逻辑与实施路径——基于社会主要矛盾转化研究视角［J］．中国体育科技，2020，56（04）．

［111］沈克印．"双循环"新发展格局下体育产业高质量发展的宏观形态与方略举措［J］．体育学研究，2021，35（02）．

［112］师应来，周丽敏．"双循环"的理论逻辑、发展进程与现实思考［J］．统计与决策，2021，37（10）．

［113］"十四五"规划信息网．中共中央关于制定国民经济和社会发展第十四个五年规划和二〇三五年远景目标的建议［EB/OL］．（2020-10-29）［2021-01-15］．http：//www.guihuaxxw.com/News Detail/2268347. html.

[114] 舒盛芳，朱从庆. 中国特色社会主义体育进入新时代的基本含义解读 [J]. 沈阳体育学院学报，2020，39（01）.

[115] 搜狐网. 钱包鼓得有多快？改革开放以来我国人均可支配收入增187倍 [EB/OL]. [2021-09-28]. https：//www. sohu. com/a/492660576 _ 161795.

[116] 孙辉，梁斌. 美国户外休闲产业发展特征、经验及启示 [J]. 体育文化导刊，2019（09）.

[117] 腾讯研究院. 关于数据要素交易流通模式的新思考 [EB/OL]. [2020-10-27] https：//baijiahao. baidu. com/s？id=1681634236958161671.

[118] 汪发元. 构建"双循环"新发展格局的关键议题与路径选择 [J]. 改革，2021（07）.

[119] 王大国. 新零售 [M]. 天津：天津人民出版社，2018.

[120] 王戬勋，沈克印. 新时代体育产业高质量发展的困境与实现路径 [J]. 体育文化导刊，2020（06）.

[121] 王凯，陈明令. 我国体育赛事的引致需求、现实问题与供给侧优化 [J]. 北京体育大学学报，2018，41（9）.

[122] 王凯. 体育强国建设背景下体育产业强省建设的思考 [J]. 体育学研究，2019，2（06）.

[123] 王凯，张煜杰，陈明令. "双循环"新发展格局下我国体育竞赛表演业生态嬗变与应对 [J]. 体育学研究，2021，35（03）.

[124] 王培风. 中美体育产业发展比较研究 [J]. 商场现代化，2008（28）.

[125] 王鹏，焦博茹，贺圣楠. 新基建背景下体育健身消费的数字化应

用与发展路径 [J]. 西安体育学院学报，2021，38（01）.

[126] 王睿，杨越. 家庭视域下扩大我国体育消费的政策研究 [J]. 体育科学，2020，40（1）.

[127] 王先亮，张瑞林. 从生产到生活：论美好生活需要下体育产业高质量发展 [J]. 沈阳体育学院学报，2020，39（04）.

[128] 王孝健，武东海. 供给侧改革下全民健身需求的特征、问题与发展策略 [J]. 广州体育学院学报，2021，41（02）.

[129] 王兴一. 我国大型体育赛事遗产"活化"策略研究 [J]. 技术经济与管理研究，2019，4（12）.

[130] 王志文，沈克印. 我国健身休闲产业供给侧改革的实施路径研究 [J]. 山东体育学院学报，2018，34（05）.

[131] 王智慧. 民族传统体育文化自信何以成为可能？——基于文化自信生成理论基础与实践逻辑的分析 [J]. 体育与科学，2019，40（01）.

[132] 吴香芝，张林. 国外体育服务产业政策略论 [J]. 体育文化导刊，2011（12）.

[133] 吴学雁，张延林. 电子商务对商贸流通业发展的影响分析 [J]. 商业经济研究，2017（19）.

[134] 吴志成，王慧婷. 全球治理体系面临的挑战与中国的应对 [J]. 天津社会科学，2020（3）.

[135] 武东海. 我国区域体育协同发展研究 [J]. 体育文化导刊，2020（05）.

[136] 习近平. 坚持用全面辩证长远眼光分析经济形势，努力在危机中育新机于变局中开新局 [N]. 人民日报，2020-05-24（01）.

[137] 习近平. 在庆祝改革开放 40 周年大会上的讲话 [N]. 人民日报，

2018-12-19（01）.

［138］鲜一，程林林. 体育强国建设背景下体育产业链现代化研究［J］. 体育文化导刊，2020（03）：78-84.

［139］谢地，张巩. 逆全球化的政治经济学解释［J］. 马克思主义与现实，2021（02）.

［140］新华网体育. 2019 年全国体育场地统计调查数据［EB/OL］. ［2020-11-03］http：//sports. xinhuanet. com/c/2020-11/03/c ＿1126691918. html.

［141］新华网体育. 中国体育公司 2020 年市值榜：千亿市值公司规模创新高［EB/OL］. ［2021-03-02］http：//sports. xinhuanet. com/c/2021-02/03/c ＿1127060252. html.

［142］新华网. 中国国际体育投融资报告（2019）［EB/OL］. ［2018-12-12］. http：//chinalntx. sport. org. cn/cyxx/2018/1212/251540. html.

［143］徐奇渊. 双循环新发展格局：如何理解和构建［J］. 金融论坛，2020，25（09）.

［144］许宇斌. 近十年英、美体育产业格局变化及其对我国体育产业发展的启示［J］. 广州体育学院学报，2021，41（03）.

［145］许正勇. 美国体育产业的结构特征及其启示［J］. 体育文化导刊，2015（09）.

［146］薛昭铭，刘东升，马德浩. 体育产业高质量发展系统动力机制模型建构与现实考察［J］. 沈阳体育学院学报，2020，39（02）.

［147］杨岚凯，周阳. 国外发达国家休闲体育产业发展及启示［J］. 理论与改革，2017（03）.

[148] 杨盼盼，崔晓敏.“双循环”新发展格局的国际比较与启示 [J]. 开放导报，2021（1）.

[149] 杨占东. 中国体育旅游发展报告 2016～2020 [M]. 社会科学文献出版社，2020.

[150] 姚晓立. 品牌创新和营销生产力的价值共创效应——基于消费者关注的中介效应检验 [J]. 商业经济研究，2021（14）.

[151] 叶海波. 新发展阶段数字经济驱动体育产业高质量发展研究 [J]. 体育学研究.

[152] 用本土赛事涵养体育文化（体坛观澜）[N]. 人民日报，2020-07-13（15）.

[153] 张兵. 中国职业体育消费外流及其应对 [J]. 天津体育学院学报，2019，34（02）.

[154] 张雷，刘洋，陆岩，周红英，胡水清. 面向 2035 年远景目标的体育强国建设：实践回顾与理论分析 [J]. 天津体育学院学报，2021，36（03）.

[155] 张瑞林，李凌，翁银. 消费升级视域下推进我国体育服务业发展研究 [J]. 体育学研究，2020，34（06）.

[156] 张未靖，刘东升. 新时代我国体育小镇发展研究：理念、实践与对策 [J]. 沈阳体育学院学报，2020，39（03）.

[157] 张晓亮. 我国体育旅游景区品牌化建设现状及对策研究 [J]. 河南师范大学学报（自然科学版），2020，48（06）.

[158] 张宇燕，倪峰，杨伯江，冯仲平. 新冠疫情与国际关系 [J]. 世界经济与政治，2020（04）.

［159］赵春明，班元浩，李宏兵．数字经济助推双循环新发展格局的机制、路径与对策［J］．国际贸易，2021（02）．

［160］证券时报．十四五规划纲要解读及其要点［EB/OL］．［2021-03-14］http：//www. china-cer. com. cn/guwen/2021031411746. html.

［161］郑锋，尹碧昌，胡雅静．新时代休闲体育的价值意蕴与实践理路［J］．西安体育学院学报，2021，38（03）．

［162］郑和明，尚志强，薛林峰．日本的体育产业发展现状、发展方式及启示［J］．首都体育学院学报，2020，32（02）．

［163］中共中央关于制定国民经济和社会发展第十四个五年规划和二〇三五年远景目标的建议［N］．人民日报，2020-11-4（01）．

［164］中国金融信息网．阿里巴巴消费大数据显示：线上运动消费呈现五大趋势［EB/OL］．［2018-09-05］http：//news. xinhua08. com/a/20180905/1776606. shtml？from＝singlemessage&isappinstalled＝0.

［165］中国体育报．湖北体育产业：新业态实现跨越新方向［EB/OL］．［2018-07-11］https：//baijiahao. baidu. com/s？id＝1605647185511781025.

［166］中国体育报．体育产业紧抓机遇超前布局［EB/OL］．［2020-03-25］http：//www. chinasportsdaily. cn/tyb/html/2021-03/25/content _ 116877 _ 13171203. html.

［167］中国新闻网．国家统计局：2020 年全国居民人均可支配收入 32189 元比上年增长 4.7％［EB/OL］．［2021-02-28］http：//www. chinanews. com/cj/2021/02-28/9421027. html.

［168］中国新闻网．2019 年中国对世界经济增长贡献率达 30％左右［EB/OL］．［2020-02-28］http：//www. chinanews. com/cj/2020/02-28/

9107603. html.

［169］中华人民共和国中央人民政府网. 国务院关于印发全民健身计划（2021—2025 年）的通知［EB/OL］. ［2021-08-03］. http：//www. gov. cn/zhengce/content/2021-08/03/content _ 5629218. html.

［170］中华人民共和国中央人民政府网. 70 年，中国人均可支配收入增长约 60 倍［EB/OL］. ［2019-09-29］http：//www. gov. cn/xin-wen/2019-09/29/content 5434967. lhtm.

［171］中商情报网. 2020 年中国体育行业投融资市场研究报告［EB/OL］. ［2020-06-28］. https：//xw. qq. com/cmsid/20200628A0LMX000.

［172］中研网. 中国体育用品行业市场全景调研［EB/OL］. ［2021-05-03］https：//www. chinairn. com/hyzx/20210503/16382899. html.

［173］钟天朗. 体育经济学概论［M］. 上海：复旦大学出版社，2004.

［174］周玲玲，潘晨，何建武，李善同. 透视中国双循环发展格局［J］. 上海经济研究，2021（06）.

［175］周文福. 我国体育产业融合发展面临的问题及发展策略研究［J］. 南京体育学院学报，2020，19（06）.

［176］邹玉享. 中外体育产业发展比较组织、结构与政策［J］. 商业时代，2012（25）.

［177］邹昀瑾，姚芳虹，王东敏. 新时代体育健身休闲业供需协调与高质量发展研究［J］. 北京体育大学学报，2020，43（07）.

图书在版编目（CIP）数据

双循环新发展格局与体育产业高质量发展/徐伟宏，沈克印，朱雄著. —北京：北京师范大学出版社，2022.11
ISBN 978-7-303-28212-8

Ⅰ.①双… Ⅱ.①徐… ②沈… ③朱… Ⅲ.①体育产业－产业发展－研究－中国 Ⅳ.①G812

中国版本图书馆 CIP 数据核字（2022）第 195549 号

营 销 中 心 电 话 010-58805385
北 京 师 范 大 学 出 版 社
主题出版与重大项目策划部

SHUANGXUNHUAN XINFAZHAN GEJU YU TIYU CHANYE
GAOZHILIANG FAZHAN

出版发行：北京师范大学出版社　www.bnupg.com
　　　　　北京市西城区新街口外大街 12-3 号
　　　　　邮政编码：100088
印　　刷：北京盛通印刷股份有限公司
经　　销：全国新华书店
开　　本：730 mm×980 mm　1/16
印　　张：21.5
字　　数：295 千字
版　　次：2022 年 11 月第 1 版
印　　次：2022 年 11 月第 1 次印刷
定　　价：98.00 元

策划编辑：郭　珍　　　　　责任编辑：郭　珍
美术编辑：王齐云　　　　　装帧设计：王齐云
责任校对：段立超　王志远　　责任印制：赵　龙